復旦大學
古代文學研究書系

陳尚君 主編

唐雯 著

金匱探賾

唐宋文獻叢考

2022年度教育部人文社會科學重點研究基地重大項目
（批准號：22JJD750019）階段性成果

序

自念初向學時，曾讀《南開大學學報》連載王梓坤撰《科學發現縱橫談》。其揭爲學成功之德、識、才、學四端，舉例皆西方及自然科學之大宗發現，於從事唐宋文學研究，起步而方向迷茫者若我，誠若醍醐灌頂，當頭棒喝。殆中外治學有別，文理區域橫隔，看似全無關聯，其實精神相通，殊途同歸，有慧根者得緣領會，矢志不移者得有收穫。當時體會，德謂品格，是修養，是敬畏，是自省，是規範。古人讀書有得，形諸著述，務求發前人所未言，即便自得體會，與古人有合者，皆刪棄而不存，錢大昕《廿二史札記序》顯言之，亦後漢楊震所謂"天知地知你知我知"者，不可存任何僥倖之心也。識則是眼光，是胸襟，是氣象，是頓悟。蛙處井中，其所見自小，鵬搏扶搖，其境界自寬，大小之理甚明。現代圖書館廣蓄古今，兼涉中西，求學者一視同仁，絕無隱瞞，有識者迭穫新見，迷茫者困惑無解，此識有高下大小之分也。才則因人而殊，先天後天皆有以致之，歌喉清亮者可事歌唱，體格健壯者可從競技，五色敏感者可業繪圖，浮想聯翩者可展創作，古今皆有其人，其天才英麗者更屬時代驕子，詩人若李白、蘇軾，誠千年難遇之奇才，震鑠古今，是所必然。才人更多爲後天努力而有以致之者，即積學而成才，此現代大學之責任，不言而自明者。古稱學而時習之，近傳勤爲書山之徑，其理相通。惟天才而能始終勤奮深求，其成就必能登峰造極，近年揭李白之詩多出反覆修改，舉例甚豐，學者或不信之，是未得體會天才之真相也。業師朱東潤先生曾言："用最艱苦的方法追求學問，從最堅定的方向認識人生。"亦此理也。

唐雯教授本科就學於上海大學，碩士、博士皆在復旦完成學業。其博士論文《晏殊〈類要〉研究》增訂出版，囑我爲序，後以"在苦讀續學中體悟學術，提升境界"爲題，收入拙著《我見青山》。此句可概括唐雯學術與追求。唐雯博士論文確定以北宋名臣晏殊所撰類書《類要》爲選題，該書所涉引書之豐霈，所見傳訛之繁複，前清時曾嚇退四庫館臣，近代以來僅余嘉錫偶有引及，其難度可知。她全神貫注，堅持多年，終得理清頭緒，形成專著。其間收穫，非僅得到學位，形諸論文，更引領治學格局兼涉四部，橫跨各代，以有唐爲中心，文史融通，超越學科分野，自成研究格局。在同輩學人中，堪稱難得。

本書爲唐雯第一部論文集，凡存文十四篇，皆有涉於唐宋文獻研究，寫成時間跨度幾近二十年，關注之重心則在習見或稀見文獻之形成與變化、來源與存佚、價值與隱義，凡所考述，皆能發前人所未言，足成新說。初讀一過，頗感欣喜。

先說較早寫作之兩篇。一是《〈蒙求〉作者新考》。世傳《蒙求》一書，清人或以爲由五代入遼者李澣所纂。《佚存叢書》收日本傳本刊行，有李良薦表與李華序，時代大幅推前。余嘉錫《四庫提要辨證》以爲代宗朝翰林學士李翰撰，我爲該書雲南本作弁言，有所介紹，傅璇琮《唐翰林學士傳論》對余說有所質疑，特撰《〈蒙求〉流傳與作者新考》，排比李翰生平，認爲作者另有李瀚其人。唐雯分析文獻，確訂李華序作於廣德二年夏辭官經饒州時，所補證據有三，即此前李翰不可能任信州司倉參軍，從李良表分析作者僅任此一微官，其人且非與李華同宗，補證似細微，佐說很有力。作者生平雖仍多不清楚，拙纂《唐五代詩全編》已不用余說，採信傅、唐之說。二是《日本漢文古類書〈秘府略〉文獻價值研究》，《秘府略》編者是日本學者滋野貞主，成書相當於唐文宗時，原書達一千卷，今僅存兩卷，仍存大量珍貴文獻。唐雯統計，兩卷引書達一百二十八種，詩文三十篇，她羅列這些篇目，并與唐宋類書和清人輯本作仔細比讀，揭示其補充佚文、校訂文字、所引更詳、可訂輯本之誤等價值，以此書與《太平御覽》比較，揭示二書都曾援據北齊《修文殿御覽》,側重則各有不同。本文初刊較簡明,收入本書時有大幅增補,主要增加了此兩卷書與《太平御覽》逐條比對的記錄。

唐雯作晏殊《類要》研究,發現許多珍貴文獻,曾先後撰文發表。較重要者,一是發現唐《職員令》之大量佚文。此一工作,早期以日人仁井田陞《唐令拾遺》和《唐令拾遺補》爲奠基,當時熱點則是寧波天一閣藏《天聖令》印行,海内外形成研究唐令高潮。唐雯所發現數量可觀,文本可靠,恰好補充中日學者所未及,對文本校録和分析也出色當行,在《歷史研究》發表,影響較大。《晏殊〈類要〉文本及其學術價值考述》,是對該書保存文獻作總體描述,詳盡而精彩。對晏殊《類要》的關心,我有首唱之功。1998 年爲參加北大百年校慶舉辦的國際漢學研討會,在倥傯系務之餘,我用兩周時間寫成與唐雯學位論文同題的論文。唐雯鑽研此書,至少在五年以上,兩相比讀,可知淺嘗輒止與深入探討之區别。《〈類要〉地理部分文獻再考索》,是唐雯在學位論文出版多年後,對有關部分的再探討。除大量揭示所存佚文佚碑外,更論證書中反映了《祥符圖經》及《十道圖》的面貌,補充了北宋地書從《太平寰宇記》到《元豐九域志》之間的空白。《晏殊〈類要〉所見未收入〈全唐文〉及其續補諸書之唐人篇章考》一篇,有一必須説明之真相,即 2004 年拙輯《全唐文補編》最後一校,據訪日携歸文獻爲主,編成《全唐文又再補》八卷,其中有唐雯從《類要》中輯出之八十一篇,雖有説明,總有強取之嫌。她後來續有所得,更據北大本、社科院本補校。其中元結《自釋》,爲顔真卿《元次山碑》述及的名篇,唐雯較《元次山集》與《全唐文》所收本有大幅補充,極其珍貴。

唐雯曾纂《雲溪友議校箋》,爲此曾通校諸本。《〈雲溪友議〉十二卷本考述——以復旦大學圖書館所藏兩部鈔本爲中心》一文,前人似已確認三卷本優於十二卷本,《四部叢刊續編》影印明刻本通行,更幾成定論。唐雯據明王良棟鈔本和褚禮堂鈔本,指出十二卷本之祖本來源甚早,較三卷明刊本頗多優長處,有三卷本失落的佚文。

本書中有四篇與唐雯參加《二十四史》修訂工程有關，撰寫於近十年，可見她在學術上之漸趨老成，行文也更開闊而多波瀾，較前述諸文更見精彩。其中《從兩〈五代史〉、〈舊唐書〉的修訂說新時代的古籍整理》，涉及治學方法和古籍整理之發展方向。2006年中華書局啓動《二十四史》暨《清史稿》修訂工程，唐雯一直協助我承擔三史修訂任務。其中兩部《五代史》完成較早，《舊唐書》也早已進程過半，唐雯積累了如此豐富的經驗，所談底本和參校本的選擇和文本的寫定方式、新材料的運用及前人研究成果的利用，以及出校原則的把握，都是新時代古籍整理所宜遵循之基本原則。《〈新五代史〉宋元本溯源》一篇，是在《新五代史》校訂過程中不斷記録調整各本之關係，在修訂本出版兩年後重新整理已知已用各本關係的長篇力作。難能可貴的是從"早期版本的面貌"調查入手，從歐陽脩存世詩文書信中考索此書之曲折成書過程，又據《資治通鑑》及《考異》所引，晁補之《雞肋集》所引，吴縝《五代史纂誤》所據，探討北宋諸人所見《新五代史》，與南宋以後存本之不同。該書存世宋元本，前此以日本學者尾崎康《正史宋元版之研究》所見最富，有十部之多，分爲四個版本系統，所見最具權威。唐雯增加了北京大學圖書館所藏一殘宋本，列爲五個版本系統，努力探討五個系統各自祖本的面貌，相互之間又有何淵源，補充尾崎康所未及。對各本逐一分析，結尾所列版本源流圖，列出歐陽脩稿本到官方校訂本、神宗朝國子監刻本爲初源，更將已佚、今存各本之關係列出。有關《舊唐書》者，則有兩篇特别應該提出加以討論。《舊唐書》是後晉史官根據唐時留存的國史、實録，增補文獻修成，唐雯並不滿足於存世《舊唐書》之分析，希冀在源頭上加以理清。《〈順宗實録〉詳本再審視——兼論唐實録的輯佚》，以宋本韓愈集所附《順宗實録》爲簡本，將《册府元龜》所存順宗朝史事視爲詳本實録，羅列較可信的二十二條加以分析，對今存本《順宗實録》之性質有所認識，更突破世傳文宗間因宦官不滿而作删削之傳聞，認爲删削較多的是詔令奏議原文，詳本或有十分之四内容今本不載，從而提出今本不似足本、今本史實錯誤、寫本傳抄多誤、韓集所附與司馬光所見本當有共同來源等看法。本篇附記,説明收入本書時對原刊結論之改動,更可見其治學之嚴肅。有關《太平御覽》所引"唐書"之性質,清岑建功視爲《舊唐書》,將不見今本者作佚文輯出,近代遭到岑仲勉批駁。近年因吳玉貴將全部所引《唐書》,作專書看待,有《唐書輯校》之刊布。我對吳輯也有所保留,記得閑暇時曾與唐雯談及,唐雯援據《類要》等新材料,認爲《御覽》所引包含各實録文本,唐宋人所稱"唐書"是一較寬泛之指稱。本文所收附記頗長,引及溫志拔二文、羅亮及孟彥弘各一文之各種觀點,我對此沒有着力,無力評價,但在這些討論中,看到比我年輕一輩學人對此討論之深入與坦率,很是可喜。

此外,《〈兩京新記〉新見佚文輯考——兼論〈兩京新記〉復原的可能性》,是因辛德勇出版《兩京新記輯校》,唐雯掌握《類要》所存大量佚文,爲辛輯所失收,進而討論北宋宋敏求撰《長安志》,及源出宋氏的《元河南志》,幾將韋述天寶間所撰《兩京新記》全部收録。《兩京新記》僅日本存卷三殘本,唐雯以殘本與前述二書對讀,努力還原盛唐時代記録兩京盛況的《兩京新記》,意義非常重大。唐雯提出的一些構想,確還可深入討論,且有再作展開之必要。《〈文苑英華〉詔制部分材料來源考略》一文,謂此一部分多達九十三卷,篇章近一千七百篇,除三十九篇出於唐前,餘皆爲唐代詔制。詔制文學性雖不强,從史學立場説,則代表君主和宰相見解,是唐時曾施行之政令,重要性不言而喻。唐雯説明《文苑英華》編輯時注明來源者有七種久已失傳之制集,所涉内容占此部分十之三,且多爲《唐大詔令集》所不收。其他部分,源出各種唐人文集,也較爲可靠。

就我所知,唐雯近年還寫有與唐代新見文獻及政治事件相關之系列有影響之論文,没有收入本書,當另有結集之計劃,在此不論。

綜合前舉各文及未收諸文,可知唐雯治學,以《類要》之研究與整理發抉爲起點,進而清理唐代文史基本文獻,更進則研究涉及唐史進程之重大史事，逐漸形成獨到的研究器局與風貌。以本文開端所揭德、識、才、學四端言，她的德是始終堅持實事求是的治學態度，尊重前人之積累，遵循基本的規範，每言必求有新見，對前輩和今賢，有足夠尊重，也決不苟且；她的識，是善於從最習見文獻入手，也能從新見文本中發現改變歷史定說的重大綫索，窮究真相，務溯本源，分析精微，討論深入，形諸論説，令人信服；她的才，似有文學的積累，又不限於文學本身，善將複雜糾纏的歷史文本作由表及裏的探究，能從蛛絲馬迹的細緻差别中，讀出不同階段文本的變化軌迹，能將唐代政治衝突與人物命運的實際面相，從各種不同考量或有意無意的扭曲文獻中，抽絲剥繭地加以還原，這也是一種特别的才分；至於學，我特别贊賞她在學術起步階段曾長期堅持不懈地閲讀和占有唐代文史基本文獻，進而對存世文獻有如數家珍般熟稔，凡涉典籍、人事、制度、官名、地名、時間，無不爛熟於胸，學術也達到新的境界。如同一位孤獨爬山者，山頂雖似遥不可及，然堅持始終，终能够體會登頂方見之瑰麗景色。

　　有關唐史文獻，唐宋以來無數名家肆力於此，近代則岑仲勉、嚴耕望多有發明，我也曾有些想法，只是中途放棄了。恰好網間有文談某一代人成爲學術絆腳石，轉發時評價不免感慨，年輕一代已經超越我輩，惟我輩尚不能輕棄。有朋友私下詢問，是真實想法嗎？我告，就一代言，不必就個人言。蓋一代有一代之學術，凡足有成就者，必能預流而保持一己之特色，隨時代俯仰而不改赤子精神。我所經歷，因古籍數字化之普及，可斷然分爲兩個時期：前則一切均憑手檢目驗，工具自備，方法得當，亦曾意氣風發，自以爲是；後則讀書風習遽變，憑藉現代手段，似乎人人皆可坐擁書城，滿腹經綸，如我雖仍追隨前行，畢竟已力不從心。最近二十年年輕一輩之崛起，凡研究所及，不爲域内所局限，務求海内之善本，不徇舊有之教條，開拓全新之境界，即以唐代文史及文獻言，真有覆地翻天之變化。唐雯是目前中年有唐文史研究中堅而活躍的一位，已有成績備受矚目，今後更不可限量。

　　本書初以"不經集"命名,知有微義存焉。蓋當今學術,壁壘森嚴,各學科自成方圓,甚或反對越界。其實古往今來,世界是一整體,學術也是一整體,何可分割歟!當代學術承百年之演進,其成就在此,其局限亦在此。一流學術必須衝破學科之壁壘,融通古今,融通文史,成爲許多前沿學人之共識。涉及項目申報或評獎,人選申請或晋升,謹守本分者畢竟容易穫得承認,跨越學科者不免挫折受傷。所知多矣,對有志學術者,似乎也不必過分計較,是因學術評價之準繩,本不在刊於何一層級之刊物,獲得何種獎勵,是否爲學術共同體接納,更重要者是在學術史上有無新的拓展,是否能長久保持生命力。前人説學術本三五人荒郊草屋討論之所得,世俗之是非實在没有必要計較。不知唐雯有以贊同否。

　　謹此爲序。

陳尚君
癸卯暮春於復旦大學光華樓

目　録

序／陳尚君　　1

從兩《五代史》、《舊唐書》的修訂説新時代的古籍整理　　1

文本的再生長
　　——重審《舊五代史》静嘉堂藏本　　17

《新五代史》宋元本溯源　　33

《順宗實録》詳本再審視
　　——兼論唐實録的輯佚　　63

唐職員令復原與研究
　　——以北宋前期文獻中新見佚文爲中心　　99

《兩京新記》新見佚文輯考
　　——兼論《兩京新記》復原的可能性　　129

《雲溪友議》十二卷本考述
　　——以復旦大學圖書館所藏兩部鈔本爲中心　　155

《蒙求》作者新考　　164

日本漢文古類書《秘府略》文獻價值研究　　173

《太平御覽》引"唐書"再檢討　　212

晏殊《類要》文本及其學術價值考述 226
《類要》地理部分文獻再考索 239
晏殊《類要》所見未收入《全唐文》及其續補諸書之唐人
　篇章考 260
《文苑英華》詔制部分材料來源考略 279

後　記 293

從兩《五代史》、《舊唐書》的修訂說新時代的古籍整理

2006年,由中華書局牽頭的《二十四史》修訂工程正式啓動,至今已有16個年頭,作爲復旦大學陳尚君教授主持的兩《五代史》、《舊唐書》修訂團隊主要成員之一,筆者與同事仇鹿鳴教授投入這一項新時代的古籍整理工作也已經有十餘年了,兹謹就已完成的兩《五代史》修訂本和正在進行中的《舊唐書》修訂談一下我們對《二十四史》修訂工作以及古籍整理工作的一些感悟。

《二十四史》修訂工作伊始,陳尚君師就《二十四史》修訂的必要性以及將來修訂本的學術目標發表過文章,① 從我們團隊後來的實踐來看,修訂工作的原則主要體現在以下幾個方面:

一、底本和參校本的選擇和文本的寫定方式

因爲受限於當時的歷史條件,原點校本多數采用不主一本、擇善而從的校勘方式,雖然有一個相對固定的工作本,但只要是根據此書的不同版本改字,就不需要一一出校,這在當時反對繁瑣考訂的整體氛圍中有它的合理性,也的確避免了很多僅僅爲了校正版刻誤字而作的簡單校記。但是,這一求簡便的校勘方式也帶來不少的弊端:

---

① 參陳尚君《二十四史啓動修訂的一些建議》,刊《文匯報》2006年9月3日。

首先,在底本的選擇上更傾向於選擇版刻誤字較少的晚近刻本;其次,所改動的文字因缺少校記而無法覆按,若其中有所誤改,則無從查證。本次修訂選擇以底本校的方式進行整理,即選定底本和參校本,對底本的任何改動都必須出校説明,以求不失底本的原貌。在底本的選擇上,需兼顧文本的原始性和可操作性,也就是説,在保證文本完整性的前提下,盡可能選擇接近於原書面貌的古本。

就《舊唐書》而言,現存最早的文本是南宋紹興二年兩浙東路茶鹽司刻本(下簡稱"宋本"),但這個本子現存僅 67 卷,顯然不具備用作底本的條件,現存最早的完整版本是明嘉靖年間聞人詮所刊刻的本子(下簡稱"聞人本")。如果直接選擇聞人本,理論上是可行的,不過張元濟的百衲本爲我們提供了更好的選擇,它由宋本和聞人本拼合影印而成,很好地解決了宋本殘缺的問題。而原點校本實際采用的底本——清代岑建功懼盈齋本(下簡稱"岑本")——雖然文從字順,但實際上有許多隨意的改動,並不適宜作爲底本使用,故而,本次《舊唐書》的修訂改用百納本爲底本,通校宋本、聞人本和明代嗣雅堂所藏殘鈔本、[1]湖南圖書館藏清葉石君校至樂樓鈔本、[2]參校殿本、岑本等清代有代表性的版本。

《舊五代史》是二十四史中唯一一部輯佚書,輯佚過程中不同階段形成的文本構成了其不同的版本系統。首先,最初從《永樂大典》等文獻中抄録佚文所形成的文本,我們稱作初稿本系統,這一系統的原本已佚,現藏臺灣"國家圖書館"的孔葒谷藏舊鈔本(下簡稱"孔本")則是自初稿本録出,雖文字脱落、訛誤處不少,但保留了所輯文字的出處,另在卷九二保留了後出的影庫本已刪落的誤輯入的《新五

---

[1] 明嗣雅堂鈔本底本爲宋本,今存三十三卷,分別爲紀卷一至卷三和志三十卷,紀今存南京圖書館,志今存上海圖書館,詳細考證可參夏婧《明代嗣雅堂鈔本〈唐書〉的文獻價值》,刊《文史》2015 年第 2 期,第 135—166 頁。

[2] 至樂樓鈔本已佚,葉石君校此本於聞人本上,據校記可知其底本亦爲宋本,所校內容約當一半,詳細考證可參武秀成《〈舊唐書〉至樂樓鈔本與葉石君校本考略》,原刊《古籍整理研究學刊》2004 年第 1 期,後收入《舊唐書辨證》,上海古籍出版社,2003 年,第 21—36 頁。

代史·崔居儉傳》,卷一四三記録了輯自《永樂大典》的頁數,並間有朱色校語,揭示了較多諱改前的面貌。其次,是繕寫奏進本系統,這一系統現存兩個本子,一爲乾隆四十年(1775)繕寫進呈本,這個本子1921年經南昌熊羅宿影印,流布很廣,後來習稱影庫本(下即稱"影庫本"),原點校本和本次修訂都用此本作底本,原因有二。一是以孔本爲代表的初稿本文字錯訛較多,也並非邵晋涵最後定稿的狀態。二是邵晋涵在初稿本的基礎上仍做了相當多的工作,如删去了《崔居儉傳》,補輯了《賀德倫傳》等篇目,又在書中附有校訂文字和增補史實的黄色粘籤(下簡稱"影庫本粘籤",這部分原分散書中,熊羅宿影印時移置附書末),另外,影庫本還附有一部分字迹潦草的批校(下簡稱"影庫本批校"),可能是最後收入殿本前核對了初稿本所作的校訂,[1]這些都是其他本子所不可替代的。繕寫奏進本系統中的另一個本子是日本静嘉堂所藏的邵晋涵自藏本(下簡稱"邵本"),這可能是最後邵晋涵離開四庫館時帶走的工作本,這個本子删落了影庫本原有的《鄭玄素傳》,因此抄成在影庫本之後。此本仍以影庫本爲底本,但文字錯訛極多,應是書吏匆忙抄出,但多存邵晋涵朱筆自校,小注往往替换爲邵晋涵最後寫定的《舊五代史考異》,[2]其朱筆校部分多可信從,知邵氏此後仍在此本上多有改訂。《舊五代史》進呈之後,被收入《四庫全書》,後來又被刊刻成所謂殿本,這就形成了《舊五代史》的再加工本系統。這一系統中的版本相對於繕寫奏進本作了相當大的改動:首先,爲了求得體例上的統一,原書的出處,比如像《永樂大典》的卷數,被全部删落;其次,諱改也最爲嚴厲,原先殘存的些許未改盡的地方也悉數改去。不過,在乾隆四十九年(1784)殿本刊布之前,四庫館臣還是作了進一步的校勘覆核,保存了四庫本最後寫

---

[1] 參仇鹿鳴《"規範"與"馬脚"——對〈舊五代史〉影庫本粘籤、批校的若干認識》,刊《隋唐遼宋金元史論叢》第六輯,上海古籍出版社,2016年,第200頁。

[2] 關於此本的詳細情况,可參張恒怡《静嘉堂所藏〈舊五代史〉鈔本述略》,刊《文史》2015年第3期,第249—265頁,及拙作《文本的再生長——重審〈舊五代史〉静嘉堂藏本》,原刊《域外漢籍研究》第二十三輯,中華書局,2022年,第149—162頁,見本書。

定時增補的淳于晏、石贇、張礪傳文，又根據和孔本同一系統的初稿本，改正了一些文字。基於《舊五代史》版本的源流，我們在選擇影庫本作底本的同時，以孔本和殿本爲通校本，充分尊重了原點校本中分疏極爲清晰的《舊五代史》各個時期形成的考訂文字，完整地展示了邵晉涵辛苦卓絶的輯佚工作。

《新五代史》現存十個宋元古本，去除複本，可分爲四個版本系統，是三部史書中版本系統最爲豐富的一種，這就意味着修訂工作中底本和參校本的選擇有更大的空間，但要選擇恰切，則需要對所有這些古本以及晚近刻本之間的關係有更深入的了解。大致説來，《新五代史》的這些宋元古本可分爲：1. 國圖所藏傅增湘、周叔弢舊藏南宋撫州刻本殘卷，存一至十四卷（下簡稱"國圖本"，修訂本稱"宋甲本"）；2. 南宋慶元五年建刊曾三異整理本系統（下簡稱"慶元本"），百衲本即以傅增湘雙鑑樓舊藏此本的元覆刻本影印；3. 臺灣"國家圖書館"所藏南宋刻本（下簡稱"臺灣本"，修訂本稱"宋丙本"）；4. 元大德年間宗文書局刻本（下簡稱"宗文本"）。以上四個系統分別源出於歐陽脩稿本和北宋國子監刊本，[1]衆多而來源複雜的宋元舊本爲版本校提供了豐富的資源。我們在詳細考察了各個版本的源流後，確定以百衲本爲底本，主要原因在於：百納本的祖本是現存最早的宋本全帙，版刻誤字相對較少。其他三個系統的本子則都列入通校本。這三個系統中，國圖本雖是南宋中期刻本，但其祖本是神宗時北宋國子監初刊本，因此有着相當高的參考價值，試舉一例：

卷一《梁本紀》："甲天子出幸。""甲"，臺灣本、慶元本、宗文本同，中華原點校本校記："薛居正《舊五代史》卷二《梁太祖紀》載：'甲子，昭宗發離鳳翔，幸左劍寨，權駐驛帝營。'《新唐書》卷一〇《昭宗紀》及《資治通鑑》卷二六三亦云唐昭宗於'甲子'日赴朱全忠營。此

---

[1] 相關論述可參拙作《〈新五代史〉宋元本溯源》，原刊《文史》2017年第2期，第135—156頁，見本書。

處'甲'下當脫'子'字。"①而國圖本正作"甲子"。

類似這樣的例子極多，兹不一一列舉，但因爲其僅存十四卷，我們只能將其列入通校本，但一般此本的異文，我們都會加以高度重視。

宗文本是這四個版本系統中比較特別的一個版本，這個本子雖然刻於元代，且魯魚之訛觸目皆是，按一般的標準，算不得善本，但此本可能源出於歐陽脩的稿本系統，與吳縝《舊五代史纂誤》往往相合，且其文字之優長，遠遠超過其他任何一個古本，而與《舊五代史》等原始文獻皆一一吻合。②說者或謂宗文本晚出，曾經刊刻者校改，但宗文本的佳處不僅僅在於文字的優長，更在於史實的準確，這一點甚至連源出於北宋監本的國圖本都無法媲美。而宗文本紙墨非精，版刻誤字甚多，可以想見，當日刊版，並不精心。我們很難想像這個本子的校勘者，能夠準確無誤地據《舊五代史》《册府元龜》《資治通鑑》等當時並不容易得到的書籍一一改正其史實錯誤，因此，我們認爲宗文本應該有着更爲優長的祖本，也就是歐陽脩的稿本。在修訂過程中，我們一般的原則是儘量避免以後出版本改較早版本，但因爲宗文本的特殊性，修訂本還是盡可能地吸收了宗文本中的優長之處。

臺灣本雖然也是宋本，但其祖本源流頗難認定，整理過程中參考價值不大，修訂本很少有僅據臺灣本改字的地方。

明清以下的通行本，祖本皆不出以上四個系統，而以宗文本系統爲主流，在掌握宋元本的前提下，明清版本實際上並不具備參考價值，故本次修訂基本沒有參校這些後出文本。這也是修訂本和原點校本的根本不同，原點校本的所有參校本都係明清通行本，實際上並不能很好地反映《新五代史》的真實面貌。

---

① 《新五代史》卷一，中華書局，1974年，第10頁。
② 參拙作《〈新五代史〉宋元本溯源》，見本書。

二、新材料與前人研究成果的搜集和利用

1. 新材料的運用

20世紀以來,對於唐五代的研究來説,最重要的新材料就是敦煌文獻和出土石刻。以石刻文獻考訂正史,至少可以追溯到北宋歐陽脩的《集古録》,清代學者也有突出成績。近代以來,由於各時期出土文獻數量豐富,以之考訂史書,已經成爲20世紀以來文史研究中最常見的方法之一,成果也極其豐富。中華本整理時對此已有所關注,如北朝四史的校訂,就比較充分地利用了趙萬里《漢魏南北朝墓誌集釋》。而現在出土文獻最豐富的當然是唐五代部分,我們知道民國修隴海綫,正好從洛陽邙山附近經過,邙山從漢代開始就是墓葬最集中的地方,所以從那時候開始,唐五代墓誌便大量出土。到了最近二十多年,各地大興土木,再加上盜墓猖獗,唐五代墓誌出土更多。截止到目前,總數可能已近兩萬方。陳尚君師十多年前作《舊五代史新輯會證》,改王庭胤爲王廷胤,改劉皞爲劉暐,改吴延祚爲吴廷祚,都是參酌了文獻和出土石刻。因此,利用石刻校史也是我們這次整理非常重要的部分。在修訂兩《五代史》之時,我們對於當時已出土的石刻都作了系統的梳理,五代最重要人物,如李克用、李茂貞、王審知、王廷胤等人的墓誌,羅讓、葛從周、王仁裕等人的神道碑都有利用,比較常見的是據石刻指出姓名字號的訛誤。如:

李克用祖父的名字,《舊五代史》卷二五《武皇紀》作"執宜",而李克用墓誌(拓片刊《隋唐五代墓誌匯編·山西卷》)作"執儀"。[1]

又如《舊五代史》卷五八《崔協傳》載崔協字作"思化",而崔協墓誌(拓片刊《洛陽新獲七朝墓誌》)則作"司化"。[2]

---

[1] 修訂本《舊五代史》卷二五《武皇紀》校勘記一,中華書局,2015年,第396頁。
[2] 修訂本《舊五代史》卷五八《崔協傳》校勘記七,第909頁。

我們知道,神道碑與墓誌都是由家屬或者門生故吏所撰,不太會在姓名、任官等信息上出錯,因此校以石刻材料,往往可以發現傳世文獻中這一類錯誤。但是否即可以根據單一的石刻材料改字?我們認爲,石刻材料在記録這些客觀信息上往往被視爲鐵證,但傳世文獻也有着它自己的史源,很可能在傳世文獻的系統中,這些誤字本身便因約定俗成而流傳。因此,在使用石刻材料的時候也必須有所節制,除非有其他文獻作爲旁證,否則,一般只出校指出問題而不輕易改字,上述兩條都因爲僅有石刻材料而無其他旁證,故在修訂本中並没有作改字處理。雖然利用石刻材料應當謹慎,但石刻材料在各個方面的確爲我們提供了更多的旁證。

如《新五代史》卷六八《閩世家》:"景福元年,(陳)巖卒,其壻范暉自稱留後。""壻",《新唐書·王潮傳》《舊五代史·王審知傳》同,《通鑑》卷二五八作"妻弟",《通鑑考異》:"《薛史》《閩中録》《閩書》皆云:范暉,巖壻,餘書皆云妻弟。林仁志《王氏啓運圖》載監軍程克諭表云妻弟,此最得實,今從之。"今陳巖墓誌已出土(拓片刊《隋唐五代墓誌匯編·北京大學卷》第二册),稱陳巖"夫人錢塘范氏",①則范暉應係陳巖妻弟,《通鑑》是。

在未來對《舊唐書》的修訂中,我們會配合作《唐碑傳集》,將兩《唐書》中有傳人物相關的傳記材料,如墓誌、神道碑、行狀等綜合校録,這樣可以更充分地利用相關的石刻材料。

除了石刻以外,修訂中也利用了不少敦煌材料,如《舊五代史》卷三二《唐莊宗紀》、《新五代史》卷五《唐本紀》記歸義軍節度使名皆作"曹義金",②實際上,敦煌文書伯三八〇五背面同光三年六月一日歸義軍節度使牒署"使檢校司空兼太保曹議金",此件鈐"沙州觀察處

---

① 修訂本《新五代史》卷六八《閩世家》校勘記一,中華書局,2015年,第965頁。
② 修訂本《舊五代史》卷三二《唐莊宗紀》六,第498頁;修訂本《新五代史》卷五《唐本紀》,第57頁。

置使之印",爲正式官文書,可知其名應當寫作"曹議金"。① 同樣,《新五代史》卷七四《四夷附録》記敦煌人張議潮之名作"張義朝",實際上,敦煌文書伯三六二〇卷末題"未年三月廿五日學生張議潮寫",此卷係張議潮自書,②故"議潮"纔是正確的寫法。事實上,其他文獻如《唐會要》卷七一、《舊唐書》卷一八下《宣宗紀》、《新唐書》卷八《宣宗紀》、《通鑑》卷二四九都寫作"張義潮"。我們或許可以因此推測曹議金、張議潮的"義"字是朝廷有意的選擇。

2. 前人研究成果的利用

清代開始,有關二十四史的研究就蔚爲大觀,這些歷代研究、補充各史的專著,已經結集爲《二十五史補編》和《三編》,利用比較方便。今人的考訂,除了結集爲專書者,大多爲論文或劄記,散在各類書籍刊物中,這些論著從制度、語言、人事、時間等方面對二十四史作了很多糾訂。就兩《唐書》而言,之前臺灣學者詹宗祐將他所見到的今人有關兩《唐書》的考訂成果彙集起來,編成《點校本兩唐書校勘彙釋》一書,爲我們修訂《舊唐書》提供了極大的方便。此書的基本體例是按照兩《唐書》卷次,將所有相關的校訂文章全部拆散分到各卷各傳之下,並且注明所據文獻、出處,使用非常方便。不過這部書略微欠缺的是,他在臺灣主要利用的是期刊網和一些常見的論著,一些發表在檢索不便的集刊裏的文章或者論著、論文中隨文提到的考證就沒有收録,這些還需要我們日常讀書時去發現。

三、出校原則

1. 統一體例,對文本流傳所造成的錯誤,在改正的同時用校勘記加以説明。

---

① 修訂本《舊五代史》卷三二《唐莊宗紀》六校勘記二,第512頁。
② 修訂本《新五代史》卷七四《四夷附録》,第1045頁。

原點校本二十四史各史之間體例並不完全一致,例如《史記》即沒有校勘記,只是用方圓括號隨文改訂。此次修訂則明確任何改動文字都需要在校勘記中加以説明,而這個改動的分寸則在於只校版本流傳中造成的錯誤,而不校原編纂者造成的錯誤。具體到實際的整理中,又必須根據所整理的文獻其本身的特質來作不同的處理:

(1) 對於版本系統豐富而本身對原始材料作過大量改寫的文獻,通過版本校可以區分何爲流傳中造成的錯誤,在這種情況下,需遵循無版本不改字的原則。

這一原則在《新五代史》的修訂中貫徹得比較徹底。如上所述,《新五代史》豐富的宋元版本資源使得我們可以充分利用版本校區分何爲流傳中造成的錯誤,兹舉一例:

《新五代史》卷六《唐本紀》:(明宗)父名,百衲本作"電",國圖本、宗文本、《舊五代史》卷三五《唐明宗紀》一、《五代會要》卷一皆作"霓"。吴光耀《五代史纂誤續補》卷一:"按'霓'誤'電',《天成四年建定晋禪院碑》曰'雷訇電曜,水溢溝穿',《鑒誡録》李昊爲孟知祥答唐明宗奏狀曰'臣幸以疾雷之勢,破其急電之機',《册府元龜》潞王舉兵次陝州,令曰'霆電之速,軍民可知',清泰元年宰臣李愚等奏請以來年正月降聖日爲千春節曰'仰惟樞電之祥,最是寰區之樂'。果名'電',不應避。"①按國圖本源出北宋國子監初刊本、宗文本可能源出歐陽脩稿本,從源流上來説,都比百衲本的底本更早,而其他文獻和吴光耀的考證都充分證明"電"誤而"霓"是,電、霓字形相近,有致訛的軌迹,類似這種可以説是很典型的文本流傳中形成的錯誤,這種情況我們都會加以改字,以儘可能恢復文本原初的面貌。

(2) 對於版本系統單一,但他校材料豐富的文獻,改字不再强調版本,但需要有文字基本一致的他校材料作改字依據。

這一原則主要體現在《舊唐書》和《舊五代史》中,如前文所述,

---

① 修訂本《新五代史》卷六《唐本紀》校勘記一,第75—76頁。

《舊唐書》僅有一個版本系統,而《舊五代史》本身是清代輯本,這種情況如何來確定何爲文本流傳中的錯誤呢?我們來看下面這些例子:

百衲本《舊唐書》卷六《武后紀》有"令去帝"一句,這一卷的百衲本底本是聞人本,原文顯然不通,"帝"在《太平御覽》卷一一〇引《唐書》、《通鑑》卷二〇七中作"帝號",①這樣句意方纔完整。

《舊唐書》卷八《玄宗紀》上:"上密知之,因以中旨告岐王范、薛王業、兵部尚書郭元振、將軍王毛仲,取閑廄馬及家人三百餘人,率太僕少卿李令問、王守一、内侍高力士、果毅李守德等親信十數人,出武德殿,入虔化門。"句意不完足。②《太平御覽》卷一一一引《唐書》:"上密知之,因以中旨告岐王范、薛王業、兵部尚書郭元振、將軍王毛仲、殿中監姜皎、中書侍郎王琚、吏部侍郎崔日用等定計。因毛仲取閑廄馬及家人三百餘人,率太僕少卿李令問、王守一、内侍高力士、果毅李守德等親信十數人,出武德殿,入虔化門。"③多了劃綫部分,這樣整個事件可以很清楚地分爲兩個部分:先是定計,然後行動。

這兩條雖然没有更早的版本可以參考,但是《太平御覽》引《唐書》的内容無疑爲我們提供了重要的參考。《太平御覽》引《唐書》的性質,學界雖多有討論,但其包含了大量《舊唐書》本文,這一點學界的認識是一致的。而其他的内容,或是實錄,或是一百三十卷的紀傳體《唐國史》,相對於《舊唐書》來説,都是它編纂之時所依據的史源,④又因爲《舊唐書》編纂過程中多因襲原始材料而較少改寫,因此,《太平御覽》引《唐書》可以視作《舊唐書》的本文和同源性材料。同樣,《通典》《唐會要》《册府元龜》中的唐代史料也可作如是觀。因此,對於《舊唐書》和《舊五代史》這類史書,同源的史料都是他校的

---

① 《舊唐書》卷六《武后紀》校勘記九,中華書局,1975 年,第 134 頁。
② 《舊唐書》卷八《玄宗紀》上,第 169 頁。
③ 《太平御覽》卷一一一引《唐書》,中華書局,1960 年,第 534 頁。
④ 參杜希德《唐代官修史籍考》,上海古籍出版社,2010 年,第 167—213 頁。謝保成《隋唐五代史學》,商務印書館,2007 年,第 391—392、397 頁。

重要依據,在這部分的校勘中,我們會比較倚重他校材料的運用,改字的尺度會比較寬一些,只要是與原文基本一致的他校材料,即可作爲改字依據。而《新唐書》《通鑑》這類大幅度改寫原始材料的文獻,就只能作爲參證,而不能作爲直接改字的依據。

當然,在運用他校材料的時候也會考慮到致訛的軌迹,比如上文所引《玄宗紀》,因爲劃綫部分首尾都有"毛仲"二字,抄録或雕印者或因此抄脱了一行,因此可據之補入。但在他校材料與原文差異較大的情況下,即使原文有誤,也不據之改字,僅出異文校供讀者參考。比如這一條:

《舊唐書》卷八八《蘇頲傳》:"自陸象先殁後。"①"殁",《唐會要》卷五四作"改官"。② 據《唐會要》本條,事在開元元年,又據本卷《陸象先傳》,象先卒於開元二十四年,③時尚未去世,因此"殁"肯定是錯的。但這段《舊唐書》原文見諸《蘇頲傳》,而《唐會要》起首是"開元元年十二月",整段文字也較《舊唐書》更爲詳細,疑出自實録,而"殁"和"改官"没有致訛的痕迹。在這種情況下,雖然明確原文是錯誤的,但我們也只出異文校,而不作改字處理,爲的是保存《舊唐書》本身的面貌。

2. 在不改原文的基礎上指出原文在史實上存在的問題,爲進一步研究提供綫索。

在修訂中,除了文本流傳的錯誤之外,其實更多的是史實記載的紛歧,造成這些錯誤有可能是所依據的原始文獻本身有問題,也可能是編纂者在處理原始文獻時造成的錯謬,雖然修訂的大原則是校史而非考史,但是揭示原書中所存在的史實錯誤無疑會給相關的研究提供更多的綫索。因此,本次修訂,我們盡可能在不改原文的基礎上指出原書史實的錯誤,但並不會改字。兹舉兩例:

---

① 《舊唐書》卷八八《蘇頲傳》,第2884頁。
② 《唐會要》卷五四,上海古籍出版社,2006年,第1095頁。
③ 《舊唐書》卷八八《陸象先傳》,第2877頁。

《舊唐書》卷六《武后紀》:"載初元年春正月。"①"春正月",各本無異文,《新唐書·則天皇后紀》作"正月"。②《唐大詔令集》卷四《改元載初赦》及《文苑英華》卷四六三《改正朔制》:"以永昌元年十有一月爲載初元年正月。"③此正月爲十一月,不當有"春"字,原文是錯誤的,但並没有直接的他校材料來證明原書無"春"字,因此不能據《新唐書》等二手材料删字。

又如《新五代史》卷六二《南唐世家》:"遣泗州牙將王知朗至徐州。""徐州",本書卷三三《孫晟傳》同,《舊五代史·周世宗紀》三、馬令《南唐書》卷三及卷一六作"滁州"。按本書卷一二《周本紀》、《舊五代史·周世宗紀》三及本卷上文,時世宗親征,方克滁州,故王知朗赴滁州奉書。④因此,"滁州"是對的,但是本書卷三三《孫晟傳》和此條《南唐世家》兩處都作"徐州",⑤可知歐陽脩當年依據的材料即是如此。在這種情況下,我們有義務爲讀者揭示問題,而不作改字處理,爲的是保存文本本身以及其史源的面貌。

需要指出的是,在原文和其他史料有差異,但僅僅是史源不同而非原文有誤的情況下,本次修訂是不出校的,因爲這已涉及史事的箋證,突破了本次修訂所規定的校史不考史的大原則。不過,箋史的工作無疑會爲相關領域的研究提供更多便利,這也是我們未來要努力的方向。

餘 論

這些年的古籍整理實踐帶給我們自己的直接體會有兩點。首

---

① 《舊唐書》卷六《武后紀》,第120頁。
② 《新唐書》卷四《則天皇后紀》,中華書局,1975年,第88頁。
③ 《唐大詔令集》卷四《改元載初赦》,中華書局,2008年,第19頁。《文苑英華》卷四六三《改正朔制》,中華書局,1966年,第2359頁。
④ 修訂本《新五代史》卷六二《南唐世家》校勘記一五,第878—879頁。
⑤ 修訂本《新五代史》卷三三《孫晟傳》,第413頁。

先,任何一種古籍,都必須在摸清它自身的特點以後纔能選擇合適的整理方式。這個特點包括它的成書過程、史料來源、版本情況,等等。陳垣先生總結的校勘四法,每部書中都會用到,但不同特質的書主要采取的校勘法還是會有差别。比如《舊唐書》《舊五代史》,它們幾乎不加改動地因襲原始資料的特點,決定了他校法肯定是這類書的整理中最重要的校勘方法。而《新五代史》因爲本身版本資源非常豐富,且歐陽脩在寫作中對原始材料進行了大幅改寫,那麽這種情況下,就應該更加側重於版本校,須嚴格貫徹無版本不改字的原則,除非後出版本有特别來源,否則儘量勿以後出版本改較早版本。與《新五代史》類似的《新唐書》《資治通鑑》的整理亦當準此。

其次,古籍整理在版本的選擇上必須"佞古",即在有宋元舊本的情況下,儘量不要用同一版本系統下晚出的明清刻本,除非它們有獨一無二的古本源頭。經過校勘的文本,必然會對底本作一些改動,這些改動可能改正了原文存在的錯誤,但也往往因誤解而改錯。在没有古籍整理規範的古代,所有的改動,無論對錯,並不會告知讀者,讀者只以爲文本的面貌即是如此,實際上,去其原始面貌已然非常遥遠。兹舉國圖本《新五代史》中的一個例子:

卷一四《唐家人傳》:"同光二年二月癸未,皇帝御文明殿遣使册劉氏爲皇后。""同光二年二月癸未",宗文本、吴縝《五代史纂誤》引文作"同光二年四月己卯",吴氏按曰:"《莊宗紀》乃是同光二年二月癸未立皇后劉氏,與此不同,未知孰是。"①按《舊五代史》卷三一《唐莊宗紀》五:"(同光二年二月癸未)制以魏國夫人劉氏爲皇后,仍令所司擇日備禮册命。……(四月己卯)册魏國夫人劉氏爲皇后。"②則四月己卯乃行册禮之日,吴縝所見本不誤。如前所述,吴縝所見文本

---

① 吴縝《五代史纂誤》卷上,《知不足齋叢書》本,第15頁。
② 修訂本《舊五代史》卷三一《唐莊宗紀》五,第489—490、493頁。

和宗文本可能出自於歐陽脩稿本系統,《舊五代史》也證明稿本系統的記載並無錯誤,而國圖本的祖本是北宋國子監的刊本,在刊刻以前經過了校勘,這一錯誤應即是校改所致。

從這個例子我們可以看到,即使是北宋國子監的校勘者,也會因誤改而造成文本的失真,而屢次校改的後果就是距離文本的原貌越來越遠。我們不妨再來看幾個明清時代的例子:

宋本《舊唐書》卷一〇五《宇文融傳》:"並回易陸運脚錢。""脚錢",聞人本作"本錢"。實際上,"脚錢"爲當時專名,即運費,宋本是,聞人本不知其意而改,清代岑本從之,原點校本亦隨之作"本錢",①大失其真。

宋本《舊唐書》卷一〇〇《鄭惟忠傳》:"節愍太子與將軍李多祚等舉兵誅武三思,事變伏誅。""事變",聞人本作"事覺",原點校本從宋本,是。② 實際上,《唐會要》卷四〇叙其事作"事變之後"。③ "事變伏誅"的確不通,但之所以不通是因爲《舊唐書》編纂者在照抄原始材料的時候省去了"之後"二字,聞人本所改似乎是通了,但實際上只有謀而未動能謂之"事覺",節愍太子已然斬殺武三思,直逼玄武門,改爲"事覺",大誤。

宋本《舊唐書》卷一〇六《楊國忠傳》:"官吏駭竄,無復儲擬,坐宮門大樹下,亭午上猶未食。""儲擬",聞人本、《太平御覽》卷一一一引《唐書》都無異文,④ "儲擬"是唐時習語,指物資供給,原文是指玄宗奔蜀,官吏逃散後不再有物資供應,故到了中午玄宗還沒有吃東西。但是,清代的岑建功懼盈齋本則改作"貴賤",就完全改變了原意了,原點校本從岑本,誤。⑤

另一個例子是北宋名臣晏殊所編大型類書《類要》中的例子:

---

① 《舊唐書》卷一〇五《宇文融傳》,第 3221 頁。
② 《舊唐書》卷一〇〇《鄭惟忠傳》,第 3117 頁。
③ 《唐會要》卷四〇,第 847 頁。
④ 《太平御覽》卷一一一引《唐書》,第 535 頁。
⑤ 《舊唐書》卷一〇六《楊國忠傳》,第 3246 頁。

西安文管會藏本《類要》卷八引《華陽國志》："帝地節元年,武帝白馬羌及,使駱武平定之,因慰勞汶之吏及百姓。請武自從,一歲再度更賦,至重,邊人窮苦,無以供給,求省郡。郡建以來四十五年笑。武以狀上……"

北大藏本："武帝地節元年,使駱武平定白馬羌,至郡慰勞之,汶之吏及民請武曰:自從一歲再更賦,稅至重,邊人窮苦無以供給。郡建以來四十五年,今求省郡。武笑以狀上……"

按,此條出《太平寰宇記》卷七八："宣帝地節元年,武都白馬羌反,使駱武平定之,因慰勞汶山吏及百姓。詣武自訟,一歲再度更賦,至重,邊人貧苦,無以供給,求省郡。郡建以來四十五年矣。武以狀上……"①

西安文管會所藏的本子係書吏抄寫,錯訛很多,而北大藏本係清代文人所抄,將這兩個本子和《太平寰宇記》對比,可以看到西安文管會本僅僅是簡單的形近、音近所造成的訛誤,但經過有意校改的北大本則完全改變了文本的原意,徹底變成了重編。

從這些例子中,我們可以看到,明清時代的校勘者對於文本的改動是非常隨意的,而這樣的改動或損害了原意,或滅失了原始材料的承襲痕迹,造成了文本的失真。因此,越是晚出的版本,越是文從字順的所謂"精校本",被改動的幾率越大。相反,誤字較多的古本,却可能因爲未經過度校勘,反而會更多地保存文獻的原始面貌。因此,我們認爲,古籍整理中,在有條件利用宋元舊本的情況下,不應爲了操作方便而選擇明清通行本爲底本;而校本的選擇需在釐清版本源流的基礎上,選擇每個系統中最古老最有代表性的文本,明清以下位於版本源流末端的通行本則不應作爲校本列入。古本的錯訛,應儘量據來源可靠的他校材料校正,而不應信據無來源的後出版本。

---

① 《太平寰宇記》卷七八,中華書局,2007年,第1572頁。

以上兩點體會也許值得我們在新時代的古籍整理工作中作更多思考。

（原刊《隋唐遼宋金元史論叢》第八輯）

文本的再生長
——重審《舊五代史》静嘉堂藏本

一、静嘉堂本性質質疑

日本静嘉堂藏鈔本《舊五代史》一百五十卷,原係邵晋涵家藏本(下簡稱"邵本"),張恒怡女史遵陳尚君先生囑,因訪學之便曾往校閲複製,並撰成《静嘉堂所藏〈舊五代史〉鈔本述略》(以下簡稱"張文")一文詳述此本原委,① 爲我們了解這一珍貴鈔本提供了相當重要的信息,其文結論大致如下:

1. 邵本以乾隆四十年(1775)七月進上的翰林院鈔本(此本後於1921年由熊羅宿影印,流通較廣,中華書局1976年點校本及2015年修訂本皆以此爲底本,下簡稱"庫本")爲底本,而刪去庫本誤輯的《鄭元素傳》,約鈔成於乾隆四十年七月至乾隆四十一年正月之間。

2. 邵本每卷皆將薛居正結銜貼改作"宋司空同中書門下平章事",與彭元瑞據庫本録副之本(下簡稱"彭本")同誤,故認爲邵晋涵可能依據彭本作過校改。

3. 邵本用紙係四庫館中工作用紙,又有簽條與四庫館臣所撰者雷同,且其中多有校改及貼條補充小注文字(下文如涉邵本校補内容則簡稱"邵本校"),這些内容可分爲兩個部分:其一是對鈔寫過程中造成

---

① 張恒怡《静嘉堂所藏〈舊五代史〉鈔本述略》,載《文史》2015年第3輯。本文所涉此篇觀點,皆出此,下不一一標示。

的邵本本身訛誤進行校正(下簡稱"邵本校記"),其二則是以貼條的形式補入大量考證性文字(下簡稱"邵本考證"或"考證")。故判此本爲進上庫本後館中隨即鈔錄用以繼續修訂之工作底本,邵晉涵南歸後未曾携出,邵本考證後爲四庫館臣吸收入武英殿刻本(下簡稱"殿本")。

上述結論中第一條可成立,但仍可進一步細化。邵晉涵母親在乾隆四十年下半年去世,①邵氏因此南歸離館,此本鈔成當在此前,故其時間上下限可進一步縮小爲乾隆四十年(1775)七月至年底之間。第二、三條事關邵本性質,張文雖有考述,但結論仍有可商之處,本文即擬先就此再作申説,並進而揭示邵本及其兩種校記之價值。

首先,邵本校記所依據的並非彭本。邵本校記大抵可分這樣幾個部分:1. 改每卷結銜——將過錄自庫本的"宋薛居正等撰",統一改爲"宋司空同中書門下平章事薛居正等撰"。2. 改避諱——將闕筆諱統一調整爲改字諱,如"弘"改"宏"、"玄"改"元"、"胤"改"允"。3. 正訛糾謬。張文判斷邵本淵源於彭本的證據是薛居正"宋司空同中書門下平章事"結銜。考現存各本中,彭本、盧文弨過錄本(下簡稱"盧本")均係庫本派生、劉承幹嘉業堂據盧本重刻本(下簡稱"劉本")結銜皆同邵本校記,劉本遲至1925年方纔刊刻,兹不論。那麽,邵本和彭本、盧本又有何聯繫呢?彭本現藏上海圖書館;盧本現藏國家圖書館,已在國圖官網刊布全文。筆者目驗二本,發現邵本校記在多處關鍵地方與彭本不同而同於盧本,僅就張文比對過的卷一和卷九二而言,卷一"河東泛漲",此處彭本與庫本、文淵閣四庫本(下簡稱"文淵閣本")、殿本皆同,邵本校記、盧本作"河水泛漲"。卷九二《盧道傳》"均州鄖鄉縣",彭本與庫本、文淵閣本同,邵本校記、盧本作"鄖鄉縣";②同卷《鄭韜光傳》"洛京清河人",彭本與庫本、文淵閣本、殿本皆同,邵本校記、盧本作"洛京河清人"。僅此二卷即可見邵

---

① 章學誠《皇清例封孺人邵室袁孺人墓誌銘》,收入《章氏遺書》卷一六,復旦大學圖書館藏嘉業堂刊本,本卷第69頁。

② 張文"鄖"誤錄作"勛"。

本校記所依據之本與彭本無涉而與盧本關係密切。且盧文弨本人與邵晉涵頗有交往，盧氏曾從邵氏處借鈔《栲栳山人詩集》，①則邵二雲據抱經先生借其鈔本以校正文字亦屬題中之意。

其次，張文謂邵本爲庫本進上後館中鈔錄用以繼續修訂之工作底本，且邵晉涵離館後未曾攜走此本，四庫館臣因此本繼續校訂。其關鍵證據，一爲邵本卷一六〇頁 9 版框與裝訂綫之間有"吳正有號"長戳一枚，係四庫館中用紙，二爲原書中所夾若干簽條有"不必簽"等字樣，與館臣簽條類似。按筆者所據影印本中未見有簽條複印痕迹，即使原本確有，但僅僅根據翁方綱在其他書中也有類似簽記證明其一定出於館臣手筆則缺乏證據。其結論不通處試分疏如下：

1. 邵本有"正定經文""晉涵之印""晉涵之印""邵氏二雲""歸安陸樹聲藏書之印""靜嘉堂藏書"六方藏書印，前四方皆邵氏本人所有，陸樹聲爲陸心源子，知此本在邵氏身後即歸皕宋樓，之後便進入了靜嘉堂。全書除張文所謂疑似簽條和用紙外，並無其他四庫館內編校痕迹。

2. 邵本所用"吳正有號"紙雖係四庫館中用紙，但使用相對隨意。考邵本版心"舊五代史"四字與版框及界欄係統一版印，卷次爲鈔寫時填入，與庫本及文淵閣本版心完全不同（見圖一）。由此可知，"吳正有號"雖曾爲館中處理《舊五代史》專門印製了一批紙張，但並非正式奏進本用紙，以此紙鈔成的邵本，相對並沒有那麼正式。如果結合邵本卷首鈔錄《舊五代史》進表時省去了上表時間及十二行奏進人員名銜，以及本身各卷遍布極其嚴重的訛奪衍倒，很難想象它是爲繼續修訂而作的工作本。因爲，工作本首先需要保證其自身的正確性，否則必然會增加許多本不必存在或者已經解決的問題，無疑會大大拖累後續的修訂工作。因此，邵本不可能是四庫館中賴以繼續修

---

① 參黃雲眉《邵二雲先生年譜》乾隆四十九年事，收入氏著《史學雜考訂存》，齊魯書社，1980 年，第 60 頁。

訂的正式文本。

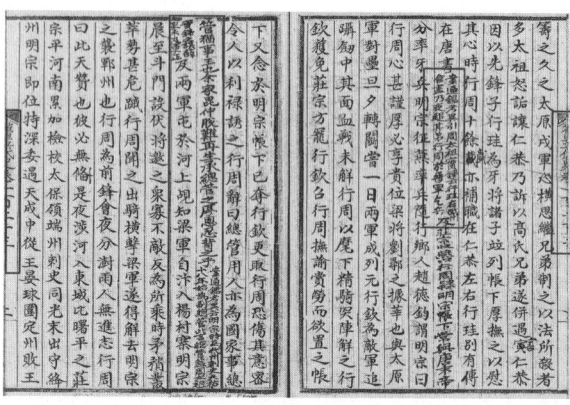
邵本

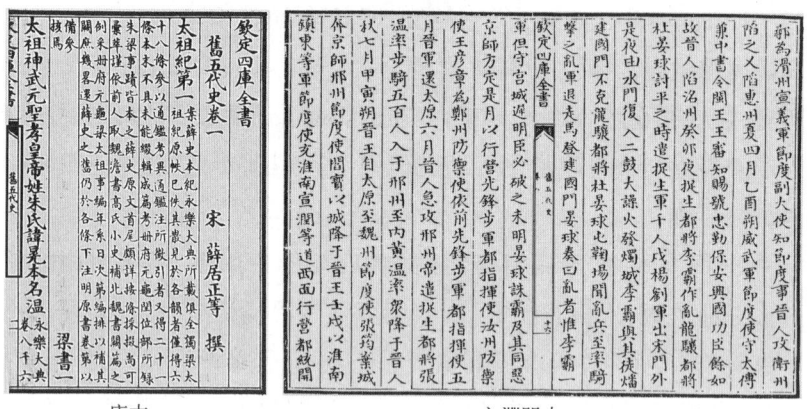
庫本　　　　　　　　　　　文淵閣本

圖一

3. 我們今天可以在熊羅宿影印庫本的最後一册看到原本貼於卷内各處的明黃色籤條（下稱"粘籤"）和上面已經提及的批校。雖然粘籤中有不少爲增加工作成果而刻意虛構的情況，①但總體而言，粘籤和批校仍舊體現了此後館臣對庫本的進一步校核和正誤。考粘

---

① 參仇鹿鳴《"規範"與"馬脚"——對〈舊五代史〉影庫本粘籤、批校的若干認識》，刊《隋唐遼宋金元史論叢》第六輯，第192—203頁。

簽的内容與書寫格式與庫本原附的校勘類案語以及邵晋涵私人著作《舊五代史考異》中同類案語並無差異,但無任何一條體現在邵本以及邵本校中,顯然此後庫本到文淵閣本及殿本的過程中,館臣仍舊依托庫本進行處理,而與邵本無涉。

4. 邵本校中唯一可以確定時間的是卷首乾隆所作的《題舊五代史八韻》,張文考此詩作於乾隆四十一年(1776)正月。如謂邵本校出於邵晋涵之手,則邵氏於乾隆四十年七月以後不久即遭母喪南歸,此後便不曾回到四庫館中,①校改應在當年七月至年底之前,爲何卷首會有作於四十一年正月的御詩?如謂御詩及邵本校皆出自其他館臣之手,又爲何與邵晋涵私人所作《舊五代史考異》中部分内容完全一致而無一條與庫本粘簽、批校、文淵閣本及殿本考證相合?

5. 《舊五代史》作者薛居正題銜由先及後經歷了以下變化:保留初稿本面貌的孔葒谷鈔本(下簡稱"孔本")以及庫本、邵本作"宋薛居正等撰",邵本校記與彭本、盧本作"宋司空同中書門下平章事薛居正等撰",乾隆四十九年(1784)鈔成的文淵閣本以及同年刻成的殿本作"宋門下侍郎參知政事監修國史薛居正等撰"。這三個階段的題銜中,"宋司空同中書門下平章事"是錯誤的,文淵閣本、殿本的結銜是館臣重新校正的結果。邵本校記一律改作了"宋司空同中書門下平章事薛居正等撰",若邵本在邵氏南歸後留置于四庫館,何以不改從最後考訂所得的正確題銜?

以上五個疑問皆源於張文將邵本視爲邵晋涵南歸後留置於四庫館中的工作本。但如果將邵本視作邵晋涵本人請館中書吏在匆忙中鈔成的庫本録副本,以上問題便可涣然冰釋。筆者認爲,四庫館中書吏用現成的空白《舊五代史》稿紙在較短時間内非常潦草地據庫本過録了這個本子,讓邵晋涵在南歸時帶走,此後一直保留在邵氏身邊,作爲他繼續校訂《舊五代史》的底本,直到邵氏身後流入皕宋樓,再流

---

① 陳尚君《〈舊五代史〉新輯會證》前言,復旦大學出版社,2005年,第39頁。

入静嘉堂,故而其本無四庫館臣校改痕迹,薛居正題銜亦未據文淵閣本、殿本加以改正。由於邵本本身鈔錄不精,故邵晋涵取同源自庫本的盧本校正文字,同時以貼條形式將其後續對《舊五代史》的考證增入邵本之中(説詳下),同時在卷首鈔錄了乾隆四十一年(1776)正月所作的御製詩,遂形成了今日邵本的面貌。要言之,此本正如陸心源所謂,係"學士家底本",而非張文所謂被廢棄的四庫工作本。

二、静嘉堂本所見庫本形成後《舊五代史》的再生長

邵本本身係庫本之過錄本,其文字同於庫本而頗多錯訛,故從版本源流角度,並無太大價值,但是,邵本真正的價值在於,邵本校所體現的四庫館在邵晋涵南歸後所作的工作,以及邵晋涵本人對《舊五代史》進一步的考訂,下文即對此略作申説。

(一)邵本及邵本校記反映了在邵晋涵離開之後,四庫館中形成了一個介於庫本與删去出處的文淵閣本及殿本之間的中間文本。

邵本校記據盧本所改的薛居正結銜表明,在邵晋涵離館以後,四庫館中另外過錄了一個工作本,其作者題爲"宋司空同中書門下平章事薛居正等撰"。如上文所示,庫本各卷結銜僅作"宋薛居正等撰",邵本仍之。薛居正"司空同中書門下平章事"結銜的依據是庫本及邵本前所附乾隆四十年(1775)七月邵晋涵所作提要。[①] 庫本鈔成在前,提要撰寫在後,故庫本及邵本各卷皆未著薛居正結銜。而隨着四庫館内修訂工作的展開,館臣應遣書吏重新鈔錄過一個據提要完善了薛居正結銜的本子,彭元瑞以及盧文弨從四庫館中鈔出的本子即已是此本,因此,彭本和以盧本爲底本的劉成幹嘉業堂本的薛居正結

---

① 二本書前所附提要開篇即云"《舊五代史》一百五十卷,並目錄二卷,宋司空同中書門下平章事薛居正等撰"。

銜皆題"宋司空同中書門下平章事",而邵本每卷皆極其謹嚴地貼去原"宋薛居正等撰"字樣,改從此銜,證明了邵本校記所據係盧本,其底本正是館中這一中間狀態的文本。

這個文本除了薛居正結銜有所不同,其他面貌我們也能根據邵本及邵本校略推一二。這個文本和庫本及文淵閣本、殿本相比,篇目上有所出入:邵本和庫本最大的差異便是卷九六《鄭玄素傳》的刪落。因爲邵本的鈔成在乾隆四十年(1775)七月至當年年底,可以看到在進呈以後,修訂工作並未停止。庫本末頁有墨書大字兩行:"《舊五代史·晋書》内《鄭元素傳》,查係《永樂大典》誤題《薛史》,實係馬令《南唐書》,今應刪去。"字迹、書寫體式與此頁前各條批校截然不同(見圖二),顯非一時所書。結合邵本可知,這一行批校或係邵晋涵自書,也有可能是在進呈以後其他學者查證後返回的結果,而邵本迅速吸收了這一意見。作爲《舊五代史》最終版本的文淵閣本和殿本皆無《鄭玄素傳》,可知這一校勘成果已被後續的修訂所吸收。

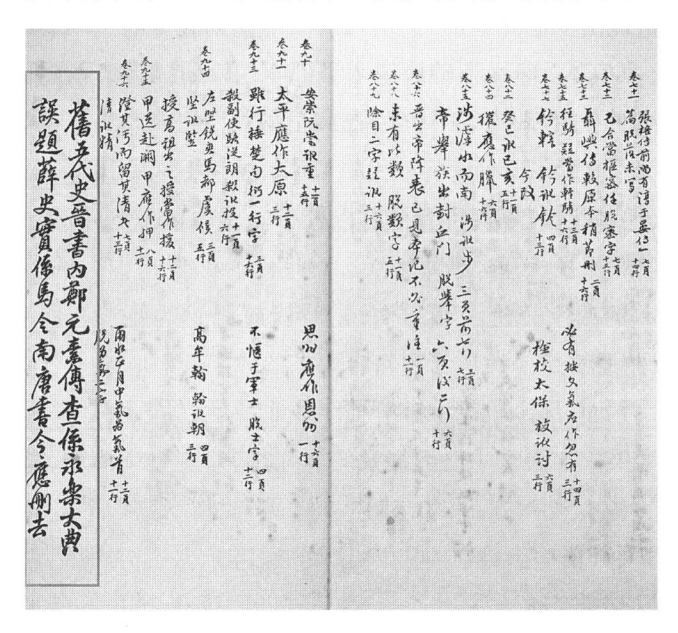

圖二

另一方面,文淵閣本和殿本在卷七一多了《淳于晏傳》,卷九八《張礪傳》被替換爲一個更長的文本。庫本批校云:"《張礪傳》,《永樂大典》有全篇,校刊本補入。"邵本無《淳于晏傳》,《張礪傳》仍同庫本,邵本校亦無增補二傳的痕迹,則這一文本中尚未對《淳于晏傳》《張礪傳》進行增補。由此可知,二傳的增入和補輯時間較晚,大抵在文淵閣本和殿本寫定之際。

同時,庫本粘簽與批校未體現在邵本中,邵本校記及考證也與粘簽及批校毫無關涉,説明這一中間文本鈔成之時,館臣對庫本系統的修訂尚未展開。而邵本考證未利用粘簽、批校也説明邵晉涵當時無法利用到四庫館内的修訂成果,亦從側面證明邵本考證成立已在四庫館外,其時邵晉涵南歸時已將邵本携出作爲自己的私人收藏。

(二)邵本校所見邵晉涵對《舊五代史》的持續考訂。

上文已明邵晉涵曾據盧本對邵本作了全面的校訂,但其工作並不止於糾謬訂訛以恢復庫本的面貌,事實上,邵晉涵可能期望以邵本爲基礎整理出一個完善的,甚至可以作爲刊刻底本的文本,陸心源所謂"學士家底本"極爲準確地説明了邵本的性質,其體現在邵本的避諱全部由原先的闕筆諱調整爲改字諱,即"弘"改"宏","玄"改"元","胤"改"允"。而《舊五代史》所有現存文本中,除了殿本是改字諱,其他都是闕筆諱,邵晉涵據以校字的盧本也不例外,因此,改避諱形式並非爲了與盧本保持統一,而是出於邵晉涵本人的考慮。或可從殿本的改字諱進一步推測,當時對於避諱的要求有所改變,因此,邵氏將避諱統一改成了更符合要求的改字諱。

另一方面,邵本校記中部分校字並非源出盧本,而是邵晉涵自行考訂的結果。如張文中已經提及的卷九"睦州刺史錢傳琇、寶州刺史錢傳璙",各本無異文,邵本校記"錢傳琇"改作"錢傳璛"、"寶州"改作"寳州",其依據應爲《十國春秋》及《通鑑》。① 邵本中頗有類似理

---

① 修訂本《舊五代史》卷九校勘記一,第160頁。

校,如卷九二《梁文矩傳》:"(朱)友璋領鄆州,奏爲項城令。""項城",各本無異文,邵本校記改爲"須城"。按《太平寰宇記》卷一三《鄆州》下有須城縣,①而項城屬陳州,②與鄆州無涉,邵氏此處亦係理校。

又邵晉涵頗以文意改字,兹舉數例:

卷八九《趙瑩傳》:"唐同光中。"各本同,"唐",邵本校記改"後唐",後又删去"後"字。

卷八九"史臣曰":"此掇歿身之貨。"各本無異文,邵本校記改"歿"爲"殺"。

卷九〇《安崇阮傳》:"語崇阮監軍。""語",各本作"詔",邵本校記改"請",邵晉涵不取盧本,或以此時末帝尚未稱帝,不宜稱"詔"。

卷九二《鄭韜光傳》:"天唐長興中,歷尚書左右丞。""天唐",各本作"天成",邵本校記改"入唐",後塗去二字。按此句上文"莊宗平梁,(鄭韜光)遷刑部侍郎","天成、長興"爲明宗年號,是,邵晉涵或以"平梁"二字,誤以下爲入唐事,後覺其非,又以下文"長興中"文意已足,故塗去二字。

以上所改,以文意論則是,然頗改原本面貌,此其非也。

值得注意的是,邵本中進表和提要兩處"邵晉涵"的"涵"字皆校改作"涵",其餘各本皆作"涵"。涵係"涵"之古字,由此可見,邵本校記應出於邵晉涵親筆,故特以古字取代其名之習慣寫法。

如果說邵本校記體現的是邵晉涵在校勘方面的工作的話,邵本考證則體現了《舊五代史考異》的編纂狀況。邵本考證共計147條,其内容除極個別條目稍有出入(詳下)外,餘皆見於單行本《舊五代史考異》中,文字亦完全一致。但是邵本考證並不能涵蓋《舊五代史

---

① 《太平寰宇記》卷一三《河南道·鄆州》,中華書局,2008年,第247頁。
② 《太平寰宇記》卷一〇《河南道·陳州》,第182頁。

考異》的全部內容，據筆者統計，《考異》一共352條，①邵本考證僅占其百分之四十強。如果把邵本鈔錄自庫本的案語視作邵晉涵《舊五代史》考訂成果的最初形態的話，這147條考證便是對案語的進一步增補，而從它補入邵本的情況來看，它也可以視作後來單行本《舊五代史考異》的初稿，試分疏如下：

　　此147條校語皆雙行小注，每一條都采用了貼條擠寫的形式，即以紙條貼去原書文字，再將貼去原文及要加入的小注縮小鈔於紙條上，因此在原書上形成很明顯的擠寫痕迹（見圖1邵本）。而貼條和鈔寫技術極爲老練，因爲雙行小注需要兩行對齊，要將貼去的原文和補入的文字權衡大小字後通盤計算，纔能知道需要貼掉多少原文纔能正好將兩者妥帖地壓縮填入新貼的紙條中，並將雙行小注拉平。從全部147條考證來看，其分行計數，基本無誤，顯示鈔寫者處理這類鈔寫問題是相當專業的。我們來看其中最有代表性的一條：

　　卷一二七《景範傳》末有邵本校一條"案景範神道碑以順德三年十二月立扈載奉敕撰孫崇望奉敕書今在鄒平縣"。此處原有案語"案景範神道碑以順德三年十二月立今尚存"。"月立今尚存"數字，鈔於"德三年十二"左側的空白處，而後被點去，邵本從"二"字以下補鈔"月立扈載奉敕撰孫崇望奉敕書今在鄒平縣"一句，字迹不同（見圖三）。顯然鈔寫者保留了原案語文字，而點去了"月立今尚存"數字，然後在"二"字下接寫了需要補入的文字。從這條可以看出，鈔寫者非常善於利用既有的文字達到減少鈔寫量的目的，同時也證明了據以鈔錄的文本是謄清的、完整的，鈔寫者因此能精準地測算出應當如何貼條方纔能最便利地鈔入所需文字。

　　同時，這一條加綫標誌的"順"字表明鈔寫這條校記的並非邵晉涵本人。如上所述，此條邵本校在"二"字以上皆邵本原鈔，因此，邵

---

① 此據國家圖書館所藏面水層軒鈔本統計，全文已在國圖官網中國古籍資源庫刊布，本文所用《舊五代史考異》皆據此本。

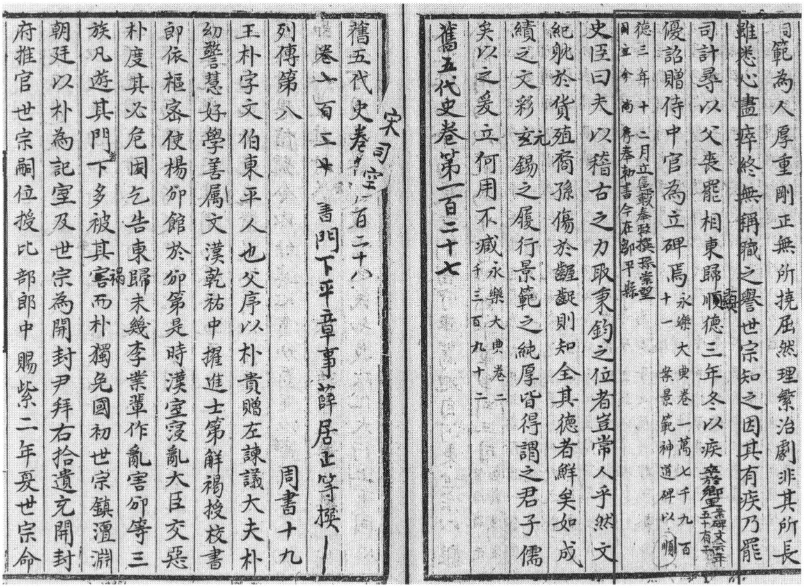
司範為人厚重剛正無所撓屈然理繁治劇非其所長
雖悉心盡瘁終無稱職之譽世宗知之因其有疾乃罷
司計尋以父喪罷相東歸順顯德三年冬以疾薨案碑文云年五十有七
優詔贈侍中官為立碑焉 永樂大典卷一萬七千九百十一 案景範神道碑以順
德三年十二月立碑載奉敕撰孫崇望奉敕書今在鄒平縣
史臣曰夫以稽古之力取秉鈞之位者豈常人乎然文
紀就於貨殖裔孫傷於齷齪則知全其德者鮮矣如成
績之文彩玄錫之履行景範之純厚皆得謂之君子儒
矣以之爰立何用不臧 永樂大典卷二千三百九十二
舊五代史卷第一百二十七

舊五代史卷一百二十八 宋司空同中書門下平章事薛居正等撰
列傳第八 周書十九
王朴字文伯東平人也父序以朴貴贈左諫議大夫朴
幼警慧好學善屬文漢乾祐中擢進士第解褐授校書
郎依樞密使楊邠館於邠第是時漢室寖亂大臣交惡
朴度其必危因乞告東歸未幾李業輩作亂害邠等三
族凡遊其門下多被其禍而朴獨免國初世宗鎮澶淵
朝廷以朴為記室及世宗為開封尹拜右拾遺充開封
府推官世宗嗣位授比部郎中賜紫二年受世宗命

圖三

本正文此處原作“順”字，與庫本一致，案語亦同作“順”，而《舊五代史考異》作“顯”。① 此條校語録立碑年月，顯德是周太祖年號，無疑是正確的。由此我們可以推知，鈔寫者在利用邵本原有案語的時候發現“順”字與所據底本不合，但又不明文意，不敢妄改，故劃綫以志疑。如果此條係邵晋涵本人所鈔，應該會徑行改正這一極爲明顯的錯誤。由此，對於張文中所提到的“下四行不必簽”“下六行不必簽”“不必簽”等簽條也可以有新的解釋：邵晋涵此時對邵本案語做了系統的增補，將其逐條謄清，並將邵本中需要添補校語的地方簽出，請專業書手逐一貼條補入各處。而書手可能在鈔録過程中發現有不必簽處，因而貼簽指出。《舊五代史考異》所列正文或與邵本考證插入正文處亦有所不同，如卷二四《李珽傳》中考證，《舊五代史考異》所

① 《舊五代史考異》卷四，第四册，頁 82b。

引正文爲"河南有外黄小黄",①邵本考證置於"太祖稱獎數四"下;卷九四《郭金海傳》中《考異》所引正文爲"商州刺史",②邵本考證在傳末出處之後。這些考證位置的差異或許是由於在謄寫之初邵晋涵簽出了考證補入位置,但書手在鈔寫時卻因種種原因移到了其他地方,這也表明邵本考證的鈔寫者非邵晋涵本人。

由此我們看到,邵晋涵在南歸之後對於《舊五代史》的繼續考訂至少分爲兩個階段:147 條考證事實上構成了後來《舊五代史考異》的初稿,其後邵氏在此基礎上形成了 352 條的《舊五代史考異》定稿(下簡稱"定稿")。比對二者,我們可以發現邵晋涵續訂《考異》的時候做了相當多的工作:

首先,《考異》定本完全吸收了 147 條邵本考證,並將邵本原有的小字案語選擇性地吸收進來,同時新作了部分考證文字,使定稿總條目增加到了 352 條。

其次,已寫定的考證有一部分在定稿中作了增補,兹舉數例:

案:《五國故事》作"以手板擊殺之"。馬令《南唐書》云:"知訓因求馬於瑾,瑾不與,遂有隙。俄出瑾爲静淮節度使,瑾詣知訓別,且願獻前馬。知訓喜,往謁瑾家。瑾妻出拜,知訓答拜,瑾以笏擊踣,遂斬知訓。"(《舊五代史考異》卷一,第 1 册,頁 49a,下僅注卷數、册數、頁碼)

案:《五代春秋》:正月,契丹陷博州。《歐陽史》作正月辛丑,《薛史》及《遼史》作二月。(卷三,第 3 册,頁 21a)

案:《東都事略·范質傳》:晋出帝命十五將出征。是夕,質宿直,出帝命諸學士分草制,質曰:"宫城已閉,慮泄機事。"遂獨爲之。《歐陽史》云:劉知遠爲北面行營都統,杜威爲都招討

---

① 《舊五代史考異》卷一,第一册,頁 88b—89a。
② 《舊五代史考異》卷三,第三册,頁 58b—59a。

使，蓋略之也。（卷三，第 3 冊，頁 23a—23b）

上述三條中的劃綫字，皆未見於邵本考證中，顯係出於後續之修訂。

再次，原有考證在定稿中删去，或有所改動：

尚輦奉御金彦英，案：以下疑有闕文。本東夷人也，奉使高麗，稱臣於夷王，故及於罪。（邵本《舊五代史》卷一二〇）

此條定稿無。按：此條正文未交代金彦英如何"及於罪"，故邵晉涵疑有闕文。考《册府》卷六六四有此條記事："金彦英，本東夷人，爲尚輦奉御。奉使高麗，稱臣於夷王。恭帝顯德六年，決杖一百，配流商州。"①"尚輦奉御金彦英"下所闕文字疑爲"決杖一百，配流商州"，邵氏或未尋得書證，故在定稿中將此條删去。

案：蔣殷在唐末，爲宣徽副使，譖殺蔣元暉；遷宣徽使，誣害何太后。其罪與孔循等，《薛史》未及詳載。（卷一，第 1 冊，頁 54a）

按："蔣殷"，考證作"王殷"，《舊五代史·蔣殷傳》："蔣殷，不知何許人。幼孤，隨其母適於河中節度使王重盈之家，重盈憐之，畜爲己子……（殷）懼其連坐，上章言殷本姓蔣，非王氏之子也。末帝乃下詔削奪殷在身官爵，仍令却還本姓。"②故邵晉涵初稱其爲王殷，是，定稿時疑爲與前後文統一而改作"蔣殷"。

最後，定稿傳鈔致訛而考證無誤：

---

① 《册府元龜》卷六六四，中華書局，1960 年，第 7946 頁。
② 修訂本《舊五代史》卷一三，第 207—208 頁。

案：《東都事略·王溥傳》：世宗嘗問："漢祖李崧蠟彈書結契丹，有記其辭者否？"溥曰："使崧有此，肯示人耶？蘇逢吉輩陷之爾。"是逢吉等陷崧，又謂其通契丹也。（卷四，第 4 冊，頁 22a）

按：此條"漢祖"，考證作"漢相"，無誤。

案：《洛陽搢紳舊聞記》：太子少師李公肅，唐末西京留守，齊王以女妻之。趙思綰在永興時，使主赴闕。思綰主藍田副鎮，有罪已發。李公時爲環衛將兼雍耀三白渠使、雍輝莊宅使、節度副使，權軍府事，護身脱之，來謝於李公。公歸宅，夫人詰之曰："趙思綰庸賤人，公何與免其過？又何必見之乎？"曰："思綰雖賤類，審觀其狀貌，真亂臣賊子，恨未有朕迹，不能除去之也。"夫人曰："既不能，何妨以小惠啖之，無使銜怨。"自後夫人密遣人令思綰之妻來參，厚以衣物賜之，前後與錢物甚多。乞漢朝，公以上將軍告老歸雍。未久，思綰過雍，遂閉門據雍城叛，衣冠之族，遭塗炭者衆，公全家獲免。終以計勸思綰納款。（卷四，第 4 冊，頁 27a）

按：此條"雍輝莊宅使"之"輝"，考證作"耀"；"既不能"下考證有"除去"；"乞漢朝"之"乞"，考證作"及"，皆是，宜據之改補。

案：《五代會要》：顯德二年九月，敕云："今采銅興治，立監鑄錢，冀使公私，宜行條制。今後除朝廷法物、軍器、官物及鏡，并寺觀内鐘磬、鈸、相輪、火珠、鈴鐸外，其餘銅器，一切禁斷。"（卷四，第 4 冊，頁 42b）

按：此條"今采銅興治"之"治"，考證作"冶"；"冀使公私"之

"使",考證作'便';"相輪"之"輪",考證作"輪",皆是,宜據之改補。

從考證所反映的《舊五代史考異》初稿狀況,我們可以看到《考異》的成書是分階段進行的,邵晉涵將考證如此細心地倩人貼入可能作爲將來刊印底本的邵本中,或可認爲一開始,《考異》規模僅此而已,並預備附《舊五代史》本書而行,但其後或許出於其他考慮,邵晉涵放棄了刊刻邵本,而是增輯完成了五卷本的《舊五代史考異》。

結論與餘論

通過以上對邵本及邵本校記、考證的分析,我們對邵本的性質及《舊五代史》在庫本上呈後的續訂工作有如下新認識:

1. 此本鈔成於乾隆四十年(1775)七月上呈以後至當年年底之間,其間邵晉涵因母喪南歸,即將此本携出,作爲後續工作的底本。

2. 邵晉涵以盧本校邵本,並作了一定程度的理校,形成邵本校記。與此同時,《舊五代史考異》初稿完成,以貼條形式補入邵本中,形成邵本考證。邵晉涵整比邵本或欲作爲刊刻底本。

3. 邵晉涵在邵本整比完成後繼續對《考異》作了大幅度增補,從邵本考證的147條增至352條,同時也對原有考證作了小幅度的刪改,不過《考異》通行的面水層軒鈔本稍有誤字,可據邵本考證校正。

4. 乾隆四十年七月庫本上呈以後,四庫館中對《舊五代史》續訂情況如下:在邵晉涵當年年底南歸前,《鄭玄素傳》已被刪落,此後薛居正題銜根據書前提要作了改動,形成了一個新鈔本。後續館臣依托庫本,以粘簽和批校的形式對全書作系統校訂,並對篇目作了增刪,而這一系列工作皆在此新鈔本形成之後。

另外,邵本也提示我們,在輯復《舊五代史》中形成的各類考證性文字,其實有着不同的來源和性質:庫本進呈之時已經形成的案語、館臣再修訂時形成的粘簽和批校,以及後來體現在文淵閣本和殿本中的考證皆是四庫館中的職務作品,而邵晉涵本人的《舊五代史考異》則是其南歸以後的私人著作。幾种著作作者不同，撰修背景也大不相同，雖然彼此之間有重合的部分，但實際上不宜混爲一談。中華書局原點校本當年在整理《舊五代史》之時以民國熊羅宿影印庫本爲底本，本着尊重底本的原則，對於影庫本案語這一底本的有機組成部分給予了最大程度的重視。因此，案語與其他各類考證文字所述內容雷同之時，則徑取以其他考證中溢出案語者以補足之而棄其重複部分，兹舉一例：

卷二一《王彥章傳》："王彥章，字賢明，案：《歐陽史》作字子明。鄆州壽張縣人也。案：《歐陽史》作鄆州壽昌人。《通鑑》從《薛史》作壽張。"點校本校記："'《通鑑》從《薛史》作壽張'，八字原無，據《舊五代史考異》補。"①

2015年出版的修訂本也沿襲了這一體例。這從操作上當然有很大的便利性，也避免了案語、《考異》和殿本考證近似內容之間疊床架屋的情況。但是，從尊重各類考證文字各自的性質、保存各自面貌的角度來講，未必是最妥當的處理方法。如果《舊五代史》再有機會修訂，應當尤其注意各種考證文字之間如何更好地共存，並盡可能保存其本來面貌。

（原刊《域外漢籍研究》第二十三輯）

---

① 《舊五代史》卷二一，中華書局，1976年，第294頁。

《新五代史》宋元本溯源

《新五代史》今存宋元本十部，筆者頃因參與《新五代史》修訂工作，有緣得通校上述宋元本中各代表性版本及北宋文獻引録之《歐史》文字，發現其稿本和刊本在歐陽脩過世不久即傳布人間，成爲宋元時代諸刻本之祖本，並影響了今日所見諸宋元本。今不揣淺陋，試推考《新五代史》早期版本之面貌及其與今存《歐史》宋元本之間的淵源，並略述各版本之價值。

一、《新五代史》早期版本的面貌

《新五代史》今存宋元本雖多，但最早爲南宋刻本，其書在北宋時面貌如何，古本不傳，所幸藉於歐陽脩的巨大聲望，《新五代史》成書不久即流布士林，爲諸書所稱引，因此，從北宋文獻引録的《新五代史》文字中，我們尚可窺見其書當日的面貌。這些文獻中最重要的是司馬光《資治通鑑考異》、吳縝《五代史纂誤》、晁補之《雞肋集·五代雜論》。此三部書中所引録的《新五代史》皆是歐陽脩去世後不到二十年內的文本（説見下），其重要性不言而喻。那麼，這二十年間《新五代史》究竟以何種方式在士人間流傳，吳縝、晁補之等人所見到的究竟是什麼文本？我們也許需要從《新五代史》長達三十年的撰作過程及其早期的流傳談起。

《新五代史》的成書過程，陳尚君師《歐陽脩著述考》一文中有專節論述，①然限於篇幅，似仍可作些許補充，本文即在此基礎上再作梳理：

《新五代史》開始編纂於景祐中歐陽脩任館閣校勘期間。他在給王陶的信中説："《五代史》，近方求得少許所闕書，亦未能了。人生多因循，已十三年矣。"②這封信原注繫於皇祐初年（1049），自此時上溯十三年，大概是景祐三年（1036）。其時，宋初由薛居正所領銜編纂的《五代史》已流行約半個世紀，期間對其書表示不滿的聲音也越來越強烈。宋庠在上宋仁宗的劄子中對《薛史》有這樣的表達："范質《五代史》並是近代修纂，雖粗成卷帙，而實多漏略。義例無次，首末相違。……五代帝紀，則殆是全寫實録，别傳則更同銘誌。"因此，他希望能夠"補緝散亡，勒成新書，或矯前病"，並且還提出希望"差李淑及臣弟（祁）等三人，同將《唐書》及《五代史》，别加撰著"。③ 這大概可以代表時人對於《薛史》普遍的看法，因此，一時間補輯、新作五代史的風氣頗爲盛行，流傳至今的王禹偁《五代史闕文》、陶岳《五代史補》等皆是此類著作，甚至在天聖五年（1027），知寧州楊及便已進上了他所撰修的《五代史》。④ 歐陽脩新撰《五代史》，正是在這一背景下展開的。

景祐三年五月，歐陽脩被貶夷陵，此時他對於《五代史》的思考似乎更成熟了，在次年給尹師魯的信中，歐陽脩具體闡述了《五代史》的體例，並邀請尹洙和他一起合作：

---

① 陳尚君《歐陽脩著述考》，收入氏著《陳尚君自選集》，廣西師範大學出版社，2000年，第366—392頁。按篇題"歐陽脩"原作"歐陽修"，修訂本《新五代史》已統一作"歐陽脩"，今從。本文所引諸文獻涉及歐陽脩之名一律改從"脩"字，不一一出注。
② 歐陽脩著，李逸安點校《歐陽脩全集》卷一四七《與王文恪公》，中華書局，2001年，第2401頁。
③ 《永樂大典》卷一〇一三六引《宋元憲公集》，收入欒貴明輯《四庫輯本别集拾遺》，中華書局，1983年，第6—7頁。按引文雖稱"范質五代史"，但從上下文來看，實際上指的是《薛史》。
④ 《續資治通鑑長編》卷一〇五，中華書局，1995年，第2437頁。《宋會要輯稿・崇儒》五《獻書升秩》，上海古籍出版社，1986年，第2847頁上欄。

开正以来,始似无事,治旧史。前岁所作《十国志》,盖是进本,务要卷多,今若便为正史,尽宜删削……数日检旧本,因尽删去矣,十亦去其三四。师鲁所撰,在京师时不曾细看,路中昨来细读,乃大好……河东一传大妙,脩本所取法此传。为此外亦有繁简未中,愿师鲁亦删之,则尽妙也。正史更不分五史,而通为纪传,今欲将《梁纪》并汉、周,脩且试撰次;唐、晋,师鲁为之,如前岁之议。其他列传约略且将逐代功臣随纪各自撰传,待续次尽,将五代列传姓名写出,分而为二,分手作传。①

由此可知,此时,欧阳脩对于《五代史》的修撰已经有了通盘的考量,而他在京期间所撰的《十国志》也正可因此纳入书中。

而后的几年,欧阳脩出贬在外,四处奔波,不过,官场的失意反倒让欧阳脩有更多的余暇专注于《五代史》的撰作。他在给李淑的信中说:

脩曩在京师,不能自闲,辄欲妄作,幸因余论,发于教诱,假以文字,力欲奖成。不幸中间,自罹咎责,尔来三年,陆走三千,水行万里……偷其暇时,不敢自废,收拾缀缉,粗若有成。②

此信《四部丛刊》本注系于宝元元年(1038),③虽然他谦称"编撮甫就,而首尾颠倒,未有卷第",但似乎此时《五代史》已经初具雏形。

此后,欧阳脩仍不断增入材料。康定元年(1040),欧阳脩于滑州梁末名将王彦章后人处访得王氏家传。④从《新五代史·王彦章传》来看,其中所叙王彦章以保銮军士五百人救郓州及王彦章约以三日

---

① 欧阳脩著,李逸安点校《欧阳脩全集》卷六九《与尹师鲁第二书》,第1000页。
② 欧阳脩著,李逸安点校《欧阳脩全集》卷六九《答李淑内翰书》,第1004页。
③ 欧阳脩著,李逸安点校《欧阳脩全集》卷六九《答李淑内翰书》笺注一,第1004页。
④ 欧阳脩著,李逸安点校《欧阳脩全集》卷三九《王彦章画像记》,第570页。

破敵二事,都與《王彥章畫像記》所述家傳內容相合,①而爲《舊五代史》所不載,顯然,王氏家傳是《王彥章傳》的重要史源之一。而他與尹洙的合作大概持續了近十年,慶曆五年(1045),歐陽脩在與尹洙的信中,仍敦請他將列傳人名寄來。② 直到皇祐初年(1049),歐陽脩仍在搜求材料以增補其書,並在王回的建議下增入《張憲傳》後的議論。③ 此時距其最初開始撰修《五代史》已經十三年了。④

皇祐四年(1052),歐陽脩丁母憂去職,這段難得的空閑使他得以全力以赴致力於修史工作,第二年,七十四卷的《五代史記》已經基本完成。他在給好友梅堯臣的信中以欣喜而略帶自負的口吻提到了此書:

> 閑中不曾作文字,祇整頓了《五代史》,成七十四卷。不敢多令人知,深思吾兄一看。如何可得極有義類,須要好人商量。此書不可使俗人見,不可使好人不見,奈何奈何。⑤

不過讀到歐氏文稿的並不止梅堯臣一人,差不多同時,曾鞏也讀到了歐陽脩的新作,並且提出了可能是比較尖銳的意見,以至於歐陽脩在得知他的意見以後需要對已完成的稿子"重頭改換",而全書定稿因此"未有了期"。⑥ 這次改動幅度應該不小,一直到六年以後的

---

① 歐陽脩著,李逸安點校《歐陽脩全集》卷三九《王彥章畫像記》,第570—571頁。
② 歐陽脩著,李逸安點校《歐陽脩全集》卷六九《與尹師魯第二書》:"列傳人名,便請師魯錄取一本,分定寄來。不必以人死年月斷於一代,但著功一代多者,隨代分之,所貴作傳與紀相應。"第1002頁。據《四部叢刊》本題注,是書作於慶曆五年(1045)。
③ 歐陽脩著,李逸安點校《歐陽脩全集》卷七〇《與王深甫論五代張憲帖》:"脩啓:辱教甚詳,蒙益不淺,所疑所論,皆與脩所考驗者同。今既疑之,則欲著一小論於《傳》後,以哀其忠,如此得否?"第1018頁。
④ 歐陽脩著,李逸安點校《歐陽脩全集》卷一四七《與王文恪公》二:"《五代史》,近方求得少許所闕書,亦未能了。人生多因循,已十三年矣。"第2401頁。題注云"皇祐初"。
⑤ 歐陽脩著,李逸安點校《歐陽脩全集》卷一四九《與梅聖俞》二十三,題注云"皇祐五年"。第2455頁。
⑥ 歐陽脩著,李逸安點校《歐陽脩全集》卷一五〇《與澠池徐宰》二,第2473頁。

嘉祐五年(1060)尚未看到完工的迹象,歐陽脩甚至因此拒絕了朝廷對新史的徵求:

> 外方難得文字檢閱,所以詮次未成。昨日還朝,便蒙差在《唐書》局,因之無暇更及私書,是致全然未成次第。欲候得外任差遣,庶因公事之暇,漸次整緝成書,仍復精加考定,方敢投進。①

大概在五六年後,歐陽脩仍在修改他的書稿,晁公武指出《新五代史》中的《晉出帝論》即是有感於治平二年(1065)濮議而發,②時距其最初開始撰修《新五代史》已近三十年了。

熙寧五年(1072)閏七月二十三日,歐陽脩去世,③次月,朝廷即"詔求歐陽脩所撰《五代史》"。④ 其家何時以書稿進上,正史闕書,不過我們可以在吴充所撰的行狀中找到些許綫索:"公之薨,上命學士爲詔,求書於其家,方繕寫進御。"⑤ 此篇行狀作於熙寧六年(1073),⑥據此,歐陽脩去世一年内,《五代史》的稿本已然奏進,故而,熙寧八年(1075),王安石和神宗得以談及其書。⑦ 他們所讀到的文本應即是歐陽脩家進上的稿本。

《新五代史》最早刊刻於何時,宋代現存官方文獻都没有明確記録,不過從其他史料中我們或許可以作一些推測。《郡齋讀書志》云:"永叔没後,朝廷聞之,取以付國子監刊行。"⑧據此,則《歐史》稿本進

---

① 歐陽脩著,李逸安點校《歐陽脩全集》卷一一二《免進五代史狀》,第1706頁。
② 晁公武著,孫猛校證《郡齋讀書志校證》卷五,上海古籍出版社,1990年,第194頁。
③ 歐陽脩著,李逸安點校《歐陽脩全集》附吴充《行狀》,第2693頁。
④ 《宋史》卷一五《神宗紀》二,中華書局,1977年,第282頁。
⑤ 歐陽脩著,李逸安點校《歐陽脩全集》附吴充《行狀》,第2698頁。
⑥ 歐陽脩著,李逸安點校《歐陽脩全集》附吴充《行狀》,第2698頁。
⑦ 《續資治通鑑長編》卷二六三,第6441頁。
⑧ 晁公武著,孫猛校證《郡齋讀書志校證》卷五,第194頁。

上後不久即付國子監刊刻。那麼這個時間點如何確定,我們注意到《續資治通鑑長編》熙寧十年(1077)五月庚申有這樣一條記載:"詔以歐陽脩《五代史》藏秘閣。"①尾崎康據此認爲《新五代史》初刻應在此後不久。② 此説稍有可議之處。按《歐史》稿本已於熙寧六年左右奏上,四年之後又鄭重下詔收藏,此時入藏秘閣之本應非最初從其家所得之未定稿,而應是數年中經官方校勘的國子監初刻本的底本,或者即爲國子監初刻本。

當日國子監在刊版之前都需要經過校勘,《宋會要·勘書》中記録了大量當時國子監勘書的實例,而這也是文本定型的過程。校勘本身當然需要時間,從現有的記録來看,校勘費時長短與文稿篇幅及其本身整理的難易程度有關,如篇幅較小的《道德經》的校勘前後只花了兩個月時間,③八十五卷的《隋書》因爲有"内出板樣示之",所以從校勘到版成就只用了一年零八個月。④ 而三十卷的《新校定玉篇》,從大中祥符六年(1013)九月奏上到天禧四年(1020)七月版成,前前後後接近七年。⑤ 而同樣是三十卷的劉昭注補《後漢志》,則只用了一年多時間。⑥ 那麼,尚未定稿的七十四卷《新五代史》,從篇幅和校勘難度兩方面考量,整個校勘過程用去三四年的時間應該是一個合理的推定。而當刊本完成,經過校勘的底本入藏秘閣是順理成章的事情,故熙寧十年左右,國子監初刻本應已完成。

因此,如果考慮到在歐陽脩生前,其初稿亦曾在師友間傳閲,則熙寧十年以後,《新五代史》大抵有刻本、國子監校勘本、稿本(含初

---

① 《續資治通鑑長編》卷二八二,第 6903 頁。
② 參尾崎康著,喬秀岩、王鏗編譯《正史宋元版之研究》,中華書局,2018 年,第 658—677 頁。本文引及尾崎康之説皆據此書,下不一一出注。
③ 《宋會要輯稿·崇儒》四《勘書》,第 2816 頁上欄。
④ 《宋會要輯稿·崇儒》四《勘書》,第 2818 頁上欄。
⑤ 《宋會要輯稿·崇儒》四《勘書》,第 2817 頁上欄。
⑥ 《宋會要輯稿·崇儒》四《勘書》,第 2818 頁上欄。

稿)在士林流傳。①

那麼,我們回頭再來看《資治通鑑》及《考異》、吳縝《五代史纂誤》、晁補之《雞肋集·五代雜論》具體的編纂時間及其可能用到的《新五代史》文本。

1.《資治通鑑》及《考異》所據《新五代史》

三部書中以《通鑑》的成書時間最早。元豐七年(1084),司馬光進上《資治通鑑》,此時距《新五代史》熙寧十年左右的首次刊刻不超過七年,理論上司馬光利用的應該是《新五代史》的刻本,但是,如果考慮到《通鑑》漫長的編纂過程,情況就並非如此簡單。

《資治通鑑》的編纂,最初是由司馬光的幾位助手將原始材料以繫日的方式分拆排列,之後做成叢目、長編以及《考異》的雛形,②而司馬光則在這些工作的基礎上刪削去取,形成定本和正式的《考異》。《通鑑》的五代部分則是由劉恕負責的。③ 這部分內容用《新五代史》處甚多,《考異》中直接引用者即達數十處之多,可以說《新五代史》是劉恕完成《通鑑》前期工作時重要的參考資料。劉恕卒於元豐元年(1078)九月,司馬光在《十國紀年序》中詳細叙述了劉恕最後幾年的行事:

> 未幾,光出知永興軍。道原……即奏乞監南康軍酒,得之。光尋判西京留臺,奏遷書局於洛陽。後數年,道原奏請身詣光,議修書事,朝廷許之。道原水陸行數千里至洛陽……留數月而歸。未至家,遭母喪,俄得風疾,右手足偏廢,伏枕再期,痛苦備

---

① 惠洪《冷齋夜話》卷八記彭淵曾獲"歐公《五代史》草稿一巨編",可知歐陽脩稿本北宋時尚有流傳。中華書局,1988年,第62頁。
② 司馬光《傳家集》卷六三《答范夢得》,清乾隆六年(1741)吳門縣署刊本,第九冊,本卷第8頁。
③ 司馬光《傳家集》卷六三《答范夢得》:"隋以前者與貢父,梁以後者與道原,令各修入長編中。"第九冊,本卷第8頁。今《通鑑考異》五代部分多有引錄劉恕之說者。參曹家琪《〈資治通鑑〉編修考》,刊《文史》第五輯,第85—86頁;姜鵬《〈資治通鑑〉長編分修再探》,刊《復旦學報》2006年第1期。

至。每呻吟之隙,輒取書修之,病益篤,乃束書歸之局中,以元豐元年九月戊戌終。①

司馬光出知永興在熙寧三年(1070),②不久劉恕即歸南康,直至熙寧九年(1076),方重赴洛陽與司馬光商討修《通鑑》事。③ 數月之後,劉恕再度南歸,兩年後去世。然則劉恕自熙寧三年外任南康後,僅熙寧九年間數月在洛陽。此時,《新五代史》稿本已經進呈朝廷,而刊本尚未行世,則劉恕所見《新五代史》應即是歐氏稿本之録副。如果考慮到劉恕父親與歐陽脩係同年進士,且有直接交往;④同在書局的劉攽及其兄劉敞都曾在歐陽脩生前即讀到過《新五代史》初稿,⑤則劉恕甚至可能更早即看過《歐史》之未定稿。雖然劉恕去世之後,《通鑑》在修撰和定稿的過程中已經可以使用到《歐史》刊本,但《通鑑考異》所用《新五代史》仍舊留下了與現存諸宋元刻本不同的文字。如卷二一〇先天元年(712)十月辛酉條引《莊宗紀》論贊中記沙陀世系文字,"延陀",《考異》引作"薛延陀",是。"憲宗時",《考異》引作"當憲宗時",⑥文義較長。雖是吉光片羽,但却恰恰爲我們識别傳世文本提供了重要綫索。

2.《雞肋集》所據《新五代史》

《雞肋集》是晁補之晚年的自訂文集,⑦卷首有晁氏於元祐九年(即紹聖元年,1094)所作自序,稱集中所收乃此前其所作之詩文,而

---

① 司馬光《傳家集》卷六八《劉道原十國紀年序》,第十册,本卷第4—5頁。
② 《續資治通鑑長編》卷二一五,第5247—5248頁。
③ 據《十國紀年序》,劉恕回南康後兩年即去世,則其至洛陽約在熙寧九年。參曹家琪《〈資治通鑑〉編修考》。
④ 《宋史》卷四四四《劉恕傳》:"父涣……歐陽脩與涣,同年進士也,高其節,作《廬山高》詩以美之。"第13118頁。
⑤ 劉敞《公是集》卷九《觀永叔五代史》,《文淵閣四庫全書》本,臺灣商務印書館,1983年,第1095册,第471頁。歐陽脩有《答原父詩》酬答,《四部叢刊》本題注繫於皇祐二年(1050)。歐陽脩著,李逸安點校《歐陽脩全集》卷五,第77頁。
⑥ 《資治通鑑》卷二一〇《考異》引歐陽脩《五代史記》,中華書局,1956年,第6678頁。
⑦ 《四庫全書總目》卷一五四,中華書局,1965年,第1334頁。

晁氏結銜爲"朝奉郎、秘書省著作郎、充秘閣校理、國史編修官",①表明其時他在秘閣、史館任職。《雞肋集》所引録的《新五代史》集中於《五代雜論》一篇,②此篇雖未明確寫作時間,但同書有風格相同的《唐舊書雜論》五卷,係讀《舊唐書》時的雜抄及議論,內容遍及紀、志、傳各個部分。③《舊唐書》在北宋没有刊刻記録,僅皇家秘閣藏有經官方校訂後的文本,④外間傳本似不多。晁補之能如此從容閱讀,並寫下五卷筆記,或在其任職秘閣之時,而《五代雜論》也很可能作於同時。熙寧十年左右,《新五代史》之官方校訂本已入藏秘閣,則晁氏所讀到的很可能正是此本。

從《五代雜論》引文來看,此本與傳世宋元本差別不大,唯一值得注意的是卷二三《王虔裕傳》較諸本在"晋兵復來"與"遷執虔裕以降於晋"之間多"虔裕不能支"一句。⑤ 考《舊五代史》卷二一《王虔裕傳》叙其事曰:"(晋人)復來圍邢,時太祖大軍方討兗、鄆,未及救援,邢人困而携貳,遷乃縶虔裕送於太原。"⑥考慮到兩《五代史》之間的因襲關係,"邢人困而携貳"云云對應的正是"虔裕不能支"一句,則《歐史》原應有此句,而後世刻本已脱去。

3.《五代史纂誤》所據《新五代史》

吳縝《五代史纂誤》撰成時間,據吳元美《新唐書糾謬》後序,大約與《新唐書糾謬》同作於元祐中(1090年左右)。⑦ 按《新唐書糾謬》吳縝自序稱,"《唐書》自頒行迨今幾三十載"。⑧ 考《新唐書》自

---

① 晁補之《雞肋集》自序,《四部叢刊初編》本,第1023册,第1頁。
② 見晁補之《雞肋集》卷五〇,第1033册。
③ 見晁補之《雞肋集》卷四五至卷四九,第1032、1033册。
④ 《崇文總目》卷三著録《唐書》二百卷(《文淵閣四庫全書》本,第674册,第30頁上欄),又據《宋會要輯稿·崇儒》四《勘書》,咸平三年(1000),真宗曾下詔校勘包括《舊唐書》在內的正史,最終因欲重修《唐書》而未加刊刻,但秘閣顯然存有鈔本。第2816頁上欄。
⑤ 晁補之《雞肋集》卷五〇,第1033册,本卷第5頁。
⑥ 修訂本《舊五代史》卷二一《王虔裕傳》,第331—332頁。
⑦ 吳元美《新唐書糾謬》後序,《文淵閣四庫全書》本,第276册,第764頁上欄。
⑧ 吳縝《新唐書糾謬》序,《文淵閣四庫全書》本,第276册,第620頁上欄。

嘉祐五年(1060)詔鏤版頒行,①下推三十年,正是元祐年間。此時《新五代史》早已刊行,從理論上來講,吳縝所見應是《新五代史》的刻本,但是,從吳縝引錄的《歐史》文字來看,却有其特別之處。

《纂誤》卷上"長興二年三月趙鳳罷"條,注文有"忘其日"一句。吳縝對此表示不解:"今按,謂之亡或失其日可也,忘則未可也。"②按《新五代史》注題歐陽脩門生徐無黨作。但歐陽脩在給徐無黨的書信中明確表示:"《五代史》……仍作注,有難傳之處,蓋傳本固未可,不傳本則下注尤難,此須相見可論。"③因此,吳縝認爲係歐陽脩"授徐子爲注"。④ 此説頗爲後世所認可,清代俞正燮即認爲"其注……疑歐自注而署徐名"。⑤ 陳尚君師、葛兆光皆同意此説。⑥ 以吳縝所引注文觀,所謂"忘其日"頗似歐陽脩自己口吻,而今諸宋元本皆無此注,疑係有意刪去。

又《纂誤》卷上引《廢帝紀》云:"莊宗呼帝小字曰:'阿三不徒與我同年,其敢戰亦類我。'"⑦今宋元諸本"帝"皆作"其"。按此事本於《舊五代史》卷四六《末帝紀》上。⑧《舊五代史》本紀叙五代諸帝登位前事皆曰"帝",而《新五代史》皆直呼其名。《纂誤》引《新史》文字極嚴謹,此處異文應非吳縝隨手改寫,或係歐陽脩襲《舊五代史》舊文而未及改定。而今所見各宋元本已然劃一。

總體而言,《五代史纂誤》所引《新五代史》,異文較《通鑑考異》及《雞肋集·五代雜論》所引要多。而上述兩例則可能保留了《新五

---

① 《宋會要輯稿·禮》六二《賚賜》一,第2135頁。
② 吳縝《五代史纂誤》卷上,《知不足齋叢書》本,第5頁。
③ 歐陽脩著,李逸安點校《歐陽脩全集》卷一五〇《與漉池徐宰》二,第2473頁。
④ 吳師道《敬鄉錄》卷二引吳縝《五代史纂誤》,《文淵閣四庫全書》本,第451冊,第264頁下欄。按此語不見於今本《五代史纂誤》。
⑤ 俞正燮《癸巳存稿》卷八,《續修四庫全書》本,上海古籍出版社,第1160冊,第61頁。
⑥ 陳尚君《歐陽脩著述考》,第371—372頁。葛兆光《關於徐無黨及〈五代史注〉》,刊《藝文志》第三輯,山西人民出版社,1985年,第125—130頁。
⑦ 吳縝《五代史纂誤》卷上,《知不足齋叢書》本,第3頁。
⑧ 修訂本《舊五代史》卷四六《末帝紀》上,第719頁。

代史》更爲原始的狀態,吳縝所見《新五代史》應是稿本系統,甚至可能源出歐陽脩未定之初稿。

二、傳世《新五代史》宋元本源流及其文獻價值

歐陽脩身前身後的顯赫文名使得《新五代史》在成書之後便備受士林重視,自國子監初次刊刻之後,歷代刊印不絕,今日傳世宋元本達十部之多,九部見諸《中國古籍善本書目》著錄,另一部藏於臺灣"國家圖書館",尾崎康《正史宋元版之研究》將此十部宋元本分爲ABCD四個版本系統,分別對應本文所涉臺灣"國家圖書館"所藏宋本(下簡稱"臺灣本"),國圖藏殘宋本(下簡稱"國圖本"),南宋慶元年間曾三異校本(下簡稱"慶元本"),元大德間宗文書院刻本(下簡稱"宗文本")。除此之外,尚有北大圖書館所藏殘宋本六卷(下簡稱"北大本"),分別爲卷四三至四五,卷四八至五〇,尾崎康亦歸入國圖本系統中。五個版本系統之間各自的祖本情況如何、相互之間有何淵源,這些問題對於我們判斷這些宋元本的文獻價值有着關鍵意義,然而,尾崎康氏並未就這些問題作進一步申論。因此,筆者擬結合上文對於《新五代史》早期流傳的推測,勾稽現存各宋元本之源流,並進一步討論今存各版本系統之文獻價值。

1. 國圖本

今存諸宋元本中,最值得注意的是國圖本。此本半葉十二行,行二十二字,白口,雙魚尾,左右雙欄,版心題"史本紀一"等,下方有刻工名。存卷一至十四,共十四卷,其中一至十二卷原係傅增湘舊藏,第十三、十四卷係周叔弢舊藏,後二本皆歸國圖,今合爲一本。卷前有章鈺題記及傅增湘附記,今迻錄如下:

壬戌十二月,自津來京,二十三日,沅叔同年招游藏園,并集

同好五舉祭書之典。是年,沅叔所得爲北宋本《五代史記》十二卷、北宋本《唐百家詩選》、宋本《義豐集》一卷、宋巾箱本《四朝名臣言行錄》二卷、宋本《揚子法言》十卷、宋本《太玄經》一卷、宋本《播芳大全文粹》四卷、宋本《尚書注疏》二十卷、元本《遼史》一百十六卷、元本蒲道源《閑居叢稿》十三卷、元本《道園類稿》五十卷、明藏本《墨子》十五卷,尤爲銘心絶品。墨緣書福,歲益光大,敬書《歐史》卷端,以志盛集。長洲章鈺記。

汾陽王式通、仁和吳昌綬觀。

是日同集者,嘉定徐禎祥、長白彥德、蕭山朱文鈞、吳興徐鴻寶、吳江沈兆奎、豐潤張允亮。期而不至者,仁和王克敏、豐潤張恂。年年與祭而以歲暮南歸者,江寧鄧邦述也。

祭書方畢,書友魏經胏又持《歐史》序目一卷來,以百番易之。"厚價收書不似貧",雅爲我詠矣。傅增湘附記。

又王文進《文禄堂訪書記》著録宋刻本兩卷,稱係卷一三及卷一五,①但《文禄堂書影》所收乃卷一七《晉家人傳》中兩頁。從書影來看,其行款、版式、書迹與國圖本一致,②而原本已不知所蹤。

據傅增湘《藏園群書題記》,此本版心上魚尾下記"史本紀幾",下魚尾下記刊工姓名及字數。刊工有高安禮、熊焕、吳世榮、徐信、高安道、吳信、蔡侃、王受、吳小二、王日知、宋元、蔡信、高智、羅昇諸人。③ 筆者所見膠片,刻工已被分割於不同頁,不過除徐信、王受、王日知、宋元、蔡信、羅昇等人外,餘尚能辨識。這些刻工中,蔡侃、高安道、高安禮等爲撫州刻工,蔡侃曾刊刻過紹興二十二年(1152)《謝幼槃文集》,④高安道曾刊刻過淳熙四年(1177)撫州公使庫本《周易》、

---

① 王文進《文禄堂訪書記》,上海古籍出版社,2007年,第76—77頁。
② 陶湘等《涉園所見宋版書影　文禄堂書影　宋元書式》,北京圖書館出版社,2003年,第244—245頁。
③ 傅增湘《藏園群書題記》,上海古籍出版社,1989年,第98頁。
④ 參王肇文《古籍宋元刊工姓名索引》,上海古籍出版社,2012年,第196頁。

《禮記》,①高安禮則見於紹熙年間(1190—1194)刊刻的《坡門酬唱》。② 因此,國圖本應是南宋前期撫州刻本,從時間上來看,並不算太早,但是,它却極爲忠實地保存了祖本和底本的面貌,讓我們得以窺見北宋監本的風采。

首先,此本避諱極爲特殊,其避神宗及此前諸帝諱字極嚴,朗、弘、殷、敬、玄、匡、胤、貞、恒、勗等闕筆一絲不苟。而卷一二"御史中丞張煦",哲宗諱"煦"字不避;卷六"生子邈佶烈",徽宗諱"佶"字不避。從這批諱字來看,此本儼然是神宗朝刊本。然而在卷一二中,我們却發現"魯桓公弒隱公"句,"桓"字缺末筆,顯係避欽宗諱。而本卷首陳師錫序"夷滅構禍",高宗諱"構"字不避,亦不避高宗以下諸帝諱,那麽,此本似乎又是欽宗時代(1126)的刊本。但是,上列此本刻工中年代最晚的高安禮已下及紹熙,距欽宗時代約有七十年,這批刻工的活動年代不可能跨越半個多世紀,因此,此本刊刻年代只能是南宋前期,但這些諱字表明,它的底本刊刻於欽宗時代,而這個底本又忠實地保存了北宋神宗時代刻本的面貌。

其次,以國圖本與其他宋元本相較,可以發現此本曾經過細密的校勘,兹舉二例:

卷四《唐本紀》"張存敬入新口","張存敬",他本皆作"張文敬"。按作"張文敬"者是,此人在《舊五代史》《册府元龜》《資治通鑑》中皆作"張文恭",僅《新五代史》恢復其本名,然僅此一見,而張存敬乃同時名將,兩《五代史》有傳,大抵校勘者習見張存敬而不知有張文敬,故隨手改易。

又卷一四《唐家人傳》"同光二年二月癸未,皇帝御文明殿遣使册劉氏爲皇后","同光二年二月癸未",吴縝《五代史纂誤》所見本作"同光二年四月己卯",吴氏按曰:"《莊宗紀》乃是同光二年二月癸未

---

① 參王肇文《古籍宋元刊工姓名索引》,第7頁。
② 見阿部隆一《增訂中國訪書志》,汲古書院,1983年,第618頁。

立皇后劉氏,與此不同,未知孰是。"①宗文本同《纂誤》引文,臺灣本作"同光四年己卯",應係"二年四月己卯"脱誤而來。按《舊五代史》卷三一《唐莊宗紀》五:"(同光二年二月癸未)制以魏國夫人劉氏爲皇后,仍令所司擇日備禮册命。……(四月己卯)册魏國夫人劉氏爲皇后。"②四月己卯乃行册禮之日,吴縝所見本不誤,而此本校勘者大抵熟知史實,然將立后與行册禮之日期混爲一談,故有此誤。説者或謂此本刻於吴縝《五代史纂誤》成書之後,或據吴氏書改。然吴縝《纂誤》提及《新五代史》各類錯誤不下數百,此本皆未吸收,最典型者如卷六《明宗紀》"在位十年",未從吴縝之説改爲"在位七年",③因此,此處當係與吴氏所論偶合,並非據其説而改。

從國圖本的避諱我們可以看到,此本極爲忠實地保存了北宋神宗刻本的面貌,因此,上述校改應承襲自其祖本。北宋重要書稿奏進後,朝廷往往會下旨刊印,而雕版之前一般都會派專人校勘。吴縝《新唐書糾謬》序曰:"《新書》之來上也,朝廷付裴煜、陳薦、文同、吴申、錢藻,使之校勘……頒之天下。"④《新五代史》付國子監刊刻之前也應該經歷了這樣一個過程,而上述兩條皆係國圖本中因有意校改而產生的錯誤。正是由於校勘者對五代史事較爲熟悉,他們纔能發現這些較爲隱蔽的史實紛歧。對此,我們可以將慶元本與此作一番比較。慶元本的整理者是周必大門生,即研究整理歐陽脩文集達數十年的江西當地學者曾三異,但他亦僅能據吴縝《五代史纂誤》改正少許史實錯誤。相形之下,國圖本祖本——即北宋刻本的校勘者雖然最終校錯,却能發現原書這類根植於史實的矛盾之處,可見其學養。《歐史》最初由神宗敕國子監刊刻,這些校改之處或即是《歐史》初次刊刻時校勘官留下的痕迹,因此,國圖本的祖本很可能即是國子

---

① 吴縝《五代史纂誤》卷上,《知不足齋叢書》本,第 15 頁。
② 修訂本《舊五代史》卷三一《唐莊宗紀》五,第 489—490、493 頁。
③ 吴縝《五代史纂誤》卷上,《知不足齋叢書》本,第 7 頁。
④ 吴縝《新唐書糾謬》序,《文淵閣四庫全書》本,第 276 册,第 622 頁上欄。

監初刊本。

另一方面,此本字畫疏朗,絕少誤字,一度被傅增湘認爲是北宋本,這應該也是其忠實地保存了北宋監本面貌的緣故。因此,與其他宋元本相較,國圖本雖係殘卷,但其優長之處甚多,今聊舉其特出者以表之：

(1) 卷一《梁本紀》"甲子天子出幸","甲子",各本皆作"甲"。①中華書局原點校本校記曰："薛居正《舊五代史》卷二《梁太祖紀》載：'甲子,昭宗發離鳳翔,幸左劍寨,權駐驛帝營。'《新唐書》卷一〇《昭宗紀》及《資治通鑑》卷二六三亦云唐昭宗於'甲子'日赴朱全忠營。此處'甲'下當脱'子'字。"②此本正作"甲子"。

(2) 卷二《梁本紀》"(四月)壬子至自澤州","至自澤州",各本皆作"至澤州"。按本卷上文已云三月丁丑如澤州,《舊五代史》卷四《梁太祖紀》四、《通鑑》卷二六六叙其事皆云丙午離澤州,壬子至東都。③ 此本是。

(3) 卷三《梁本紀》"爲友珪所弑","弑",各本皆作"殺",《通鑑》卷二六八同。④ 本書卷二"弑濟陰王"下徐無黨注曰："弑,臣子之大惡也……書'弑',正梁罪名。"⑤此注叙述歐陽脩用字義例,原文當作"弑"。

(4) 卷三《梁本紀》"四年春正月","春正月",各本皆作"正月",按《新五代史》體例,正月皆書"春"字,此本是。

(5) 卷七《唐本紀》"磁州刺史宋令詢死之","磁州",各本皆作"慈州",按《舊五代史》卷四五《唐閔帝紀》："元從都押衙宋令詢爲磁州刺史。"⑥此本是。

---

① 此處至例(5),"各本"指臺灣本、慶元本、宗文本。
② 《新五代史》卷一《梁本紀》一,第10頁。
③ 修訂本《舊五代史》卷四《梁太祖紀》四,第68—69頁;《資治通鑑》卷二六六,第8693頁。
④ 《資治通鑑》卷二六八,第8767頁。
⑤ 修訂本《新五代史》《梁本紀》二,第17頁。
⑥ 修訂本《舊五代史》卷四五《唐閔帝紀》,第706頁。

十四卷中此類文意優長之處甚多，茲不一一列舉，其文獻價值於此可見。

2. 宗文本

從刊刻年代來看，元宗文書院刻本是傳世宋元本中最晚的文本，但是，此本的諸多特徵却表明它有着更爲古老的來源。

宗文書院，南宋淳祐年間所建，在信州鉛山縣鵝湖寺，[1]元改鉛山縣爲鉛山州，屬信州路，[2]此本係大德九路儒學刻本之一，半葉十行，行二十二字，傳世有五本，皆係元明遞修本。國家圖書館藏宗文本雖有明代補版，但僅數頁，《中華再造善本》據以影印，今即據此本討論宗文本之面貌。此本白口，單雙魚尾皆備，版心上方部分書頁記有數字，大抵記錄每葉字數，版心下方時有刻工名、姓，皆僅一字。原係鐵琴銅劍樓舊物，首頁有"垚丰山房"印。卷三三末有大型長方印，首字"學"，以下被剜去。

此本字體古拙，版刻誤字甚多，但其文字却頗有與《五代史纂誤》《通鑑考異》引文相合，而與國圖本、臺灣本、慶元本（下五例"各本"皆指此三本）異者：

如《考異》引《唐本紀》論贊中記沙陀世系文字，《考異》引作"薛延陀"，[3]各本皆脱去"薛"字，惟宗文本與之合。

又如卷一一《周本紀》起首載周太祖謚號，宗文本與《纂誤》皆作"聖神恭肅文武孝皇帝"，[4]各本皆闕"孝"字。按《舊五代史》卷一一〇《周太祖紀》一、《五代會要》卷一、《通鑑》卷二九一、《册府》卷三一等文獻記周太祖謚號皆作"聖神恭肅文武孝皇帝"，[5]《纂誤》引文

---

[1] 祝穆著，施和金點校《方輿勝覽》卷一八，中華書局，2003年，第318頁。
[2] 劉應李編，郭聲波點校《大元混一方輿勝覽》卷下，四川大學出版社，2003年，第531頁。
[3] 《資治通鑑》卷二一〇《考異》引歐脩《五代史記》，第6678頁。
[4] 吴縝《五代史纂誤》卷上，《知不足齋叢書》本，第14頁。
[5] 修訂本《舊五代史》卷一一〇《周太祖紀》，第1685頁；《五代會要》卷一，上海古籍出版社，1978年，第7頁；《資治通鑑》卷二九一，第9509頁；《册府元龜》卷三一，中華書局，1960年，第342頁下欄。

及宗文本是。

又如上文提到的卷一四中劉氏册爲皇后的時間,《五代史纂誤》引作"同光二年四月己卯",宗文本同,而國圖本改作"同光二年二月癸未"。按四月己卯正是行册禮之時,《纂誤》引文及宗文本是。

以上皆係《通鑑考異》及《纂誤》引文是而宗文本與之合者,而宗文本與這些早期引文特別是《五代史纂誤》引文的共同錯誤或共同特點,則更能説明彼此的同源關係:

如《纂誤》引《梁末帝紀》"劉鄩爲兖州安撫制置"條,①宗文本同,而各本皆作"安撫制置使",顯然《纂誤》及宗文本皆脱去"使"字。

又如《纂誤》引《唐愍帝紀》"次陜州"一句,②宗文本同,各本皆作"次陜"。"次陜"或"次陜州"無所謂正誤,然《纂誤》引文與宗文本又一次站在了同一立場。

如前所述,《通鑑考異》及《五代史纂誤》引文很可能源出《新五代史》的稿本系統,而宗文本中這些與《考異》及《纂誤》引文的一致表明,它們可能有着共同的來源。説者或謂區區五條異文,不足以説明問題。但事實上,排列《新五代史》卷一到卷一四所有宋元本的四百六十一條異文,可以發現宗文本獨有的異文占到異文總數的百分之四十二,而國圖本、慶元本的獨有異文皆不超過百分之十,臺灣本也僅有百分之十五。因此,即使去除掉版刻誤字的影響,也可以發現宗文本與其他三本差異巨大,如果將這一因素一併考量,可以認爲宗文本有着不同於其他三本的祖本。

從内容來看,宗文本異文優長之處所在皆是,今僅取十二例,與國圖本、臺灣本、慶元本比較,以見其佳處。

(1)卷四《唐本紀》"嗣昭敗汴軍于沙河,復取洺州","沙河",各本作"汴河",③按沙河縣屬邢州,地接洺州,《舊五代史》卷二六《武

---

① 吴縝《五代史纂誤》卷上,《知不足齋叢書》本,第2頁。
② 吴縝《五代史纂誤》卷上,《知不足齋叢書》本,第8頁。
③ 此處至例(10),"各本"指國圖本、臺灣本、慶元本。

皇紀》下、卷五二《李嗣昭傳》敘其事皆作"沙河"。①

（2）卷四《唐本紀》"以李嗣昭爲潞州留後，七年，梁兵十萬攻潞州"，"七年"，各本作"後七年"。按《舊五代史》卷二六《武皇紀》下，晋破潞州，以李嗣昭爲潞州留後在天祐三年（906），而梁兵攻潞州在天祐四年（907）。② 按本書同卷曰："克用以謂……天祐非唐號不可稱，乃仍稱天復。"③故天祐四年即天復七年。此"七年"指天復七年。

（3）卷六《唐本紀》"陝州硤石縣民高存妻一産三男子"，各本無"陝州"二字。按本書卷一〇《漢本紀》敘類似事件曰"魏州内黄民武進妻一産三男子"，④其體例兼書州縣。

（4）卷七《唐本紀》"殺侍衛親軍馬軍都指揮使朱弘實"，各本無"馬軍"二字。按《舊五代史》卷四五《唐閔帝紀》、卷六六《朱洪實傳》、《通鑑》卷二七九皆云朱弘實時爲"馬軍都指揮使"。⑤

（5）卷八《晋本紀》"以幽涿薊檀順瀛莫蔚朔雲應新媯儒武寰州入于契丹"，"莫"，各本作"漠"。《通鑑》卷二八〇敘其事同宗文本，⑥按《舊五代史》卷一五〇《郡縣志》河北道有"莫州"。⑦

（6）卷八《晋本紀》"考紹雍謚曰孝元，廟號憲祖"，"憲祖"，各本作"獻祖"，《舊五代史》卷七五《晋高祖紀》一、《五代會要》卷一皆同宗文本。⑧

（7）卷八《晋本紀》"殺戍將侍衛馬軍都指揮使白奉進"，"馬軍"，各本作"馬步軍"。按《舊五代史》卷七六《晋高祖紀》二、卷九五

---

① 修訂本《舊五代史》卷二六《武皇紀》下、卷五二《李嗣昭傳》，第409、810頁。
② 修訂本《舊五代史》卷二六《武皇紀》下，第412頁。
③ 修訂本《新五代史》卷四《唐本紀》，第42頁。
④ 修訂本《新五代史》卷一〇《漢本紀》，第122頁。
⑤ 修訂本《舊五代史》卷四五《唐閔帝紀》、卷六六《朱洪實傳》，第712、1022頁；《資治通鑑》卷二七九，第9109頁。
⑥ 《資治通鑑》卷二八〇，第9154頁。
⑦ 修訂本《舊五代史》卷一五〇《郡縣志》，第2342頁。
⑧ 修訂本《舊五代史》卷七五《晋高祖紀》一，第1140頁；《五代會要》卷一，第11頁。

《白奉進傳》、《通鑑》卷二八一叙其事皆作"馬軍都指揮使"。① 又《舊五代史·白奉進傳》:"是日,步軍都校馬萬……聞奉進遇害,率其步衆攻滑之子城。"②則此時總步軍者爲馬萬,白奉進所率者僅馬軍。

(8)卷九《晋本紀》"爲其父母報","報",各本作"服"。按《儀禮·喪服》:"爲人後者,爲其父母報。"③

(9)卷一一《周本紀》"甲申,及泰寧軍節度使慕容彦超戰于劉子陂","甲申",各本作"甲辰"。按乾祐三年(950)十一月甲子朔,無甲辰。本書卷一〇《漢本紀》、《舊五代史》卷一〇三《漢隱帝紀》下、《通鑑》卷二八九皆繫此事於甲申。④

(10)卷一二《周本紀》"榮爲左監門衛將軍","將軍",各本作"大將軍"。按本書卷二〇《周世宗家人傳》、《舊五代史》卷一一四《周世宗紀》一叙其事皆同宗文本。⑤

(11)卷二〇《周世宗家人傳》:"貞惠皇后劉氏,不知其世家……世宗從太祖于魏,后留京師,太祖舉兵,漢誅太祖家屬,后見殺。""漢誅太祖家屬,后見殺"一句,各本作"漢誅其族"。⑥ 按郭威起兵,漢所誅殺者皆郭氏子孫,劉氏以世宗妃被殺,宗文本是,而"漢誅其族"則顯然是"漢誅太祖家屬,后見殺"的精簡版。

(12)卷二二《牛存節傳》"遷滑州牢墻遏後指揮使","牢墻",各本作"牢城"。按牛存節墓誌同宗文本作"牢墻"。⑦《册府》卷二一

---

① 修訂本《舊五代史》卷七六《晋高祖紀》二、卷九五《白奉進傳》,第1169、1473頁;《資治通鑑》卷二八一,第9174頁。
② 修訂本《舊五代史》卷九五《白奉進傳》,第1473頁。
③ 賈公彦《儀禮注疏·喪服》,中華書局影印阮元校刻《十三經注疏》本,1980年,第357頁。
④ 修訂本《舊五代史》卷一〇三《漢隱帝紀》下,第1600頁;修訂本《新五代史》卷一〇《漢本紀》,第232頁;《資治通鑑》卷二八九,第9436頁。
⑤ 修訂本《新五代史》卷二〇《周世宗家人傳》,第231頁;修訂本《舊五代史》卷一一四《周世宗紀》一,第1755頁。
⑥ 此處至例(12),"各本"指臺灣本、慶元本。
⑦ 牛存節墓誌拓片刊《河洛墓刻拾零》,國家圖書館出版社,2007年,第653頁。

○注:"梁祖諱誠,故曰牢墻。"①宗文本是。

　　從上列十二條來看,宗文本與《舊五代史》等原始文獻皆一一吻合,事實上,類似佳勝處所在皆是,修訂本《新五代史》皆已吸取,可參看。如果進一步分析上述諸條,我們可以發現,宗文本的文字在校勘中更容易訛脱爲其他各本文字,而其他各本則很難校正爲宗文本文字。比如第(1)條,汴河習見而沙河稀見,"沙河"涉上文"汴軍"誤作"汴河"非常容易,而要將"汴河"改爲"沙河",則需有一定的地理知識,對於古代的校勘者而言,並非易事。又如(3)(4)二條,他本皆係脱落文字,版刻中後出版本文字脱落非常常見,而要正確補入則並不容易。又如第(11)條,他本文字粗看並無錯誤,唯校以宗文本,方知其誤,這類錯誤非有淵源,則無從校補。又第(12)條,"牢墻"係"牢城"避梁祖諱改,梁亡,復作"牢城"。據牛存節墓誌,牛氏卒於梁龍德元年(921),所謂"牢墻遇後指揮使",保留的正是史源文獻的面貌,而各本改作"牢城",已失其原貌。再如第(2)條,歐陽脩對於李克用使用天復年號的方式作了非常明晰的解釋,宗文本的"七年",正是這一特別年號使用方式的最佳注脚。而他本所謂"後七年"則表明校刻者並未注意到歐陽脩的這一解釋,遂想當然地增入了"後"字。而從例(11)可見,其在文辭上亦較其他各本繁瑣,呈現出更爲原始的樣貌。

　　綜上所述,我們有理由相信,宗文本的祖本是一個在史實上準確度更高、文字更爲原始的文本,結合它與《五代史纂誤》引文的一致之處,可以推測,宗文本的祖本應出於歐陽脩的稿本系統。

　　説者或謂宗文本晚出,曾經刊刻者校改,然而僅從上列十二條來看,其佳處不僅僅在於文字的優長,更在於史實的準確,這一點甚至連源出於北宋監本的國圖本都無法媲美。而宗文本紙墨非精,版刻誤字甚多,可以想見,當日刊版,並不精心,很難想象這個本子的校勘

---

① 《册府元龜》卷二一〇,第2522頁。

者,能夠準確無誤地據《舊五代史》《册府元龜》《資治通鑑》等當時並不容易得到的書籍一一改正其史實錯誤,反而在刻版過程中留下滿紙的低級錯訛。

明初以後,九路本書版歸入南京國子監,故《新五代史》南監本及其後的北監本皆源出宗文本,而明清時代著名版本如汪文盛本、汲古閣本、四庫本、武英殿本亦皆係宗文本一脈,在百衲本以慶元本爲底本之前,當時的通行本皆屬宗文本一系,在相當程度上保留了宗文本中的優長之處。

3. 北大本

此本存卷四三至四五,四八至五〇,共六卷,配補約占一半,半葉十二行,行二十二字,版心偶記刊年,如"丙辰刊"、"壬戌刊"等,有"絶振青"、"木樨軒藏書"印。原係李盛鐸舊藏,現歸北京大學圖書館。《藏園群書經眼録》在著録國圖本及王文進藏本後又云:"又見卷四十三至四十六,四十八至五十,計七卷,補刻之板已居八九,寫刻俱草草,避諱亦不謹嚴矣。"原注:"李木齋先生收去。"[1]此部較傅增湘所言少第四十六卷。尾崎康斷作與國圖本爲同一版本。按筆者2010年曾赴北大目驗其書,其寫刻不精,魚魯之訛,觸目皆是,粗看之下,與國圖本絶不相類,但考慮到六卷之中宗文本系統的補板已占絶大多數,尾崎康先生之論斷亦有其合理性。兹舉數例以見二本之相合:

(1) 卷四三《王敬蕘傳》"乃以精卒爲殿而還,至石會,留數騎以大將旗幟立于高岡","至",宗文本同,臺灣本、慶元本無。按《册府》卷三六七叙其事云:"因選精卒殿後,徐而退之,至石會關,留數馬及旌旗,虛設于高岡之上。"[2]北大本、宗文本是。

(2) 卷四三《王敬蕘傳》"敬蕘乃沿淮積薪爲燎,爲作糜粥餔

---

[1] 傅增湘《藏園群書經眼録》,中華書局,2009年,第157頁。
[2] 《宋本册府元龜》,中華書局,1989年,第894頁下。

之"，"爲燎"二字，宗文本同，臺灣本、慶元本無。北大本、宗文本是。

（3）卷四三《蔣殷傳》"殷懼，不受代"，"懼"字，宗文本同，臺灣本、慶元本無。按《舊五代史》卷一三《蔣殷傳》叙其事云："殷自以爲友珪之黨，懼不受代。"《通鑑》卷二六九略同。① 北大本、宗文本是。

（4）卷四四《康延孝傳》"而梁兵悉屬段凝于河上"，"兵"字，宗文本同，臺灣本、慶元本無。按本書卷三二《王彦章傳》："是時梁之勝兵皆屬段凝。"②北大本、宗文本是。

（5）卷四五《朱友謙傳》"友謙會晉王于猗氏，友謙醉寢晉王帳中"，"友謙會晉王于猗氏"一句，宗文本同，臺灣本、慶元本無。按《舊五代史》卷六三《朱友謙傳》叙其事云："因與友謙會於猗氏……友謙乘醉酣寢于帳中。"③北大本、宗文本是。

（6）卷四五《袁象先傳》"年六十一"，宗文本同，臺灣本、慶元本作"年六十"。按《舊五代史》卷五九《袁象先傳》記其卒年爲六十一歲。④ 北大本、宗文本是。

（7）卷四八《盧文進傳》"昇以文進爲天威統軍宣潤節度使"，"天威統軍"，宗文本同，臺灣本、慶元本作"天雄統軍"。按馬令《南唐書》卷一："以天威統軍盧文進爲鎮海軍節度使。"⑤北大本、宗文本是。

（8）卷四八《盧文進傳》"唐兵屯涿州，歲時饋運，自瓦橋關至幽州，嚴兵斥堠，常苦鈔奪"，"歲時饋運"，宗文本同，臺灣本、慶元本作"歲時鈔饋運"。按《舊五代史》卷九七《盧文進傳》叙其事作"軍屯涿州，每歲運糧，自瓦橋至幽州，勁兵猛將，援遞糧車，然猶爲寇所鈔。"⑥北大本、宗文本是。

---

① 修訂本《舊五代史》卷一三《蔣殷傳》，第208頁；《資治通鑑》卷二六九，第8784頁。
② 修訂本《新五代史》卷三二《王彦章傳》，第397頁。
③ 修訂本《舊五代史》卷六三《朱友謙傳》，第982頁。
④ 修訂本《舊五代史》卷五九《袁象先傳》，第923頁。
⑤ 馬令《南唐書》卷一，《五代史書彙編》本，杭州出版社，2004年，第5262頁。
⑥ 修訂本《舊五代史》卷九七《盧文進傳》，第1514頁。

《新五代史》宋元本溯源　55

（9）卷四九《孫方諫傳》"莫州清苑人也"，"莫州"，宗文本作"鄭州"，臺灣本、慶元本作"鄭州"。按《舊五代史》卷一二五《孫方諫傳》稱其爲"鄭州清苑縣人"，①按《舊唐書·地理志》，清苑縣屬莫州，②"莫州"、"鄭州"文獻往往混寫。北大本、宗文本是。

從以上諸例可見，北大本有價值之異文皆與宗文本一致，原因即在於其據宗文本系統配補的版頁已占多數，即使其所存少量原刻誠如尾崎康所言屬於國圖本同版，但其校勘價值基本亦已相當於宗文本。

4. 臺灣本

此本半葉十二行，行二十二字，白口，單魚尾，左右雙欄，版心題"史本紀一"等，下端或有刻工名。藏印有"東宮文庫""古家館""楊守敬印""星吾海外訪得秘笈""雲輪閣""荃孫"等，係楊守敬自日本訪得，現藏臺灣"國家圖書館"。有日人校字浮簽。此本多有補鈔，據尾崎康統計，此本首陳師錫《五代史序》，次《五代史記》目錄首七葉，卷三四至卷四二第三葉，卷四九，卷五〇，卷五五至五七十四卷外，另有卷一二第四葉，卷四二第一〇葉，卷四七第一二葉，卷五一首三葉，卷五四第一〇、第一一葉，卷六一第九葉，卷六八第二葉，卷七一第八葉，卷七三第七葉，卷七四首二葉等皆係補鈔，另有部分補版。

原版刻工名有：郎和、陳用、陳忠、屠適中、王、用、亨、杞、汴玘、言、周、孟、忠、胡、梁、郎、信、連、陳、屠、華、機、適、恭。

補版刻工名有：付先、安上、華元上、下、万、公、元、付、爾、立、先、全、何、宗、奇、徐、夏、華、貴、黃、源、董、蔣。

此本避諱"玄、朗、敬、弘、殷、匡、胤、貞、昺"諸字缺筆，補版又避"弦、鉉、朗、驚、讓"諸字，皆不及哲宗以下，尾崎康疑此爲南宋覆刻北

---

① 修訂本《舊五代史》卷一二五《孫方諫傳》，第1916頁。
② 《舊唐書》卷三九《地理志》二，第1506頁。

宋版,而北宋版當爲神宗朝所刊,大致不誤。又《中國訪書志》據此本刻工推定其爲南宋初期浙江刊、南宋前期修本,尾崎康更疑其與陳振孫所謂南宋湖州思溪版有關,①但亦驟難認定。

此本祖本源流,頗難認定,如據尾崎康氏描述,則其祖本應與國圖本同出一源,亦應是國子監刊本系統,但其卷一四《唐家人傳》"皇帝御文明殿遣使册劉氏爲皇后"的時間,此本作"同光四年己亥",雖然既脱且訛,但與《纂誤》引文及宗文本的"同光二年四月己亥"同出一源,而國圖本作"同光二年二月癸未",顯與此不同。雖然我們不能憑此孤證驟然認定此本與宗文本一樣出於稿本系統,但這一證據至少説明,它與宗文本亦有所關聯,且其祖本晚於宗文本之祖本。

臺灣本配補用書似非一本,卷三九《王鎔傳》"乃爲書詔鎔",下有雙行小注"古本作'招'";"鎔依違不決",下有小注"一作'訣'",皆與慶元本同,乃曾三異校語,則此處抄配乃慶元本。而卷四〇《李茂貞傳》"吾不能屢坐受凌弱",慶元本"坐"下有曾三異校云"古本作生",此本無,正文文字與慶元本、宗文本不同。又卷四九《王進傳》"顯德初卒",同宗文本,而無慶元本下校語,大抵據宗文本抄入。可見其補抄各卷,情況頗爲複雜。

此本寫刻不精,獨出異文多係版刻誤字,惟卷四九《馮暉傳》"是時出帝昏亂,馮玉、李彦韜等用事"一句,各本皆作"隱帝"。按據《舊五代史》卷一二五《馮暉傳》,事在晉出帝開運間,②臺灣本是。

此本後傳入日本,至楊守敬訪書東瀛,方才重被發現。清劉世珩玉海堂取以覆刻,號稱影宋本,其實訛奪改動之處甚多,甚至有整段漏刻者,難稱善本。

---

① 陳振孫《直齋書録解題》卷四:"《五代史纂誤》五卷,《雜録》一卷,吳縝撰。宇文時中守吳興,以郡庠有二史板,遂取二書刻之,後皆取入國子監。初,郡人思溪王氏刻藏經有餘板,以刊二史,置郡庠。中興,監書多闕,遂取其板以往,今監本是也。"上海古籍出版社,1989年,第107頁。
② 修訂本《舊五代史》,第1912頁。

5. 慶元本

此本半葉十行,行十八字,卷十八後有"慶元五年魯郡曾三異校定"一行,另有數卷後刊"魯郡曾三異校定"一行,係南宋慶元間曾三異校訂本。

此本《中國古籍善本書目》著錄有三部,百衲本所影印者稱據傅增湘所藏影印,《藏園群書經眼錄》著錄此書云:

> 宋刊本,半葉十行,行十八字(原注:間有十九字者),白口,左右雙闌,版心上魚尾下記"五代史幾",上記大小字數,下記刊工姓名,有王榮、愛之、子明、君粹、仲齋、汝善、國寳、埜卿、德甫、秀寳、興宗、國用、吕善、程元、天、謙、粹、成、仲、希、德、亨、祥、正、茂、榮、文、遠、壽、用、徐興、枝、祐、青、山、志、中等。左闌外有耳,記"某紀"、"某傳"等字。(原注:卷三十七、三十八、七十二至七十四卷無耳)宋諱貞、恒、桓、慎、讓、朗、玄、煦、構,均爲字不成,然亦有不盡避者。卷十八後有"慶元五年魯郡曾三異校定"一行。卷二十三、二十四、三十四、五十七、五十八各卷後刊"魯郡曾三異校定"(原注:或作"校正")一行。卷三十三卷以後竹紙印。序目鈔補七葉,卅五卷後鈔一葉,五十九卷後鈔一葉,六十卷鈔三、四兩葉,七十四卷鈔十二葉。
>
> 按:此書江南圖書館及常熟瞿氏均有之,余曾檢閱,都非初印,江南本補版尤多,模糊特甚。北京圖書館所藏乃内閣大庫舊儲,蝶裝精印,而存者只三十八卷。求如此完好整潔者殆不易得。丙辰九月獲之上海來青閣,云出寧波舊家。又按:詳檢全書,僅卷一首數葉闌外無耳者宋刊,餘均元刊。前後紙色不一,疑是配成者。①

---

① 傅增湘《藏園群書經眼錄》,第157—158頁。

按此本不見於《中國古籍善本書目》著録，現下落不明，今僅可就百衲本討論其特徵。此本除徐無黨注外，又多有雙行小字注稱'曾三異校定曰'云云，記古本、別本異文，間有考證，避諱缺筆至'慎''敦'字。尾崎康云："行格、字體皆與《史記》黄善夫本、《兩漢書》劉元起本、《唐書》魏仲立本及不知刊行人之《三國志》《晋書》《南史》《北史》《隋書》相仿。可知《五代史記》慶元刊本，於南宋中期建安一地與他史共同形成十史。"但其刻工除六人外，餘已入元，①故尾崎康斷爲元刊本，可從。

此本的校訂者曾三異，《宋史》無傳，張元濟在《校史隨筆》中有過考訂，②但尚可據南宋文獻作進一步補正：曾氏字無疑，③號雲巢，④廬陵人，⑤鄉貢進士，⑥周必大門生，⑦嘗助周氏校訂歐陽脩文集，⑧娶徐夢莘長女，⑨年七十，以承務郎監潭州南嶽廟，⑩端平元年（1234）三月充秘閣校勘，⑪時八十餘。⑫ 二年（1235）九月，除太社令，⑬逾年而歸，年九十卒。⑭ 著有《宋新舊官制通考》十卷、《宋新舊

---

① 參《古籍宋元刊工姓名索引》，第 321 頁。
② 張元濟《校史隨筆》，上海古籍出版社，1998 年，第 116 頁。
③ 周必大《周益公文集》卷四六《題顏魯公書撰杜濟神道碑》，明澹生堂鈔本，《宋集珍本叢刊》第 49 册，第 168 頁上欄。
④ 羅大經著，王瑞來點校《鶴林玉露》乙編卷之五"二老相訪"條，中華書局，1983 年，第 211 頁。
⑤ 周必大《周益公文集》卷五二《歐陽文忠公年譜後序》，《宋集珍本叢刊》第 49 册，第 213 頁下欄。
⑥ 周必大《周益公文集》卷四六《題顏魯公書撰杜濟神道碑》，《宋集珍本叢刊》第 49 册，第 170 頁上欄。
⑦ 羅大經著，王瑞來點校《鶴林玉露》乙編卷之五"二老相訪"條，第 211 頁。
⑧ 周必大《周益公文集》卷五二《歐陽文忠公集後序》，《宋集珍本叢刊》第 49 册，第 215 頁上欄。
⑨ 樓鑰《攻媿集》卷一〇八《直秘閣徐公墓誌銘》，《四部叢刊初編》本，第 1156 册，第 13 頁。
⑩ 吴泳《鶴林集》卷七《免解進士曾三異年七十該慶典授承務郎差監潭州南嶽廟制》，《文淵閣四庫全書》本，第 1176 册，第 68 頁。
⑪ 張富祥點校《南宋館閣續録》卷六，中華書局，1998 年，第 228 頁。
⑫ 劉克莊《後村先生大全集》卷一五〇《直焕章閣林公墓誌銘》，《四部叢刊初編》本，第 1325 册，第 9 頁。
⑬ 張富祥點校《中興館閣續録》卷六、卷九，第 228、355 頁。
⑭ 羅大經著，王瑞來點校《鶴林玉露》乙編卷之五，第 211 頁。

官制通釋》二卷。①

作爲歐陽脩的鄉人，曾三異對這位鄉賢頗有研究，在此之前，他編訂了歐陽脩年譜，②並受周必大之托，用六年時間校訂了歐陽脩文集。③慶元二年(1196)，文集校訂告一段落，④曾氏大約因此進而整比《歐史》，此時，曾三異大約四十餘歲。⑤

從前十四卷的異文統計來看，慶元本與國圖本的重合度最高，達到了百分之六十八，如果去除掉各自的版刻誤字，二本的重合度會更高。另一方面，從上文屢次提到的卷一四中"皇帝御文明殿遣使冊劉氏爲皇后"這段標誌性文字來看，慶元本此事的時間記爲"同光二年癸未"，雖然較國圖本"同光二年二月癸未"脱去了"二月"二字，但仍可見二者的承襲關係。因此，曾三異所依據的底本應屬於與國圖本同源的北宋監本系統，但要比國圖本的底本更爲晚出。

不過，作爲一個校訂本，慶元本顯然雜糅了許多文本，曾三異的校語引録的他本異文清楚地反映了這一點。他所參用的文本中應該包括了歐陽脩的部分手稿。淳熙十年(1183)，周必大有幸從歐陽脩的玄孫處得到了歐陽氏"《五代梁史》斷稿九葉"，⑥這大約在曾三異開始整理《歐史》之前十年，顯然，曾氏完全有機會利用此稿。事實上，這一稿本之吉光片羽，或許可從曾三異校語所記古本異文中考見一二。

慶元本全書記版本之校語共十一處，五處記"古本"異文，分別爲：

---

① 《宋史》卷二〇三《藝文志》二，第5110頁。
② 周必大《周益公文集》卷五二《歐陽文忠公年譜後序》，《宋集珍本叢刊》第49册，第213頁下欄。
③ 周必大《周益公文集》卷五二《歐陽文忠公集後序》，《宋集珍本叢刊》第49册，第215頁上欄。
④ 周必大《周益公文集》卷五二《歐陽文忠公集後序》，《宋集珍本叢刊》第49册，第215頁上欄。
⑤ 據羅大經《鶴林玉露》乙編卷之五"二老相訪"條所載曾氏卒年及享壽推算，其當生於紹興中期，至慶元中，正四十餘歲。
⑥ 《周益公文集》卷一五《跋六一先生五代史稿》，《宋集珍本叢刊》第48册，第645頁上欄。

（1）卷三九《王鎔傳》"乃爲書詔"下校語"古本作'招'"。

（2）卷三九《羅紹威傳》"遂殺其帥樂彥貞"下校語"古本作'逐'"。

（3）卷三九《羅紹威傳》"怒輒遂殺之"下校語"古本作'逐'"。

（4）卷四〇《李茂貞傳》"吾不能屑屑坐受凌弱"下校語"古本作'生'"。

（5）卷四六《王晏球傳》"以功拜澶州刺史"下校語"古本作'單'"。

按此四傳所記皆梁代事，或許在周必大所得的梁史稿中，而此五處所謂"古本"者，（1）（3）與宗文本合，（5）與臺灣本合，或可從側面證明宗文本、臺灣本與歐陽脩稿本之淵源。

然而，曾三異所利用的文本遠不僅止於此，剩餘的六處校語，分布於全書各處，分別寫作"一本作某"或"一作某"。

（1）卷一七《晉家人傳》"而亂其人鬼親疏之屬"下校語"一作'序'"。

（2）卷二三《楊師厚傳》"三月"下校語"一作'日'"。

（3）卷三〇《史弘肇傳》"與楊邠、蘇逢吉等同授顧命"下校語"一作'受'"。

（4）卷三九《王鎔傳》"鎔依違不決"下校語"一作'訣'"。

（5）卷四九《王進傳》"顯德元年秋"下校語"一本作'初'"。

（6）卷五三《王景崇傳》"詣行在"下校語"一本作'宮'"。

其分布及用詞的差異提示我們，這裏的異文或許出於當時曾氏所見其他版本。而六條之中，（5）與北大本、宗文本、臺灣本三本合，（1）（6）與宗文本、臺灣本二本合，（2）（3）與宗文本合。五條與宗文本相合，表明其所見的這一個或多個文本可能亦出於與宗文本同源的文本系統。

除了不同的文本之外，曾三異在整理過程中應據吳縝《五代史纂誤》校改過文字。卷六《明宗紀》"在位七年"，各本及《纂誤》引文皆作"在位十年",吴氏按曰:"今按明宗以同光四年丙戌歲四月即位,長興四年癸巳歲十一月崩,在位止七年七月,可强名八年耳,以爲十年則誤也。"①又卷三一《王朴傳論》"治國之君能置賢知于近","治國之君",各本及《纂誤》引文皆作"治君之用",吴氏按曰:"今按其上下文意,此'治君之用'當是'治國之君',傳寫之誤耳。"此二處應皆據《五代史纂誤》改字。

慶元本之優長,張元濟百衲本《新五代史》跋中言之已詳,今不贅述,而自慶元本被影印入百衲本之後,其影響迅速擴大,終於在20世紀70年代的《新五代史》點校中被選爲了底本,取代了宗文本一系的通行本地位。

通過上述《新五代史》四個版本的分析,我們或許可以畫出這樣一個版本源流圖:

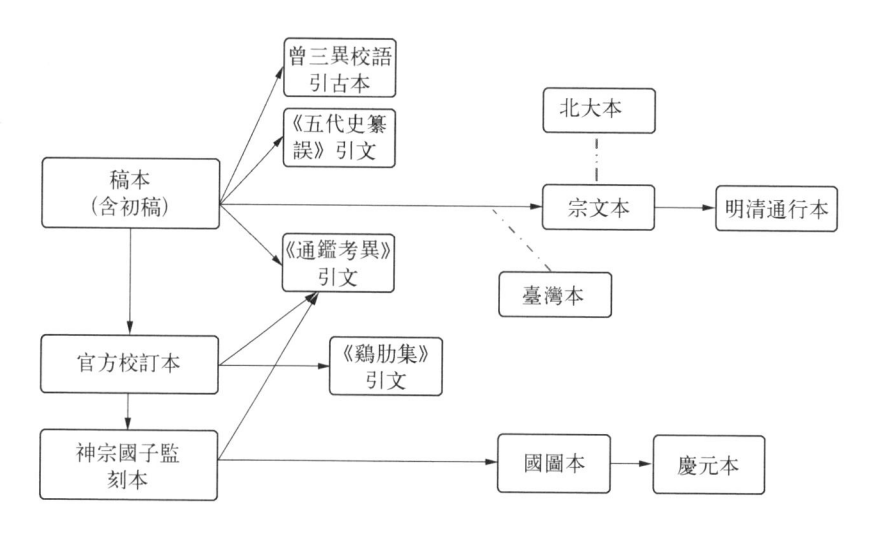

```
稿本(含初稿) → 曾三異校語引古本
              → 《五代史纂誤》引文
              → 《通鑑考異》引文 → 宗文本 → 明清通行本
              ↓                    ↑         北大本┘
           官方校訂本 → 《雞肋集》引文   臺灣本
              ↓
           神宗國子監刻本 → 國圖本 → 慶元本
```

通過上述對《新五代史》成書到早期流傳的鈎沉以及傳世宋元本祖本的追溯,我們可以看到,即使在雕版印刷已經流行的北宋時代,

---

① 吴縝《五代史纂誤》卷上,《知不足齋叢書》本,第7頁。

稿本仍舊如同寫本時代一樣以各種方式保持其生命力,並且深刻地影響了後世版本的面貌。而傳世文本的價值也並不僅僅決定於其刊刻時代的早晚,其祖本的淵源或許才是判斷其價值的最重要因素。

(原刊《文史》2017 年第 2 期)

《順宗實錄》詳本再審視
——兼論唐實錄的輯佚

一、"打撈"詳本《順宗實錄》

唐實錄作爲唐代貫穿始終的國史,是五代北宋史臣修撰唐史最重要的史料來源之一,直接影響了我們今日對於唐代的認識。可惜的是,唐代二十帝,前後所修二十五種實錄,①除了《順宗實錄》係韓愈所作,因此附於文集留存至今外,其餘悉數亡佚。雖然,我們今日能從各種當年利用實錄編成的唐代文獻中諳熟這個時代的方方面面,但精確到每一天的實錄所記錄的內容顯然會更爲豐富。如果能復原唐實錄,哪怕是一小部分,無疑也會大大豐富唐代三百年的歷史圖景和細節。另一方面,唐實錄雖已亡佚,但留存的佚文並不算少,僅北宋名臣晏殊所編《類要》中所引錄的唐實錄即有近萬字,②而《册府元龜》中更是大段抄入唐實錄原文,③只不過限於其不注出處的體例,我們無法一一將其識別出來。因此,恢復部分唐實錄既有其必要性,也有其現實的可能性。然而,雖然學界對唐實錄研究早在20世紀30年代即已展開,但主要集中於對唐實錄編纂、體例及價值

---

① 《新唐書·藝文志》載實錄二十八部,去除三種唐前實錄,共計二十五部。第1471頁。
② 參拙著《晏殊〈類要〉研究》,上海古籍出版社,2012年,第5頁。
③ 參岑仲勉《唐史餘瀋》卷四"册府元龜多采唐實錄及唐年補錄"條,中華書局,1960年,第235頁。陳垣《影印明本册府元龜序》,收入《册府元龜》,第1頁。

的闡述。① 實錄佚文的輯錄，楊家駱曾提出過設想，但未見最終落實。② 筆者曾因研究《類要》之故，從中輯得近萬字佚文，③其他研究則皆集中於考索《順宗實錄》詳本（下簡稱"詳《錄》"）文字（詳下）。

《順宗實錄》（下簡稱"《順錄》"）最初在韋處厚三卷本《先帝實錄》的基礎上由韓愈領銜增修而成，④至文宗朝，路隨等又受命删改，⑤因此，其書早在司馬光時代就有詳本、略本之分。⑥而流傳至今的文本究竟爲詳本還是略本，是韓愈原作還是韋處厚所作，自清代沈欽韓質疑韓愈著作權開始，民國及西方學界便多有討論，⑦至20世紀80年代，國内更掀起了一陣討論熱潮。張國光認爲今本爲韋處厚所作略本，⑧

---

① 早在20世紀30年代，日本學者玉井是博即展開了唐實錄的研究，其《唐實錄撰修考》發表於《京城帝大史學會志》1935年第8期，之後，楊家駱陸續發表了《唐實錄的發見及其確證》（《史學通訊》1966年第1期）、《唐實錄輯考舉例》（《華岡學報》1974年第8期），大陸唐實錄研究以陳光崇《唐實錄纂修考》最爲系統詳贍，文章收入氏著《中國史學史論叢》，遼寧人民出版社，1984年，第73—114頁。此後，諸家多圍繞實錄體制或史料價值進行闡發，近年謝貴安《中國已佚實錄研究》對唐實錄的纂修和體制作了較全面的論述，上海古籍出版社，2013年，第54—262頁。
② 楊家駱《唐實錄輯考舉例》，《華岡學報》1974年第8期。
③ 參拙著《晏殊〈類要〉研究》，第109—139頁。
④ 韓愈《進順宗實錄表狀二首》，收入劉真倫《韓愈文集彙校箋注》卷二八，中華書局，2017年，第2850頁。
⑤ 《舊唐書》卷一五九《路隨傳》，第4192頁。
⑥ 《資治通鑑》卷二三六《考異》："景祐中，詔編次《崇文總目》，《順宗實錄》有七本，皆五卷，題曰'韓愈等撰'。五本略而二本詳，編次者兩存之。其中多異同，今以詳、略爲别。"第7608頁。
⑦ 陳寅恪《順宗實錄與續玄怪錄》（《金明館叢稿二編》，生活·讀書·新知三聯書店，2001年，第81—88頁）、所羅門英譯本《順宗實錄》引言（哈佛大學出版社，1955年，轉引自健明《唐〈順宗實錄〉三論》，收入黄永年主編《古代文獻研究集林》第1集，陝西師範大學出版社，1989年，第98—121頁）認爲今本《順宗實錄》係韓愈所作。蒲立本《論順宗實錄》（原刊《東方及亞洲研究學院學報》第19卷第2期，轉引自劉健明《唐〈順宗實錄〉三論》，第98—121頁）則認爲今本係韋處厚所作三卷本。
⑧ 張國光《今本〈順宗實錄〉非韓愈所作辯——兼與瞿林東、胡如雷諸同志商榷》，《文學評論叢刊》第七輯，中國社會科學出版社，1980年，第328頁；張國光《韓愈〈順宗實錄〉重輯本序言——兼評當代史家對〈順宗實錄〉問題的誤解》（上下），《殷都學刊》1985年第3、4期。

瞿林東、卞孝萱、劉健明、劉真倫等則堅持韓愈的著作權,①但對於今本爲略本這一觀點,諸家皆無異詞,因此,考索已然亡佚的詳《録》面貌便成了此書研究中的一個重要問題。張國光、卞孝萱、劉健明、劉真倫都曾利用《通鑑考異》所引詳本和《舊唐書·順宗紀》卷末"史臣韓愈曰"一段,從《册府元龜》中比定出了或多或少的詳《録》文字。②之後的討論則未見有更多新意,唯張國光曾提出重輯詳《録》,但似未見成篇。值得注意的是,從蒲立本開始,張國光、卞孝萱、劉健明等學者都認爲《舊唐書·順宗紀》利用的是詳《録》,然而各家的關注點都集中於韓愈的史臣曰,而忽略了《舊紀》本身。事實上,如果我們認同金毓黻、杜希德、謝保成等提出的實録爲《舊唐書》本紀史源這一幾乎已被視作常識的觀點,③認同諸家對《舊紀》淵源於詳本《順録》的論證,那麽,我們或許可以直接把《舊紀》視作删略詳《録》而成的大綱,而這無疑是找尋詳《録》的重要綫索。同樣,作爲略本的今本《順録》,我們也可以將它與《舊紀》等量齊觀,只不過它所包含的内容更爲豐富。相對於此前零碎的佚文,系統的《舊紀》與今本《順録》編織的是一張網,那麽下一步,我們就需要利用這張網,去浩瀚的文獻中打撈更多的詳《録》。最值得我們"撒網"的所在,便是北宋前期抄纂前代典籍編成的《册府元龜》《唐會要》《唐大詔令集》等文獻。衆所周知,這些文獻中保存了大量唐實録,却因爲體例關係,未一一指明

---

① 瞿林東《關於〈順宗實録〉的幾個問題——兼答張國光同志》,見氏著《唐代史學論稿(增訂本)》,高等教育出版社,2015年,第388—399頁。卞孝萱《順宗實録作者考》,收入《卞孝萱文集》第二卷《唐代文史論叢》,鳳凰出版社,第180—189頁。劉健明《唐〈順宗實録〉三論》,第98—121頁。劉真倫《〈順宗實録〉考實》,見氏著《韓愈集宋元傳本研究》,中國社會科學出版社,2004年,第638—666頁。
② 張國光《韓愈〈順宗實録〉重輯本序言——兼評當代史學家對〈順宗實録〉問題的誤解》(上下),《殷都學刊》1985年第3、4期,下簡稱"張文"。卞孝萱《順宗實録作者考》,第180—189頁,下簡稱"卞文"。劉健明《唐〈順宗實録〉三論》,第98—121頁,下簡稱"劉健明文"。劉真倫《〈順宗實録〉考實》,第638—666頁,下簡稱"劉真倫文"。
③ 金毓黻《中國史學史》,河北教育出版社,2003年,第119—120頁。杜希德撰,黄寶華譯《唐代官修史籍考》,上海古籍出版社,2010年,第175—182頁。謝保成《隋唐五代史學》,商務印書館,2007年,第391—396頁。

出處,雖然,我們仍舊可以依據實録的編年體例,把其中不少文獻推定爲唐實録,但畢竟很難完全排除出於其他編年文獻的可能性。而依靠《舊紀》和今本《順録》,我們則可將這些文獻中順宗朝的編年文字切實地比定爲詳《録》。因此,本文的第一部分即嘗試通過《舊紀》、今本《順録》與其他文獻的比對來勾稽其中所保存的詳《録》文字。

這裏我們刻意剔除了諸文獻中與今本《順録》基本一致,而僅有少量無足輕重異文的材料以及非編年材料。因爲,我們無法判定前者是否即是今本《順録》本身,而後者的來源可能比編年材料更爲駁雜——比如因襲了《順録》本傳的《舊唐書》本傳——這在不注出處的文獻中是無法分辨的,以及由實録本傳及實録編年文獻拼合而成的人物事迹,①這些都會令非編年文獻的判斷更爲主觀。因此,本文取材僅限於北宋文獻中的編年材料,而非編年材料,筆者將另文討論。又爲免繁瑣,所引文獻率以簡稱:如《册府元龜》稱《册府》,《唐會要》稱《會要》,多條文獻僅録其最完整一條,如非必要,不一一注出;詳《録》溢出今本者以"＿＿＿＿"標出,如《舊紀》有相應内容則亦以"＿＿＿＿"標出,以見《舊紀》與詳《録》之因襲關係,並以佐證《册府》等所引録者確係詳《録》;諸家已考出之詳《録》文字仍予保留,並予注明。

需要特別説明的是,因爲以《册府》爲代表的北宋文獻未標明引書出處,本文從其中"打撈"出的詳《録》,或許會被懷疑其可靠性,然而從《崇文總目》中所著録的文獻來看,宋初實存而又符合《册府元龜》"唯取六經子史,不録小説雜書"這一選録標準的最大宗的編年體史書只有歷代唐實録。② 除此之外,能包含順宗朝事迹的僅有一百卷的《唐統紀》和十卷的《唐朝年代紀》、《通曆》以及韋述《國史》

---

① 如《册府元龜》卷四八〇《奸邪》"王叔文"條即綜合《順録·王叔文傳》及《順録》編年部分中有關王叔文的編年材料構成,第5726頁下—5728頁下。
② 《册府元龜》卷首考據,第9頁。

及《舊唐書》本紀部分等寥寥數種,①這些從篇幅而言,很難包容長篇敘事及表章詔敕原文,因此,將《册府》中包含了大段詳實記事及詔敕原文的編年條目判斷爲錄自實錄,當無大誤。另外,宋人在編纂上述文獻之時,爲叙述方便,往往會對所抄錄的原文進行一定程度的編輯,比如實錄中通常稱當朝天子爲"上",而編纂者往往改成"帝"或稱廟號,更有甚者,在編入不同門類時會根據其當時的身份作調整,比如下文表格中第一條所錄詳本《實錄》中"順宗初爲太子"一段,因其出於《册府》"儲宫部",故而皆爲宋人改作"太子"。不過,北宋人雖有編輯,但往往爲叙述方便,一般皆集中於條目起首,對原文的保真程度並無太大影響,從輯佚角度而言,如果我們將宋人編輯過的文獻根據自己的認知强行退回其"原貌",也許會造成更大的混亂,因此,保留後人的編輯痕迹而將其一並視爲"原文"乃輯佚工作中無可奈何却便於操作的方法,因此表格中所謂"詳本《實錄》"仍保留北宋文獻中的面貌,而非謂其每一字皆係"詳本《實錄》"原文。又北宋人在抄錄文獻之時,往往會根據自身需要將某段完整文字抄錄爲大字正文和小字注文,本文迻錄相關文字,不再保留這類格式。

序號	《舊唐書·順宗紀》	《順宗實錄》②	詳本《實錄》
1	史臣韓愈曰:順宗之爲太子也,留心藝術,善隸書。德宗工爲詩,每賜大臣方鎮詩制,必命書之。性寬仁有	慈孝寬大,仁而善斷,留心藝學,亦微信尚浮屠法。禮重師傅,引見輒先拜。善隸書,德宗之爲詩並他文賜大臣者	順宗爲皇太子禮重師傅,引見輒先拜。(《册府》卷二六〇,第3084頁下) 順宗善隸書,在東宫時,德宗□爲詩及他文賜大臣者,率皆令帝書之。(《宋本册府元

---

① 《崇文總目》卷三,《文淵閣四庫全書》本,第674册,第31—32頁。
② 現存最早將《順宗實錄》附錄外集的《韓集》版本爲南宋祝充所編《音注韓文公文集》和文讜所《新刊經進詳注昌黎先生文集》,其中,祝充所編本源出南宋監本,價值最大,故本文所錄《順宗實錄》取《中華再造善本》影印國家圖書館藏紹熙重刻《音注韓文公文集》(簡稱"祝本"),表格中所標頁碼皆據此本,如有闕疑處則參校《中華再造善本》影印宋刻《新刊經進詳注昌黎先生文集》(簡稱"文讜本")。

續　表

序號	《舊唐書·順宗紀》	《順宗實録》	詳本《實録》
1	斷,禮重師傅,必先致拜。從幸奉天,賊泚逼迫,常身先禁旅,乘城拒戰,督勵將士,無不奮激。德宗在位歲久,稍不假權宰相。左右倖臣如裴延齡、李齊運、韋渠牟等,因間用事,刻下取功,而排陷陸贄、張滂輩,人不敢言,太子從容論爭,故卒不任延齡、渠牟爲相。嘗侍宴魚藻宫,張水嬉,綵艦雕廳,宫人引舟爲櫂歌,絲竹間發,德宗歡甚,太子引詩人"好樂無荒"爲對。每於敷奏,未嘗以顔色假借宦官。居儲位二十年,天下陰受其賜。惜乎寢疾踐阼,近習弄權;而能傳政元良,克昌運祚,賢哉!(第410頁)	率皆令上書之。德宗之幸奉天,倉卒間上常親執弓矢,率軍後先導衞,備嘗辛苦。上之爲太子,於父子間慈孝交洽無嫌,每以天下爲憂。德宗在位久,稍不假宰相權,而左右得因緣用事,外則裴延齡、李齊運、韋渠牟等以奸佞相次進用,延齡尤狡險,判度支,務刻剥聚斂,以自爲功,天下皆怨怒。上每進見,候顔色,輒言其不可,至陸贄、張滂、李充等以毁譖,朝臣慄懼,諫議大夫陽城等伏閣極論。德宗怒甚,將加城等罪,内外無敢救者,上獨開解之,城等賴以免。德宗卒不相延齡、渠牟,上有力焉。(外集第六卷第一頁)	龜》卷四三,第54頁下)德宗建中四年十月幸奉天,時順宗爲太子,倉卒間嘗親執弓矢,率禁軍先後導衞,備嘗辛苦。及賊來攻奉天,城中危迫,人人恟慄不自保。帝朝夕自巡城,傳宣慰勞,督勵戰士,其有用命及死事者,登時與入陳奏,隨加賞贈,故戰士無不感激奮發,氣益百倍。(《册府》卷二五九,第3082頁上、下)順宗初爲太子,於父子間慈孝,交結無嫌,每以天下爲憂。德宗在位稍久,不假宰相權,而左右得緣用事,外則裴延齡、李齊運、①韋渠牟等以奸佞相次進用,延齡尤狡險,判度支,務刻剥聚斂,以自爲功,天下皆怨怒。太子每進見,候顔色,輒言其不可。及陸贄、張滂、李充等以毁譖,朝臣慄懼,諫議大夫陽城等伏閣極論。德宗怒甚,將加城等罪,外無敢救者,太子獨開解之,城等賴以免。德宗卒不相延齡、渠牟者,太子之力也。德宗嘗泛舟魚藻宫,觀水嬉,命太子昇舟,具皆飾以金碧丹青,使婦人盛飾,操篙櫂行舟,光彩瑛燭,絲竹歌謳俱發。德宗顧謂太子曰:"今日如何?"對曰:"極

---

① 李齊運,原作"李奇運",據《册府元龜》卷一八改,第201頁上。

《順宗實録》詳本再審視　69

續　表

序號	《舊唐書·順宗紀》	《順宗實録》	詳本《實録》
1			盛。"退因以奢爲諫,德宗不悦。貞元中,中官多詐稱宫市肆奪人物,百姓怨苦。太子嘗以爲言,德宗雖不能悉聽用,而心益賢重太子。太子未嘗假借内官顔色,居東宫二十餘年,天下陰受其福。(《册府》卷二六一,第3100頁下—3101頁上)按此條已見張文、卞文、劉健明文、劉真倫文。
2	上自二十年九月風病,不能言,暨德宗不豫,諸王親戚皆侍醫藥,獨上臥病不能侍。德宗彌留,思見太子,涕咽久之。大行發喪,人情震懼。上力疾衰服,見百僚於九仙門。既即位,知社稷有奉,中外始安。(第405頁)	上自二十年九月得風疾,因不能言,使四面求醫藥,天下皆聞知。德宗憂感形于顔色,數自臨視。二十一年正月朔,含元殿受朝,還至別殿,諸王親屬進賀,獨皇太子疾不能朝。德宗爲之涕泣,悲傷嘆息,因感疾,恍惚日益甚,二十餘日,中外不通兩宮安否,朝臣咸憂懼,莫知所爲,雖翰林内臣,亦無知者。二十三日,上知内外憂疑,紫衣麻鞋,不俟正冠,出九仙門召見諸軍使,京師稍安。二十四日宣遺詔,上縗服見百僚。二十六日即位。(外集第六卷第二頁)	初,帝自二十年九月得風疾,因不能言,使四面出求醫藥,海内皆聞知。德宗憂戚形于顔色,數自臨視。二十一年正月朔,含元殿受朝賀,還至別殿,諸王親戚進賀,獨皇太子疾不能朝。德宗爲之涕泣,悲傷嘆息,因感疾,恍惚益甚,二十餘日中外不通,不知兩宮安否,朝臣咸懼,莫知所爲,雖翰林内臣,亦無知者。二十三日,帝知内外憂疑,紫衣麻鞋,不俟正冠,出九仙門召見諸軍使,京師稍安。二十四日宣遺詔,帝縗服見百僚。二十六日即位。軍士尚疑,皆企足引頸瞻視,既而曰:"真太子也。"喜且泣,内外遂安。(《册府》卷一一,第119頁上)

續　表

序號	《舊唐書·順宗紀》	《順宗實錄》	詳本《實錄》
3	〔二月〕辛〔亥〕（卯），以吏部郎中韋執誼爲尚書左丞、同中書門下平章事。（第406頁）	〔二月〕辛亥，詔吏部侍郎韋執誼守左丞、同中書門下平章事，賜紫。初，執誼爲翰林學士，知叔文幸於東宫，傾心附之，叔文亦欲自廣朋黨，密與交好，至是遂特用爲相。（外集第六卷第三頁）	順宗貞元二十一年正月丙申即位，二月辛亥詔曰："宰相之職，寅亮緝熙，導陰陽之和，贊天地之化，裁成百揆，總領庶官，非믜契時中，識通理本，則何以敷暢皇極，阜安群黎？朕以眇身，嗣守丕業，思立人紀，以承天休，其代予言，允屬良弼。朝議郎、守吏部郎中、騎都尉、賜緋魚袋韋執誼，孝友忠肅，自誠而明。茂實本於宗師；英華發於事業。久參内署，動直静專；累踐中臺，職修事舉。克有公望，冠於群倫。以予冲人，恭默思道，是用命爾，納誨弼違，必能行四方之風，成天下之務。祇服乃職，厥惟欽哉。可守尚書左丞、平章事，賜紫金魚袋。初，執誼爲翰林學士，知待詔王叔文幸於東宫，傾心附之，叔文亦欲自廣朋黨，密與交好，至是遂特用爲相。（《册府》卷七三，第834頁上）
4	〔二月〕壬子，淄青李師古以兵寇滑之東鄙，聞國喪也。（第406頁）	無	唐順宗貞元二十一年正月即位。二月壬子，淄青節度使李師古以師次滑州西界。初，告哀使未至，鄭滑軍裨將吏自京師得遺詔本，歸以示節度使李元素，元素以師古鄰接，欲爲不自外，使密以其本示之，師古不受，曰："京師無訃告，何故妄言？"杖其使幾死。舉兵以脅元素，元素懼，上表請自貶。朝廷兩慰

續　表

序號	《舊唐書·順宗紀》	《順宗實録》	詳本《實録》
4			解之。初，師古聞消息，遂以師至濮州，伺候爲變，借元素爲名以動衆。及聞帝即位，即罷界上兵。（《宋本册府》卷一七七，第425頁上） 按《通鑑》卷二三六《考異》："此李師古脅滑州事，詳本有而略本無。詳《録》又云：'使衡密以其本示之。師古不受，杖衡幾死。'衡蓋使者之名而無姓。又云：'遂以師至濮州，伺候爲變。'"（第7608頁） 此條張文、劉真倫文已輯出。
5	〔二月〕甲寅，釋仗内囚嚴懷志、吕温等一十六人。平涼之盟陷蕃，久之得還，以習蕃中事，不欲令出外，故囚之仗内，至是方釋之。（第406頁）	無	嚴懷志以涇原裨將隨渾瑊，會吐蕃背盟，懷志等陷没，居吐蕃中十餘年，逃入以西諸國，爲所掠賣；又脱走，經十餘國，至天竺占波國，泛海而歸。貞元十四年，始至温州，徵詣京師。德宗以懷志處蕃久，不欲令出外，囚之仗内，順宗即位始釋之。初，懷志之陷，父母俱存，及歸，父母皆殁，妻嫁佗人。吕温者，以小吏事崔漢衡。貞元初，吐蕃背盟，漢衡爲吐蕃所虜，將殺之。温趨往，以背受刃，吐蕃義之，繇是與漢衡俱免。及漢衡歸，獨留蕃中。吐蕃尚浮屠法，温因求爲僧，久之乃得歸，亦以習吐蕃事囚焉。順宗即位，釋之，與嚴懷志俱授中郎將。（《册府》卷一八一，第2178頁下—2179頁上）

續　表

序號	《舊唐書·順宗紀》	《順宗實錄》	詳本《實錄》
6	〔二月〕甲子，御丹鳳樓，大赦天下："諸道除正敕率稅外，諸色權稅並宜禁斷；除上供外，不得別有進奉。百姓九十已上，賜米二石，絹兩匹，版授上佐、縣君，仍令本部長吏就家存問；百歲已上，賜米五石，絹二匹，綿一屯，羊酒，版授下州刺史、郡君。"（第406頁）	二月甲子，上御丹鳳門，大赦天下："自貞元二十一年二月二十四日昧爽已前，大辟已下，罪無輕重，常赦所不原者，咸赦原之。諸色人中，有才行兼茂明於理體者、經術精深可為師法者、達於吏理可使從政者，宜委常參官各舉所知，其在外者，長吏精加訪擇，具名聞奏，仍優禮發遣。"（外集第七卷第一頁）	順宗以貞元二十一年正月即位。二月甲子，御丹鳳門，大赦天下。制曰："朕承天序，嗣守鴻業，以不明不敏，托於萬國兆人之上。永惟高祖、〔太〕（大）宗，肇啓區夏，列聖休德，洽於人心。肆惟寡昧，膺受多福，大懼不克負荷，為宗廟羞，若涉大川，罔知攸濟，思與群公卿士方伯連帥，祗若丕訓，惟懷永圖，内熙庶績，外弘至化，以弼於理，臻於大中，俾懷生之類，各遂其性，咸得自新，道迎休和，蕩滌瑕累。可大赦天下。自貞元二十一年二月二十四日昧爽已前，大辟罪已下，罪無輕重，已發覺未發覺、已結正未結正；繫囚見徒，常赦所不原者，咸赦除之。左降官並移近處，如復資者任依常調赴選，如有親故在上都，任於所司陳狀，便與處分。別敕因責授降資正員官者，亦進改。亡官失爵、放歸不齒者，量加收叙。流人放還。僧尼道士移隸者，罪人已亡殁，家口未許歸者，一切放歸。如自情願住者勿拘令歸，如先有敕云縱逢恩赦不在放還之限者及別敕安置者，①並宜放還。其安置之人五品已上待進止，左降官及流人亡殁，有官

---

① "如先有敕云縱逢恩赦不在放還之限者及別敕安置者"，"云"原作"去"，據《唐大詔令集》卷二《順宗即位赦》改，第9頁。

續　表

序號	《舊唐書·順宗紀》	《順宗實録》	詳本《實録》
6			者各還本官。今日已前痕累禁錮及反逆緣坐,一切並與洗滌。應緣山陵制度及喪儀禮物,博詢可否,務遵禮度,必誠必信,副朕衷懷。橋道、置頓並以内庫錢充,諸有費用,先給功價,仍以見錢,更不折物,不得輒令科配。天下百姓應欠貞元二一年二月三十日已前榷酒及兩税錢物,①諸色逋懸,一物已上一切放免。京畿諸縣應今年秋夏青苗錢並宜放免。天下諸州府應須夫役車牛驢馬脚價之類,並以兩税錢自備,不得别有科配,仍並依兩税元敕處分,仍永爲常式,不得擅有諸色榷税。常貢外不得别進錢物金銀器皿奇紋異錦雕文刻鏤之類,若已發在路者並納在藏庫。清浄者,理國之本;恭儉者,修己之端。朕臨御萬邦,方弘此道,苟可濟物,予何愛焉?宫掖之中,宜先省約。其後宫弟子音聲人等,並宜放歸親族。應緣宫市,並出正文帖,仍依時價買賣,不得侵擾百姓。所緣宫中要媵母,並取食糧户充税,不得科配寺觀。諸軍先擒吐蕃生口配在諸處者,宜資給放還本國。天下官吏應行鞭捶,本罪不致死者,假以責

---

① "天下百姓應欠貞元二一年二月三十日已前榷酒及兩税錢物","一"字原闕,據《唐大詔令集》卷二《順宗即位赦》補,第 10 頁。

續　表

序號	《舊唐書·順宗紀》	《順宗實錄》	詳本《實錄》
6			情,致令殞斃,每念於此,良增惻然,宜切加察訪。内外文武見任及致仕官并諸道將士等賜爵加階賜勳有差。二王、三恪、褒聖侯各與一子官。大長公主、嗣王等各與一子官及出身有差。① 宗子中有才用者,委宗正卿以名聞,量才叙用。皇王等已上親,賜爵加階有差。陪位者年十五已上,並放出身。武德已來配饗功臣及張巡、許遠、南霽雲、顔杲卿、顔真卿等子孫中,各與一人正員官。故尚父子儀、贈太師晟、〔太〕(大)尉秀實子孫中,各與一人正員五品官。及諸州府長官及京常參官,父見在未有官者,並與五品致仕官及階,父殁母存者與邑號,父母亡殁量與追贈。陝州元從寶應功臣、興元元從奉天定難功臣賜爵勳有差,亡殁者與追贈。中書門下、節度使、東都留守、度支鹽鐵等使、京兆尹、觀察招討等使及神策神威金吾六軍將軍大將軍、英武威遠鎮國軍使、隴右經略軍使節度留後,各與一子官有差。其神策神威六軍將軍大將軍、英武軍等使,並與加官。神策、神威、六軍、英武、威遠營、左右金吾及皇城將

---

① "嗣王等各與一子官及出身有差","子"字原闕,據《唐大詔令集》卷二《順宗即位赦》(第10頁)、《册府元龜》卷八一(第943頁上)補。

續　表

序號	《舊唐書·順宗紀》	《順宗實錄》	詳本《實錄》
6			士及緣御樓立仗將士等，賜物及爵階有差。應東宮官及侍讀侍書教授在正月二十六日已前者，國哀已來職掌行事及册命官、①授顧命撰制詔及修册文并寫制詔官等，賜爵加階勳進改有差。蕃客等共賜物一千八百七十疋。義武軍節度使下官健在城立仗，共賜物三千八百四十五疋，立仗將士等量加改轉。內侍省及內防官正、諸道進奏院及奏事官，賜爵階勳有差。內外五品已上文官及臺省常參官，宜至四考滿與改轉，中外遞遷，量才叙用，其中政績尤異須甄升者不在此限。常參官及諸州刺史有先得替及假百日經喪去官未授官者，並即與進擬。百司及在城諸使息利本錢，徵放多年，積成深弊，內外官料錢職田等厚薄不均，兩稅及諸色榷稅物重轉須有損益，並宜委中書門下與逐司商量，具利害條件以聞，不得擅有閉糴禁錢，務令通濟。諸色人中有才識兼茂明於體用者、經術精深可爲師法者、達於吏理可使從政者，宜委常參官各舉所知。其在外者，長吏宜精加訪擇，具以名聞，仍優禮發遣，朕當詢事考言，審

① "國哀已來職掌行事及册命官"，"哀"字原闕，據《唐大詔令集》卷二《順宗即位赦》補，第10頁。《册府元龜》卷八一作"喪"，第943頁下。

續 表

序號	《舊唐書·順宗紀》	《順宗實録》	詳本《實録》
6			其才實；如無人論薦者即任自詣闕。應内外官及諸色人任上封事極言時政得失,有可觀者,别當甄獎。百姓九十已上版授及賜各有差,仍令官吏就家存問。順孫孝子、義夫節婦,旌表門閭,重加優恤。"(《册府》卷八九,第1064頁下—1066頁上)
7	無	〔二月〕乙丑,停鹽鐵使進獻。舊鹽鐵錢物悉入正庫,一助經費,其後主此務者稍以時市珍玩時新物充進獻,以求恩澤,其後益甚,歲進錢物,謂之"羨餘",而經入益少。至貞元末,遂月有獻焉,謂之"月進"。至是乃罷。(外集第七卷第二頁)	順宗以貞元二十一年正月即位,二月……〔乙〕(己)丑,停鹽鐵使月進錢。① 舊鹽鐵錢物悉入正庫,以助經費,其後主此務者稍以時市珍玩時新物充進獻,欲以求恩澤,後益甚,進錢物謂之"羨餘",而經入益少。及貞元,遂月獻焉,謂之"月進"。及是而罷。(《册府》卷一六八,第2026頁下)
8	〔二月〕戊辰,以開府儀同三司、檢校太尉、使持節大都督鷄林州諸軍事、鷄林州刺史、上柱國、新羅王金重熙兼寧海軍使,以重熙母和氏爲太妃,妻朴氏爲妃。(第406頁)	兵部郎中兼中丞元季方告哀于新羅,且册立新羅嗣王,主客員外郎兼殿中監馬于爲副。(外集第七卷第二頁)	順宗以貞元二十一年正月即位,二月,②立新羅嗣王金重熙爲開府儀同三司、檢校太尉、使持節大都督鷄林州諸軍事、鷄林州刺史、兼持節充寧海軍使、上柱國。其母和氏爲太妃,其妻朴氏爲妃。遣兵部郎中兼御史大夫季方充使。(《册府》卷九六五,第11352頁下)

① "月進錢",原作"月造錢",據《資治通鑑》卷二三六改,第7611頁。
② "二月",原作"三月",據《舊唐書》卷一四《順宗紀》改,第406頁。

《順宗實錄》詳本再審視　77

續　表

序號	《舊唐書·順宗紀》	《順宗實錄》	詳本《實錄》
9	無	夏四月乙巳，上御宣政殿册皇太子。册曰……時上即位已久，而臣下未有親奏對者。内外盛言王伾、王叔文專行斷决，日有異説，又屬頻雨，皆以爲群小用事之應。至將册禮之夕，雨乃止，逮行事之時，天氣清朗，有慶雲見，識者以爲天意所歸。及睹皇太子儀表，班行既退，無不相賀，至有感泣者。（外集第八卷第一頁）	順宗以貞元二十一年正月即位……四月己丑，①帝御宣政殿册皇太子。時帝即位已久而臣下未有親奏對者，内外咸言王伾、王叔文專行斷决，日有異説，又屬頻陰雨，皆以爲群小用事之應。及將行册禮之夕，雨乃止，至行事之時，天景晴朗，有慶雲見，識者以爲天意有所歸，及睹皇太子儀表，班行悚動，退無不相慶，至有感而泣者。<u>其日道路觀悦，遞相傳告，中外有屬焉。</u>（《册府》卷二五七，第3063頁上）
10	〔四月〕戊申，詔以册太子禮畢，赦京城繫囚，大辟降從流，流以下減一等。以給事中陸質、中書舍人崔樞並爲太子侍讀。（第407頁）	〔四月〕戊申，詔曰……給事中陸質、②中書舍人崔樞，積學懿文，守經據古，夙夜講習，庶協于中，並充皇太子侍讀。天下孝子順孫先旌表門閭者，委所管州縣各加存卹。（外集第八卷第一頁至第二頁）	順宗以貞元二十一年正月即位……四月戊申詔曰……給事中陸〔質〕（贄）、中書舍人崔樞，積學懿文，守經據古，以參講習，庶叶於中，可充皇太子侍讀。天下孝子順孫先旌表門閭者，委所管州縣各加存恤。<u>五嶽四瀆名山大川，委所在長吏量加祭禮。</u>（《册府》卷八九，第1066頁下）

---

①　按，本月庚子朔，乙巳爲初六日，無己丑。
②　"陸質"，原作"陸贄"，據文讜本改（外集第八卷第二頁）。

續 表

序號	《舊唐書·順宗紀》	《順宗實録》	詳本《實録》
11	無	〔四月〕庚戌,封皇太子長子寧等六人爲郡王。(外集第八卷第二頁)	庚戌,封皇太子長子寧爲平原郡王,二子寬爲同安郡王,三子宥爲延安郡王,四子察爲彭城郡王,五子寰爲高密郡王,六子繚爲文安郡王。(《唐會要》卷四六,第961頁)
12	五月己巳,以右金吾衛大將軍范希朝爲右神策統軍、充左右神策京西諸城鎮行營兵馬節度使。(第407頁)	〔五月〕辛未,以右金吾大將軍范希朝爲檢校右僕射兼右神策京西諸城鎮行營兵馬節度使。叔文欲專兵柄,藉希朝年老舊將,故用爲將帥,使主其名,而尋以其黨韓泰爲行軍司馬,專其事。(外集第八卷第三頁)	二十一年五月,①以檢校尚書右僕射、右金吾大將軍范希朝爲兼右神策統軍、充左右神策京西諸城鎮行營節度使,駐於奉天。王叔文欲專兵權,藉希朝年老舊將,使主其名,又以其黨韓泰兼御史中丞、充左右神策京西諸城鎮行營兵馬節度使行軍司馬,且欲因而代之。(《唐會要》卷七二,第1534頁)
13	〔五月〕辛卯,以鹽鐵轉運使副王叔文爲户部侍郎。(第408頁)	〔五月〕辛卯,以王叔文爲户部侍郎,職如故,賜紫。初,叔文欲依前帶翰林學士,宦者俱文珍等惡其專權,削去翰林之職。叔文見制書大驚,謂人曰:"叔文日時至此商量公事,若不得此院職事,即無因而至矣!"王伾曰:"諾。"	王叔文,順宗即位,自翰林待詔除〔起居〕(居起)舍人、翰林學士,俄充度支及諸道鹽鐵轉運等副使,依前充翰林學士。……未幾,授叔文户部侍郎,依前充度支及諸道鹽鐵轉運等副使。初,叔文欲依前帶翰林學士,内官俱文珍等惡其專擅,削去翰林之職。叔文見制書,大驚。謂人曰:"叔文須時至此商量公事,若不帶此院職事,則無

---

① "五月",原作"三月",據《舊唐書》卷一四《順宗紀》改,第407頁。

續　表

序號	《舊唐書·順宗紀》	《順宗實録》	詳本《實録》
13		即疏請,不從,再疏,乃許三五日一入翰林,去學士名。又與歸登同日賜紫,内出衫笏賜登,而叔文不霑,文珍等所惡,獨不得賜,由此始懼。(外集第八卷第三頁)	因而至矣!"其黨散騎常侍王伾即疏請,不從。再疏,乃許三五日一入翰林,竟去學士之名。與歸登同日賜紫,内出象笏賜登,而叔文爲文珍等所惡,獨不得賜,繇此始懼。(《册府》卷四八〇,第5726頁下—5727頁上、下)
14	六月丙申,詔二十一年十月已前百姓所欠諸色課利、租賦、錢帛,共五十二萬六千八百四十一貫、石、匹、束,並宜除免。(第408頁)	無	順宗以貞元二十一年正月丙申即位……六月丙申,詔曰:"朕君臨寰海,子育兆人,思欲阜其財,求俾遂生殖。然後導之以禮樂,齊之以政刑。興康讓之風,洽和平之理。而比聞官司之内,尚有逋懸,每念黎蒸,用深憂軫。永言勤恤,宜有蠲除。其莊宅使從興元元年至貞元二十年十月三十日已前,畿内及諸州府莊宅、店鋪、車坊、園磑、零地等,所有百姓及諸色人應欠租課、斛㪷、見錢、絁絲、草等,共五十二萬餘,並放免。朕方與人休息,致之富壽,物有不得其所,事有可利於人,瘝寐求思,予無所愛,宜加曉示,令悉朕懷。"(《宋本册府》卷四九一,第1218頁上、下)
15	無	〔六月〕癸丑,韋皋上表請皇太子監國,又上皇太子牋。尋而裴垍、嚴綬表繼至,悉與皋同。(外集第九卷第二頁)	韋皋爲西川節度使,順宗即位,王叔文等專政,皋上表曰:"臣聞上承宗廟,下鎮黎元,永固無疆,亟先儲貳。臣伏聞聖躬以山陵未畢,哀毁踰禮,因乖攝衛,至今未安。

續　表

序號	《舊唐書·順宗紀》	《順宗實録》	詳本《實録》
15			若更憂勞萬幾，伏恐旬月之間，未得痊復。皇太子睿質已長，淑問日彰，四海之心，實所倚賴。伏望權令親監庶政，事無大小，一切諮禀。候聖躬痊愈，即歸春宫。如此必冀聖體速就康寧，庶政免令擁滯。臣位兼將相，受恩最深，今之所陳，是臣職分。特望陛下俯從人望，克崇萬代之業。"又上皇太子牋曰："殿下體重離之明，當儲貳之重，所以克昌九廟，式固萬方，天下安危，繫於殿下。臯位崇將相，志切公忠，先聖察知，早蒙恩顧。人臣之分，知無不爲。將以上答眷私，常思罄竭。伏以聖上嗣膺鴻業，睿哲英明，攀感先皇，志存孝理，上追殷宗之德，諒闇未嘗發言。軍國萬機，委於臣佐，所宜竭誠翊戴，以致雍熙。但托付未得其人，處理多虧公正。今則群小得志，隳紊紀綱，官以勢遷，政猶情改，朋黨交搆，熒惑聖朝。樹置腹心，遍於貴位。潛結左右，難在蕭墻。國賦散於權門，王税不入天府。褻慢無忌，高下在心。貨賄既行，遷轉失序。先朝屏黜贓犯之類，咸擢在省闈府署之間。至令忠臣殞涕，正士吞聲，遐邇痛之，謂之不可。將恐奸雄乘便，因此謀動干戈，危殿下之家邦，傾太宗之王業。

《順宗實錄》詳本再審視　81

續　表

序號	《舊唐書·順宗紀》	《順宗實錄》	詳本《實錄》
15			伏以櫛風沐雨,經營四方,列聖兢兢,年將二百。將欲傳於萬代,永保無疆,豈可一朝委任王叔文、王伾、李忠言等三人?小藝之臣,付以軍國重務,恣其蠹亂,坐收傾危。日夜憂危,不勝憤激,捐軀報國,今則其時。特望殿下即日奏聞,斥逐群小,天下事務出自殿下之心,則四方獲安,忠臣得以戮力。皋受恩兩朝,寄任崇重,惟知竭節以效懇誠。伏惟殿下掃除之。"皋自以大臣得議國家事,且怨叔文不與三川,恃處斗絶一方,度叔文不能搖動,又乘其與韋執誼間隙,故極言中外人情。尋裴均、嚴綬表牋繼至,悉與皋同詞。忠正之徒,皆倚賴以爲援,而邪黨震懼。(《册府》卷四〇七,第4849頁上、下) 《通鑑》卷二三六略同,《考異》:"實錄略本云:'尋而裴垍、嚴綬表繼至,悉與皋同。'又云:'外有韋皋、裴垍、嚴綬等牋表。'詳本'裴垍'皆作'裴均'。按裴垍時爲考功員外郎,裴均爲荆南節度使。今從詳本。"(第7616—7617頁) 張文、劉真倫文已注意到《通鑑考異》所引詳本,然未勾稽全文。
16	無	無	叔文母將死前一日,叔文以五十人擔酒饌入翰林,①謁李

---

① "叔文以五十人擔酒饌入翰林","叔文""人"三字原闕,據《資治通鑑》卷二三六《考異》引詳本補,第7617頁。

續 表

序號	《舊唐書·順宗紀》	《順宗實録》	詳本《實録》
16			忠言、劉光琦、俱文珍及諸學士等。大飲,叔文執盞言曰:"叔文母幾病,自以身任國家事,勞苦朝夕,不得歸侍醫藥。今方將求假而歸。比來盡心力,不避好惡難易者,皆爲朝廷,不爲叔文私家也。今一去坐家,百謗且至,誰肯助叔文一言者? 望諸公開意見察。"又曰:"羊士諤毀叔文,叔文將杖殺之,而韋執誼懦不敢。劉闢以韋皋迫脇叔文求都領三川,叔文平生不識闢。叔文今日名位何如?叔文領事輕重,而闢乃外使判官,排門相干,欲前執叔文手,豈非凶人邪! 叔文時已令掃木場,將集衆斬之,韋執誼又苦執不可。每恨失此兩賊,令人不快。"又自陳判度支已來,所爲國家興利除害,出若干錢以爲功能。俱文珍隨語折之。叔文無以對,命滿酌雙卮對飲,①酒數行而罷。方飲時,有暫起至廳側者,聞叔文從人相謂曰:"母死已臭,不欲棺斂,方與人飲酒,不知欲何爲所!"歸之明日,而其母死。或傳母死數日,匿喪,乃發。(《册府》卷四八〇,第5728頁上、下)又見《通鑑》卷二三六《考異》(第7617頁)。張文、劉真倫文已輯。

---

① "命滿酌雙卮對飲","雙卮",原作"雙雙對",據《資治通鑑》卷二三六《考異》引詳本改,第7617頁。

《順宗實録》詳本再審視 83

續　表

序號	《舊唐書·順宗紀》	《順宗實録》	詳本《實録》
17	七月戊辰朔,吐蕃使論悉諾來朝貢。（第408頁）	無	順宗即位初,吐蕃使論悉諾等來朝獻方物。（《宋本册府》卷九七二,第3856頁上）
18	〔七月丙子〕贈故忠州別駕陸贄兵部尚書,謚曰宣；贈故道州刺史陽城爲左散騎常侍。（第408頁）	〔七月〕贈故忠州別駕陸贄兵部尚書,故道州刺史陽城左常侍。（外集第九卷第二頁）	七月,贈故忠州別駕陸贄兵部尚書,故道州刺史陽城左散騎常侍,仍賜其家錢二百千,令所在州縣給遞以喪葬。（《宋本册府》卷一三九,第187頁下）
19	無	無	永貞元年七月癸巳,横海軍節度使程懷信卒。（《通鑑》卷二三六《考異》引詳本《實録》,第7619頁）以其子副使兼御使中丞大夫執恭,爲起復左驍衛將軍、滄州刺史、横海軍節度使。（《册府》卷四三六,第5179頁下）劉真倫文據《通鑑考異》輯録。
20	〔七月〕乙未,詔："朕承九聖之烈,荷萬邦之重。顧以寡德,涉道未明,虔恭寅畏,懼不克荷。恐上墜祖宗之訓,下貽卿士之憂,夙夜祗勤,如臨淵谷。而積疾未復,至於經時,怡神保和,常所不暇。永惟四方之大,萬務之殷,不躬不親,慮有曠廢。	〔七月〕乙未詔："軍國政事宜權令皇太子某勾當。百辟群后,中外庶僚,悉心輔翼,以底于理。宣布朕意,咸使知聞。"上自初即位,則疾患不能言,至四月益甚。時扶坐殿,群臣望拜而已,未嘗有進見者。天下事皆專斷於叔文,而李忠	順宗貞元二十一年正月即位,七月乙未詔曰：①"朕承九重之烈,荷萬邦之重。顧以寡德,涉道未明,處恭畏懼,不克祗荷。常恐上墜祖宗之訓,下貽卿士之憂,夙夜祗勤,以臨于咎。而積灰光復,至於經時,怡神保和,常所不暇。永懼四方之大,萬物之殷,不躬不親,慮有曠廢。加以山陵有日,霖潦逾旬,是用儆于朕心,思答天戒。其軍國政事,宜權令皇

---

①　"七月乙未詔曰"、"乙未",原作"己未",據《舊唐書》卷一四《順宗紀》（第408—409頁）、祝本外集第九卷（第七頁）改。

續　表

序號	《舊唐書·順宗紀》	《順宗實録》	詳本《實録》
20	加以山陵有日，霖潦踰旬，是用俾于朕心，以答天戒。其軍國政事，宜令皇太子勾當。"時上久疾，不復延納宰臣共論大政。事無巨細皆决于李忠言、王伾、王叔文。物論喧雜，以爲不可。藩鎮屢上牋於皇太子，指三竪之撓政，故有是詔。（408—409頁）	言、王伾爲之内主，執誼行之於外，朋黨譁讕，榮辱進退，生於造次，惟其所欲，不拘程度。既知内外厭毒，慮見摧敗，即謀兵權，欲以自固，而人情益疑懼，不測其所爲，朝夕伺候。會其與執誼交惡，心腹内離，外有韋皋、裴坦、嚴綬等牋表，而中官劉光奇、俱文珍、薛盈珍、尚解玉等皆先朝任使舊人，同心怨猜，屢以啓上。上固已厭倦萬機，惡叔文等，至是，遂召翰林學士鄭絪、衛次公、王涯等入至德殿，撰制詔而發命焉。（外集第九卷第七頁）	太子純勾當。百辟群后，中外庶僚，悉心輔翼，同底于理。宣布朕意，咸所知聞。"初，帝自嗣位，即疾患不能言，至四月益劇，雖時扶坐殿，群臣入閤，望拜而已，未嘗有進見者，天下事皆專斷於王叔文，而李忠、王伾爲之内主，韋執誼行之於外。朋黨譁讕，榮辱進退，生於造次，唯意所欲，不拘程度。既知内外厭毒，慮見摧敗，即謀兵權，欲以自固，而人情益疑懼，不測其所爲，朝夕伺候。會其與執誼交惡，心腹内離，外有<u>西川</u>韋皋、<u>荆南</u>裴均、<u>東川</u>嚴綬等牋表，而中官劉光奇、俱文珍、薛盈〔珍〕（玲）、尚演、解玉等，皆先朝任使舊人，同心怨憤，屢以啓帝。帝固厭倦萬機，嫉惡叔文等，至是，遂召翰林學士鄭〔綱〕（絪）、衛次公、王涯等入至金鑾殿，撰制詔而發命焉。<u>是日，皇太子見百僚於東朝堂，百僚拜賀。皇太子泣涕不答拜。先是，連月陰雨，既定册，雨遂止。及宣詔之時，天地大開，遠近清霽。</u>（《册府》卷二五九，第3079頁下—3080頁上）此條劉真倫文已輯録。
21	〔七月乙未〕以太常卿杜黄裳爲門下侍郎，左金吾衛大將軍袁滋爲中書侍	〔七月〕又下制，以太常卿杜黄裳爲門下侍郎，左金吾衛大將軍袁滋爲中書	七月，制曰："<u>輔弼股肱之臣，所與共成天功，左右邦理者也。朕承至尊之重，居群后之上，夙興寅畏，不敢康寧。</u>

續　表

序號	《舊唐書·順宗紀》	《順宗實録》	詳本《實録》
21	郎,並同中書門下平章事;鄭珣瑜爲吏部尚書,高郢刑部尚書,並罷知政事。(第409頁)	侍郎,並平章事。又下制:吏部尚書平章事鄭珣瑜、刑部尚書平章事高郢,並守本官,罷相。(外集第九卷第七頁)	思所以統天人之和,彰祖宗之烈,以行四方之政,以遂萬物之宜,敷求哲人,以輔台德。銀青光禄大夫、守太常卿、充禮儀使、上柱國、鄭縣開國公杜黃裳,弘深易簡,資博厚之德;朝議郎、檢校左散騎常侍、兼左金吾大將軍、充左街使、雲騎尉、賜紫金魚袋袁滋,冲茂精微,體誠明之性,咸以器業閎茂,服在大僚,祗事先朝,克荷休命,識達道奥,文爲國經。固可以儀刑具僚,參綜庶務,寅亮天下,毗予一人,罔不同心,以輔乃辟。黃裳可門下侍郎、平章事;滋可中書侍郎、平章事。"(《册府》卷七三,第834頁上、下)〔貞元〕二十一年七月,下詔曰:"朕承天眷命,獲主兆人,思致邕熙,用康區夏。布和緝化,屬在輔臣,所謂適宜,實爲通典。銀青光禄大夫、守吏部尚書平章事、上柱國鄭珣瑜,銀青光禄大夫、守刑部尚書平章事、上柱國高郢等,①咸以忠靖,累更班列,秉彝兢慎,植操貞常。自參輔中樞,皆能勵節,祗勤庶務,夙夜惟寅。歲月滋深,嬰纏疾恙,衮職有闕,無以彌綸。

---

① "上柱國高郢等","高郢",原作"鄭郢",據《舊唐書》卷一四《順宗紀》(第409頁)、祝本外集第九卷(第七頁)改。

續 表

序號	《舊唐書·順宗紀》	《順宗實錄》	詳本《實錄》
21			況銓綜爲選士之本,刑法乃生人之命,俾從專掌,以盡至公。宜輟台司,副予所委。珣瑜可吏部尚書,郢可守刑部尚書。"(《册府》卷三三三,第3933頁上)
22	〔八月〕壬寅,貶右散騎常侍王伾爲開州司馬,前户部侍郎、度支鹽鐵轉運使王叔文爲渝州司户。(第409—410頁)	〔八月〕壬寅制:王伾開州司馬,王叔文渝州司户,並員外置,馳驛發遣。(外集第一〇卷第二頁)	憲宗貞元二十一年八月即位,改元永貞元年。制曰:"銀青光禄大夫、守左散騎常侍、翰林學士、上柱國、富陽縣開國男王伾,將仕郎、前守尚書户部侍郎、充度支及諸道鹽鐵轉運等副使、賜紫金魚袋王叔文等,夙以薄伎,並參近署,階緣際會,遂洽恩榮,驟居左掖之秩,超贊中邦之賦。曾不自勵,以效其誠,而乃漏泄密令,張皇威福,畜奸冒進,黷貨彰聞,迹其敗類,載深驚嘆。夫去邪厝枉,爲國之要;懲惡勸善,制政之先。恭聞上皇之旨,俾遠不仁之害,宜從貶削,猶示優容。伾可開州司馬員外置同正員,叔文可守渝州司户參軍員外置同正員,並馳驛發遣。"(《宋本册府》卷一五三,第287頁下)

  以上二十二條應該不是現存詳《録》文字的全部,疑似内容還有如下數條:

  ① 唐順宗以貞元二十一年正月即位,制……又詔停内侍郭忠

政等十九人正員官俸錢。(《宋本册府》卷五〇七,第1272頁上)

② 順宗以貞元二十一年正月即位,二月癸丑,釋掖庭没官婦人朱泚妻徐氏等。(《宋本册府》卷四二,第47頁下)

③ 順宗以貞元二十一年正月即位……四月,封彌臣嗣王道勿禮爲彌臣國王。(《册府》卷九六五,第11352頁下)

④ 順宗以貞元二十一年正月即位……五月,加忽汗州都督、渤海王大嵩璘金紫光禄大夫、檢校司徒。(《册府》卷九六五,第11352頁下—11353頁上)

⑤ 順宗以貞元二十一年正月即位,六月,詔曰:"前昭義軍泗州行營衙前兵馬使、太中大夫、試太子賓客兼監察御史張重政,門有勳力,性推毅勇,夙聞克家之美,嘗稱撫衆之才。近者其父初亡,群小扇惑,誘以奇計,俾執軍麾,而重政與其母兄號泣固拒,遂全懇願,奔告元戎,不爲利回,成其先志,於家爲孝子,在國爲忠臣,軍郡乂安,行義昭著。念兹名節,感嘆良深。宜洽恩榮,俾弘激勸,禮無避於金革,理當申於權奪,戎章憲府,式示兼擧。可起復雲麾將軍、守左金吾衛大將軍員外置同正員、檢校太子詹事兼御史中丞,仍委淮南節度使與要職事任使。"重政,泗州刺史伾之子。伾在州十餘年,拜金吾,詔未至,病卒。軍令欲令重政代爲將,重政與其母徐氏拒不從,獲免,故寵之。(《宋本册府》卷一三九,第187頁下)

而此五條,皆以"順宗以貞元二十一年正月即位"起首,時間詳細至月日,引録形式與表中多條一致,雖《舊紀》、今本《順録》不載其事,但出於詳《録》的可能性極大。

二、今本《順宗實録》性質再審視

上文所輯録的詳《録》文字雖然只是其中的一小部分,但已經大大超過此前已知詳《錄》文字的總量，爲我們重新理解今本《順錄》提供了新的材料與視角。

從以上二十二條較可靠的詳《錄》文字和五條疑似内容來看，其溢出今本者大抵可概括爲如下幾類：

第一類是今本中完全不見的内容：如第4條李師古襲滑州；第5條釋放從吐蕃逃回的嚴懷志、吕温；第14條放免百姓所欠租賦；第16條王叔文母死前一日事；第17條吐蕃獻朝貢事；第19條程懷信卒，以其子爲横海軍節度使事。疑似的五條都可歸於此類。這些内容除王叔文母死前一日事與當日朝局密切相關外，其他多爲地方事件和外國朝貢。

第二類是今本載録其事，而詳《錄》内容更爲豐富者：如第1條，順宗在奉天城中的具體表現，對德宗魚藻宫遊樂和宫市的勸諫；第2條，順宗即位後軍士的態度；第8條以新羅王金重熙爲寧海軍史，封其母、妃；第9條册皇太子後吏民反應；第10條祭五嶽四瀆；第11條封皇太子二子以下五人郡王；第18條賜陸贄、陽城家喪葬錢。

第三類即長篇的詔敕、表奏原文，今本中有的僅存零星内容，如第6條順宗即位赦文，原文約一千五百字，而今本《順録》所引僅一百餘字；第20條皇太子監國制，詳《錄》引一百五十字左右，而今本僅存三十多字。有的則僅述事迹而不録詔敕牋表原文，如第15條韋皋請皇太子監國表及上皇太子牋全文達七八百字，今本僅叙其事梗概而無表牋一字。又如第3條、第21條，相韋執誼、杜黄裳、袁滋，罷鄭珣瑜、高郢，而今本皆不録其拜相罷相制；第22條王伾、王叔文被貶亦不録其貶官制。

詳《錄》多出的内容皆爲今本所删去，這樣的大幅删減甚至導致了今本前後文内容的不相照應。今本七月戊寅載"自叔文歸第，(王)伾日詣中人并杜佑，請起叔文爲相，且總北軍"，[1]而前文並無叔

---

[1] 《順宗實録》卷四，祝本外集第九卷，第6頁。

文歸第事,亦不載其所遭變故,"起"字無有着落。而詳《錄》則有王叔文母去世的内容,所謂歸第,所謂起復纔有着落。

删減之外,今本還對原文進行了改寫,而往往致誤。如第 7 條中,將"月進錢"改爲"進獻"。按《通鑑》卷二三六亦作"月進錢",詳《錄》下文所述皆在解釋何謂"月進",故今本作"進獻",並不妥帖。又第 13 條,今本記王叔文爲户部侍郎"職如故",考今本三月丙戌詔記王叔文前職爲"度支鹽鐵副使,依前翰林學士",①若云"如故"則依舊帶翰林學士,下文所謂"叔文見制書大驚"則無從説起。而詳《錄》記其職爲"度支及諸道鹽鐵轉運等副使",無翰林學士,知已落學士,故有叔文大驚之語。又今本五月乙酉"以尚書左丞韓皋鄂岳觀察、武昌軍節度使",②《舊紀》記其事作"以右丞韓皋爲鄂岳沔蘄都團練觀察使"。③ 據《舊紀》,韓皋前已爲尚書右丞,此時左丞爲鄭餘慶,④今本"左丞"誤。"左""右"互訛,古書習見,這或許還可以歸因於抄刻過程中偶然致誤,但"鄂州特置武昌軍額"乃敬宗寶曆元年(825)事,⑤順宗時尚無"武昌軍節度使"。

這些差異顯然需要我們來進行解釋。此前的學者都將詳略本之間的差異歸結爲文宗時代路隋的改修,認爲略本,也就是今本,是路隋删略韓愈原本,也就是詳本的結果。那麽,我們先來看看《順錄》本身的撰修史。韓愈《進順宗皇帝實錄表狀》云:

> 去八年十一月,臣在史職。監修李吉甫授臣以前史官韋處厚所撰《先帝實錄》三卷,云未周悉,令臣重修。臣與修撰左拾遺沈傳師、直館京兆府咸陽縣尉宇文籍等共加采訪,並尋檢詔敕,修成《順宗皇帝實錄》五卷。削去常事,著其繫於政者。比之舊

---

① 《順宗實錄》卷二,祝本外集第七卷,第 3 頁。
② 《順宗實錄》卷三,祝本外集第八卷,第 3 頁。
③ 《舊唐書》卷一四《順宗紀》,第 408 頁。
④ 《舊唐書》卷一四《順宗紀》,第 407 頁。
⑤ 《舊唐書》卷一七上《敬宗紀》,第 513 頁。

《録》,十益六七。忠良奸佞,莫不備書。苟關於時,無所不録。吉甫慎重其事,欲更研討,比及身殁,尚未加功。臣於吉甫宅取得舊本,自冬及夏,刊正方畢。①

此表上於元和十年(815),數日之後,韓愈在憲宗的指示下又增入順宗"奉天功業",並"載於首卷",②至此韓本實録即告完成,可知《順録》原即在韋處厚三卷本實録的基礎上增修而成,是先有韋本實録而後方有韓愈增修。

韓愈《順録》修成後,據稱引起了宦官的不滿,因此,在文宗大和二年(828)遂有改修之議:

大和二年,處厚薨,(路)隨代爲相,拜中書侍郎,加監修國史。初,韓愈撰《順宗實録》,説禁中事頗切直,内官惡之,往往於上前言其不實,累朝有詔改修。及隨進《憲宗實録》後,文宗復令改正永貞時事,隨奏曰:臣昨面奉聖旨,以《順宗實録》頗非詳實,委臣等重加刊正,畢日聞奏。臣自奉宣命,取史本欲加筆削。近見衛尉卿周居巢、諫議大夫王彦威、給事中李固言、史官蘇景胤等各上章疏,具陳刊改非甚便宜。……聖旨以前件實録記貞元末數事,稍非攄實,蓋出傳聞,審知差舛,便令刊正。頃因坐日,屢形聖言,通計前後,至于數四。……臣等伏以貞觀已來,累朝實録有經重撰,不敢固辭,但欲粗删深誤,亦固盡存諸説。(李)宗閔、(牛)僧孺相與商量,緣此書成於韓愈,今史官李漢、蔣係皆愈之子壻,若遣參撰,或致私嫌。以臣既職監修,盡令詳正,及經奏請,事遂施行。……且韓愈所書,亦非己出,元和之後,已是相循。……其實録伏望條示舊記最錯誤者,宣付史官,

---

① 韓愈《進順宗皇帝實録表狀》,祝本卷三八,第2頁。
② 韓愈《進順宗皇帝實録表狀》,祝本卷三八,第2頁。

《順宗實録》詳本再審視　91

委之修定。①

這便是所謂路隋改本的由來。由此可見,《順録》的改修最初是文宗個人的意見,而宰相路隋及諸多官員並不贊成,直到文宗"屢形聖言","至于數四",路隋方纔勉强奉詔,但提出要文宗"條示舊記最錯誤者",讓史官照章修訂。這番君臣博弈的結果是文宗下詔:"其實録中所書德宗、順宗朝禁中事,尋訪根柢,蓋起謬傳,諒非信史,宜令史官詳正刊去,其他不要更修。餘依所奏。"②因此,從文宗方面而言,他將韓本《實録》的修改範圍縮小到德、順之際禁中秘事,而操作修訂的史官,無論是韓愈子壻李漢、蔣係,還是上章表示改修非宜的蘇景胤,甚至是監修國史的路隋,從主客觀上都不會去擴大文宗已經劃定的刊改範圍。

另一方面,文宗雖然有詔改修,但最終是否真的完成?《舊唐書·韓愈傳》有這樣一段話:

時謂愈有史筆,及撰《順宗實録》,繁簡不當,敘事拙於取捨,頗爲當代所非。穆宗、文宗嘗詔史臣添改,時愈壻李漢、蔣係在顯位,諸公難之。而韋處厚竟別撰《順宗實録》三卷。③

韋處厚已於大和二年去世,其所撰三卷本實録實際上是韓愈《順録》的藍本,《舊唐書》關於韋氏實録的表述是錯誤的,但是却透露出所謂路隋改本可能並没有完成。

反過來説,如果路隋改本真的完成並流傳的話,韓愈的原本應該已經湮没不傳。因爲,作爲國史的實録,在成書"撰進"後由

---

① 《舊唐書》卷一五九《路隨傳》,第 4192—4193 頁。
② 《舊唐書》卷一五九《路隨傳》,第 4193 頁。
③ 《舊唐書》卷一六〇《韓愈傳》,第 4204 頁。

朝廷"宣下",①本身便是官方詮釋歷史事件、塑造歷史記憶的重要手段,一旦一部實録需要改修,便意味着它不再符合官方的立場,當新本完成,舊本便完成了它的歷史使命,不宜再在社會上流傳了。我們可以看一下《憲宗實録》的反復改修:

> 會昌元年四月敕:"《憲宗實録》宜令史館再修撰進入,其先撰成本不得注破,并與新撰本同進來者。"至三年十月,宰臣兼監修國史李紳與修史官鄭亞等修畢進上,賜銀器錦綵有差。至大中二年十一月又降敕曰:"《憲宗實録》宜施行舊本,其新本委天下諸州府察訪,如有寫得者,並送館,不得隱藏。"②

會昌重修《憲宗實録》是由於書中記録了李德裕父親李吉甫的"不善之迹",③李德裕失勢以後,其父之行無需避諱,宣宗遂下旨復行舊本,同時新本則不再允許民間收藏。從今天《舊唐書》和《册府元龜》中還存在着不少詆毁李吉甫之詞來看,似乎五代宋初流行的的確是宣宗認可的舊本《憲宗實録》,不再流通的新本在唐末大亂中消亡是大概率事件。

而同時,新本一旦重作,顯然題署的是新的監修者和作者,正如韋處厚所作的三卷本實録在韓愈改訂後自然不再保留韋氏署名權,而會昌年間由李紳監修,鄭亞重修的《憲宗實録》,④如果行世並著録於後世目録的話,也不會保存舊本監修者路隋和撰修者沈傳師等人

---

① 《唐會要》卷六三:"貞元元年九月,監修國史宰臣韋執誼奏:'……自今已後,伏望令修撰官,各撰日曆,凡至月終,即於館中都會,詳定是非,使置姓名,同共封鎖。除已成實録撰進宣下者,其餘見修日曆,並不得私家置本,仍請永爲常式。'從之。"第1294—1295頁。
② 《唐會要》卷六三,第1295頁。
③ 《舊唐書》卷一八上《武宗紀》,第589頁。
④ 《舊唐書》卷一八上《武宗紀》:"(會昌三年)十月,宰相監修國史李紳、兵部郎中史館修撰判館事鄭亞進重修《憲宗實録》四十卷,頒賜有差。"第598頁。

的名字。① 然而,司馬光所見到的《順錄》却仍題韓愈撰,他在《考異》中對詳本、略本的記載構成了這兩個版本最早也是最權威的表達:

> 景祐中,詔編次《崇文總目》,《順宗實錄》有七本,皆五卷,題曰"韓愈等撰"。五本略而二本詳,編次者兩存之。其中多異同,今以詳、略爲別。此李師古脇滑州事,詳本有而略本無。②

無論是詳本還是略本,其作者歸屬並無問題,這顯然不應當是路隋的改本。《新唐書·藝文志》亦未曾在李吉甫監修,韓愈等撰修的《順錄》外著錄其他《順錄》,③這也同樣讓人懷疑路隋的改修是否最終完成。因爲,如果路隋改本的確完成,則韓愈所作原本便在理論上失去了合法性,不應再流通外間,其結局也應與新本《憲宗實錄》一樣歸於消亡。

而今天的學者將今本認作路隋改本,只是因爲這是韓愈完成《順錄》以後唯一一次有記錄的删改,諸多對於被删文字政治意義的討論由此展開。然而,從上面輯錄的詳《錄》文字來看,被删去最多的是詔令奏議原文,特別是順宗即位大赦,今本所存僅爲原文的十分之一,僅涉及赦罪和薦舉的條款,甚至連《舊紀》所錄,更爲重要的除税都告闕如。事實上,即位大赦文涉及一朝政策的方方面面,④是最爲重要的王言之一,實錄作爲最重要的國史,僅僅載錄一兩則條款而遺落其他大部分內容似乎難以想象,⑤也與文宗改訂實錄的初衷全不相干。

---

① 《新唐書》卷五八《藝文志》二:"《憲宗實錄》四十卷,沈傳師、鄭澣、宇文籍、蔣係、李漢、陳夷行、蘇景胤撰,杜元穎、韋處厚、路隋監修。"第1472頁。
② 《資治通鑑》卷二三六《考異》,第7608頁。
③ 《新唐書》卷五八《藝文志》二,第1472頁。
④ 參陳俊强《皇權的另一面——北朝隋唐恩赦制度研究》,北京大學出版社,2007年,第234頁。
⑤ 我們可以取《明實錄》作爲對比,《明太宗實錄》卷一〇上即全文載錄了洪武三十五年(1402)七月大赦全文,中研院歷史語言研究所影印國立北平圖書館紅格抄本,第143頁。

因此,張國光懷疑今本非韓愈所作的一大理由即是,文宗朝的刊改並沒有大幅删節原文的理由和必要,故而,今本並非是路隨改訂後的新本。① 雖然筆者並不同意他將《順錄》著作權判予韋處厚,但仍需承認他對今本非路隨本的認識極具啓發意義。結合唐代實錄的署名與流通規律以及北宋人所見實錄,無論詳略,皆題韓愈撰這一事實,我們或許可以大膽地認爲,所謂路隨改本最終並未完成,唐宋之際所流行的仍舊是韓愈等所撰五卷本《順錄》。

那麽今本,也就是略本於詳本的差異究竟是怎麽造成的呢? 從上文所輯錄的不完全的詳《錄》文字來看,至少有六條内容不見於今本,如果再加上五條疑似内容,則有百分之四十的内容今本不載。這個比例,再加上見諸《舊紀》而無其他材料可供復原,但基本可以考慮承襲自詳《錄》者,那麽,至少有百分之五十以上的事件是詳《錄》原有而今本却告闕如的。此前學者基於今本是路隨改本這一預設前提出發,從政治角度去解釋詳《錄》之所以被删削的原因,結果都難以解釋删去李師古寇滑州和程懷信去世等事件,②而從上文我們新復原的文字來看,無論是關乎國計民生的放免租税,還是瑣屑如吐蕃來朝、立新羅王母妃,其被删略並無規律可循。在這種情況下,我們或許可以做一個略爲大膽的推測:今本《順錄》乃韓愈原本在傳抄過程中形成的節略本,而非官方刻意删略的結果。這一點並没有直接的證據,但如果我們回到當時的歷史場景中去,却不得不承認的確存在着這樣的可能性,其理由大致有四:

首先,從篇幅字數來看,今本亦不似足本。源出於最初收入《順錄》的蘇溥刻本的南宋蜀刻本今尚存(收入《中華再造善本·唐宋編》),此本半頁十二行,行二十一字,《順錄》五卷統共二十五頁,字

---

① 張國光《韓愈〈順宗實錄〉重輯本序言——兼評當代史學家對〈順宗實錄〉問題的誤解》下。
② 劉真倫文認爲劉悟助平李師道,而大和時劉悟子劉從諫欲效河朔三鎮故事,自立爲留後,朝廷惡之而刻意删去李師道前任李師古事(第649—650頁),此説過於曲折,實際反映出文宗朝改訂並無删去此事之必要。

數不足一萬二,而正集卷一即達十六頁,計八千多字,則五卷《實錄》僅當其正集一卷半。如與同類史書相比,歐陽脩《新五代史》每卷篇幅在史書中極小,然以百衲本(元覆南宋慶元本)計,每半頁十行,行十八字,卷一共十二頁,字數也在四千左右。因此,今本《順錄》以字數計,絕不滿古書五卷篇幅,可能的解釋便是節抄者保留了原書五卷的架構,而在每一卷中都刪削了大量文字。

其次,從上文所列今本中的史實錯誤,很難想象這些改動會出自唐代史官手筆。刪略王叔文母親去世一事更是直接造成了全文前後失於照應,由此可見從事者之輕忽滅裂。

再次,寫本時代,書籍傳抄不易。事實上,即使在雕版印刷已經普及的宋代,這類篇幅較大的史書要全本流傳也並非易事,因此節抄本往往與全本相伴而行。如《直齋書錄解題》即在收入《續資治通鑑長編》的同時,收錄了《續通鑑長編舉要》六十八卷,①另有《續資治通鑑長編撮要》一百零八卷宋刻本流傳至今。② 又如《靖康要錄》,《四庫全書總目》即謂此書係"好事者"據《欽宗實錄》"撮其大綱以成"。③ 現在尚存的《十七史詳節》《諸史提要》《眉山新編十七史策要》都屬於這一類史書的節錄本。而在書籍流通更爲困難的寫本時代,史書被節錄傳抄的情況當然更爲普遍,我們可以在《新唐書·藝文志》中看到《史記鈔》《漢書鈔》《後漢書鈔》《後漢要略》《晉書鈔》等顯然是節錄本的書名,也可以在敦煌吐魯番文書中看到《漢書》之《項羽傳》《西域傳》《天文志》的殘片,④甚至,著名的日藏寫本《兩京

---

① 《直齋書錄解題》卷四,第119頁。
② 《續資治通鑑長編撮要》一百零八卷宋刻本藏遼寧省圖書館,《中華再造善本》(北京圖書館,2006年)據之影印。
③ 《四庫全書總目》卷四七,第427頁。宋代史書之節抄情況承苗潤博先生告知並賜相關材料,特此申謝。
④ 參余欣《寫本時代知識社會史研究——以出土文獻所見〈漢書〉之傳播與影響爲例》,《唐研究》第13卷,北京大學出版社,2007年,第463—502頁。

新記》卷三也是這類各取所需的"要抄本"。① 具體到唐實錄,唐末有孫玉汝作《唐列聖實錄目》五十卷,雖然《崇文總目》列之於目錄類,②《史略》稱其爲"史目",③但《通志》"書有名亡實不亡論"篇曰:"孫玉汝《唐列聖實錄》雖亡,可取諸《唐實錄》。"④則此書或許可以視爲唐實錄的一個極簡略的節抄本。同樣,記載了唐獻祖至唐末的編年體史書《唐錄政要》也可以視作唐實錄的節略本。而《順錄》藉韓愈大名,在晚唐至宋初被大量傳抄,並出現了節抄本,是完全可能的。

最後,附錄於《韓愈文集》的《順錄》與司馬光所見略本或有着共同的來源。《順錄》首次作爲集外文收入到韓愈文集中是嘉祐六年(1061)蘇溥在蜀地所編的韓集。⑤ 蘇溥跋語稱:

> 時從兄浹……語及古學,且謂曰:"……予近獲河東先生所修正本,雖甚惜之,於子無所隱。"……從兄改秘書丞倅南隆,復以故龍圖燁所增修本爲示……又得嘉州李推官詡傳歐、尹二本,重加校勘……其所增修字數及加音切具諸目錄。後《集外》《順宗實錄》爲十卷,仍以河東先生《後序》附於末。⑥

然則,蘇溥此次整理韓集,除底本柳開本外,其餘校本都得自蜀中,蘇溥所附錄的《順錄》,亦即今本《實錄》,應亦出川內。在遠離政治文化中心的蜀中,相對於完本,節錄本或許更爲流行。而後唐明宗時曾派都官郎中庾傳美入川搜訪圖籍,求得"九朝實錄",⑦原本流行於川內的《順錄》節錄本(即今日所見本)可能因此隨着五代的求書

---

① "要抄本"概念可參看余欣、陳昊《吐魯番洋海出土高昌早期寫本易雜占文書考釋》,《敦煌吐魯番研究》第10卷,上海古籍出版社,2007年,第57—84頁。
② 《崇文總目》卷四,《文淵閣四庫全書》本,第674冊,第55頁上。
③ 《史略》卷四,遼寧教育出版社,1998年,第64頁。
④ 《通志·校讎略》一,《通志二十略》,中華書局,1995年,第1807頁。
⑤ 劉真倫《韓愈集宋元傳本研究》,第49頁。
⑥ 《韓愈全集校注》附錄,四川大學出版社,1996年,第3080頁。
⑦ 《舊五代史》卷三七《唐明宗紀》三,第510頁。

活動進入了五代的官方藏書之中，並因此爲北宋秘閣所繼承，至司馬光時代以"略本"面目爲其所記錄。

結論與餘論

在電子檢索已經普及的今日，輯佚學似乎已經成爲明日黃花，畢竟電腦數秒之內所得到的佚文可能超過清代輯佚學家一輩子的積累。如果仍舊延續此前撿拾碎片式的傳統，輯佚學或許只剩下比拼檢索詞的豐富度和剔除無效佚文的精確度了，這樣的學問，意義終究已經有限。但是，如果我們換一種思路，或許會發現這一古老的技藝仍可延續其生命力。其實，鄭樵在《通志・校讎略》中早已指出"書有名亡實不亡"，古書或大規模承襲之前同類著作，或爲後世所承襲，鄭樵所舉的例子無不說明了這一點。本文對詳本《順錄》的輯佚便是遵循了這樣的思路，即以據詳本刪略而成的《舊唐書・順宗紀》和今本《順錄》爲綱，結合《通鑑考異》所引詳《錄》佚文，參酌實錄本身編年的體例，從《册府元龜》《唐會要》等文獻中"打撈"更多的詳《錄》文字。而這些此前未曾被注意到的佚文展現出的詳略二本的差異，讓我們不得不重新思考詳略二本的成因。雖然，今本是詳本的節略本這一觀點，只是一個沒有直接材料可以證明的推論，但筆者仍舊認爲，它或許更能夠解釋詳《錄》中何以會有那麼多無關緊要的文字被今本所刪略——畢竟非官方的節抄比政治性的刊改要隨意得多。

如果我們把對詳《錄》的輯佚方法稍作推廣，整體"打撈"唐代的其他實錄也並非遥不可及。雖然，其他唐實錄沒有像今本《順錄》那樣相對較完整的文本，但保存下來的佚文量也不在少數，除我們熟知的《通鑑考異》之外，晏殊《類要》中所保存的近萬字的唐實錄以及其他類書中的佚文都是我們從《册府元龜》等文獻中比定唐實錄的重要綫索。事實上，此前學者對於詳《錄》的輯佚即采用了這種方法。

但相對於唐實錄本身龐大的篇幅，即使將《類要》中近萬字的佚文,分散到每一種,佚文的條目仍舊可能只有個位數,但是,如果我們將眼光放寬到《舊唐書》本紀,情況則會完全不同。衆所周知,《舊唐書》文宗及以前的本紀基本據實錄删削而來,如果我們把《舊紀》視作唐實錄大綱的話,很容易據此將《册府》等文獻中的實錄識别出來。當然,我們無法確知五代史臣是否還參酌了其他材料,這種方法無疑會存在風險,但如若充分參酌其他文獻,謹慎使用的話,或許可以對唐實錄進行大規模的"打撈",而更多實錄文字的"浮出水面"無疑讓我們有機會刷新對實錄本身乃至其各種"衍生品"的認識。

(原刊《唐研究》第二十五卷)

附記:

上文收入本書時有較大改動,主要修正了原文中今本爲路隋改本,而韓愈原本已消亡這一觀點,進而認爲今本係韓愈原本之節略本,而路隋改本可能從未真正完成。具體考證讀者可參酌正文。

唐職員令復原與研究
——以北宋前期文獻中新見佚文爲中心

一、唐職員令復原再審視

唐代以律、令、格、式構成完整的法律體系,而"設範立制"的令是關於國家體制和基本制度的規定,①在四者之中具有綱領作用,是唐代制度最直接、最原始的記録,也對後世及日本的律令法典有着深刻的影響。因此,雖然唐代各個時期所編撰的令文在宋元時代漸次散佚,②但現代意義上的唐令研究起步甚早,成果也最爲令人矚目。日本學者從20世紀初便致力於唐令的研究與復原,30年代出版的《唐令拾遺》③90年代出版的《唐令拾遺補》,④集中體現了日本學者對唐令的研究成果。其後,中村裕一《唐令逸文の研究》在二書的基礎上續有增補。⑤至此,日本學者復原唐令三十三篇,大致恢復了唐令的整體結構和半數以上的唐令條文。

1998年,戴建國在寧波天一閣發現明鈔《天聖令》殘本,爲唐令研究提供了極其重要的新材料。修訂於北宋仁宗天聖七年(1029)的

---

① 《唐六典》卷六《尚書刑部》,中華書局,1992年,第185頁。
② 參黃正建《天一閣藏〈天聖令〉的發現與整理研究》,《唐研究》第12卷,北京大學出版社,2006年,第1頁。
③ 仁井田陞著,栗勁等譯《唐令拾遺》,長春出版社,1989年。
④ 仁井田陞《唐令拾遺補》,東京大學出版會,1997年。
⑤ 中村裕一《唐令逸文の研究》,汲古書院,2005年。

《天聖令》以唐令爲藍本,①同時在每篇篇末附録當時已不行用的唐令原文,爲唐令的整體復原提供了迄今最爲完整而可靠的材料。②該鈔本原爲四册,現存最後一册,存《田令》至《雜令》十二篇。2006年出版的《天一閣藏明鈔本〈天聖令〉校證》,即據此復原了十二篇開元二十五年令。

在整個唐令系統中,規定唐代内外官員員數和執掌的《職員令》有着舉足輕重的地位。《唐六典》所載二十七篇令文之中,《職員令》占了第二至第七的六卷篇幅,③分别爲《三師三公臺省職員》《寺監職員》《衛府職員》《東宫王府職員》《州縣鎮戍嶽瀆關津職員》《内外命婦職員》。因爲,唐格與唐式亦"以尚書省諸曹爲之目"(式益以秘書省,太常、司農、光禄、太僕、太府諸寺,少府監,監門、宿衛各篇),④故可以認爲《職員令》係唐代除律以外的整個法律體系的綱領。

由於《天聖令》殘鈔本中的《職員令》部分已佚失,故而《天一閣藏明鈔本〈天聖令〉校證》所復原的唐令並未包括這部分内容,而隨後一系列對唐令的討論也並未涉及於此。⑤因此,唐職員令的復原成果仍主要集中於日本學者的研究之中,而其依據的最重要也是最完整的材料是敦煌所出鈐有"凉州都督府"官印的《永徽令》卷六《東宫諸府職員》殘卷。該殘卷斷裂爲數片,分别藏於法國與英國,編號爲 P. 4634、4634C1、4634C2,S. 1880、3375、11446。⑥這一文本自發現以來,一直是中日學者討論的熱點。由於當時著者並未見到所有殘

---

① 學界一般認爲《天聖令》所附唐令爲開元二十五年令,但黄正建《〈天聖令〉附〈唐令〉是開元二十五年令嗎》(《中國史研究》2007年第4期)一文,指出其在部分細節上反映了唐代後期的制度,可能是唐後期修改過的一部唐令。
② 參宋家鈺《明鈔本北宋〈天聖令〉(附唐開元令)的重要學術價值》,收入《天一閣藏明鈔本〈天聖令〉校證(附唐令復原研究)》,中華書局,2006年,第7—13頁。
③ 《唐六典》卷六《尚書刑部》,第183—184頁。
④ 《唐六典》卷六《尚書刑部》注,第185頁。
⑤ 參黄正建《天一閣藏〈天聖令〉的發現與整理研究》,《唐研究》第12卷,第1—220頁。
⑥ 參劉俊文《敦煌吐魯番唐代法制文書考釋》,中華書局,1989年,第180頁。

卷,《唐令拾遺》僅據 S.1880 復原了原卷二百一十五行文字中的二十八行,①也没有確定該殘卷的確切年份。《唐令拾遺補》吸收了其後大量研究成果,完整地呈現了原卷面貌,使《永徽東宮諸府職員令》的大部分内容得以重現。此外,《唐令拾遺》又據中日傳世文獻中所保存的唐職員令佚文復原得《三師三公臺省職員令》七條、《寺監職員令》三條、《衛府職員令》二條、《州縣鎮戍嶽瀆關津職員令》二條、《内外命婦職員令》二條,《唐令拾遺補》則吸收了中村裕一等對《職員令》的研究成果,據萬曆本《記纂淵海》等文獻增補了開元二十五年(737)《職員令》七條。中村裕一在《唐令逸文の研究》中再一次對傳世文獻中所保存的職員令佚文與《通典·職官典》《唐六典》等唐代職官書作了細密的比對,又增補了一條佚文,同時認爲《通典·職官典》的官員執掌部分是職員令佚文的寶庫。②

綜觀日本學者復原《職員令》的方法,往往將一般認爲來源於開元七年(719)及二十五年令的《唐六典》與《通典·職官典》作爲直接的引據資料,通過唐令佚文與《通典》及《唐六典》的比對,來整體恢復令文的内容與年代。③ 由於《通典·職官典》與職員令佚文的高度一致,日本學者甚至認爲可以據《通典》復原大部分的開元二十五年職員令。④

但是仔細分析這一方法,似乎值得商榷。首先,《唐六典》所載的官員執掌並非即是開元七年令原文。李錦繡通過《唐六典》與開元二十五年《倉庫令》的比讀,發現《唐六典》中"金部郎中員外郎"、"倉部

---

① 仁井田陞著,栗勁等譯《唐令拾遺》,第 49—54 頁,原卷行數參劉俊文《敦煌吐魯番唐代法制文書考釋》,第 180—197 頁。
② 參中村裕一《唐令逸文の研究》,第 27 頁。
③ 仁井田陞在《唐令拾遺·序論》中把《唐六典》與《通典》列入選用的資料,並認爲《唐六典》"可能是以開元七年(又云四年)令作爲基準"(第 853 頁),而《通典》"很多地方依據撰成時施行的開元二十五年令"(第 858 頁)。仁井田陞雖然也注意到《唐六典》中可能包含其他年度的令文(第 853 頁),但在職員令的復原中,仍將與《唐六典》或《通典》相合的條文處理爲開元七年與開元二十五年令(如第 27 頁"尚書都省"條,第 32 頁"吏部"條等)。
④ 參中村裕一《唐令逸文の研究》,第 27 頁。

員外郎"執掌雖然來源於《職員令》,但並非照錄原文。① 至於《通典》,雖然一般認爲《職官典》的官員執掌部分可能完整抄録了開元二十五年《職員令》原文,②但實際仍摻雜有開元以後制度,如卷二三注文載司封郎中掌道士、女冠,③即已是天寶至元和間的制度。④ 雖然尚無法坐實《通典·職官典》究竟摻入了多少後代制度,但以此爲基準復原開元二十五年令尤須謹慎。

其次,高宗龍朔二年(662)、儀鳳二年(677)兩次定格令的起因皆是由於官名的變化,其方式是"唯改曹局之名,而不易篇第",⑤故各年度令文雖及時地體現了此前的制度變化,但總體仍保持了文字的相對穩定,這一點在《天聖令》對唐令的修訂中也同樣得到體現。⑥因此,唐代不同年份令文之間文字的差異並不很大,故並不能根據佚文與《唐六典》或《通典》在文字上的相似即判斷爲某年度令。實際上,即使是日本學者認爲很可能即是唐職員令原文的《通典·職官典》,與其他文獻中所存佚文仍有不一致的地方,而某些細微但却關鍵的差別恰恰體現了不同時期唐代制度的變化。僅僅注意到二者的相似之處,不免會造成令文年代的誤判。例如《太平御覽》卷二一六所引有關司封郎中執掌的《職員令》佚文,較《通典》所載執掌多"國官、邑官告身并選流外、〔視〕(親)品"一句,⑦實際上反映的是太極以前制度,⑧而《唐令拾遺》雖然引據《太平御覽》此條,却根據《通

---

① 參李錦繡《唐開元二十五年〈倉庫令〉研究》,《唐研究》第 12 卷,第 11—18 頁。
② 參中村裕一《唐令逸文の研究》,第 27 頁。
③ 《通典》卷二三《職官五》"司封郎中一人"注,中華書局,1988 年,第 634 頁。
④ 《唐會要》卷四九《僧尼所隸》:"延載元年五月十一日敕:'天下僧尼隸祠部,不須屬司賓。'……至(開元)二十五年七月七日制:'道士女冠宜隸宗正寺,僧尼令祠部檢校。'至天寶二載三月十三日制:'僧尼隸祠部,道士宜令司封檢校,不須隸宗正寺。'元和二年二月,詔僧尼道士同隸在街右街功德使,自是,祠部、司封不復關奏。"(第 1006—1007 頁)故司封掌道士、女冠僅在天寶二載以後,元和二年以前。
⑤ 《唐會要》卷三九《定格令》,第 820 頁。
⑥ 參《天一閣藏明鈔本〈天聖令〉校證(附唐令復原研究)》,第 437—753 頁。
⑦ 《太平御覽》卷二一六,中華書局,1960 年,第 1031 頁下。
⑧ 參李錦繡《唐代視品官制初探》,《中國史研究》1998 年第 3 期,第 68—81 頁。

典》復原爲開元二十五年令就值得推敲。① 又如《唐令拾遺》作爲復原開元七年及二十五年令中"左右司郎中"條引據資料的《太平御覽》卷二一三所引《職員令》,②此條載左右司郎中執掌有"知臺内宿直"一句,③《通典》卷二二作"省内"。實際上,龍朔元年、二年及武后光宅元年(684),尚書省改稱"中臺"及"文昌臺"以後,"省内"即被稱爲"臺内"。而龍朔二年以後,"左右司郎中"改稱"左右承務",直至咸亨元年(670)復舊。故此條文字兼有"左右司郎中"及"臺内",實際上反映的是武后時期制度,應復原爲《垂拱令》,而不應與《通典》一同作爲開元七年及二十五年令文的引據資料。同樣的情況也存在於中村裕一對《記纂淵海》中六條唐職員令的復原之中。④

造成這一情況的原因,除了此前對於唐職員令的研究較多關注被認爲系統保存於傳世文獻中的唐開元七年與二十五年令文之外,還與職員令佚文本身留存過少有關。考《唐令拾遺》據以復原職員令的材料,除了敦煌本《東宮諸府職員》以外,真正標明爲"唐令"的僅僅六條,加上中村裕一從萬曆本《記纂淵海》《古今事文類聚》《古今合璧事類備要》《職官分紀》《總事始》中增補的九條,相對完整的職員令遺文不過十五條,而這些遺文中雖然也透露出唐代各個時期制度變遷的些微訊息(如上引《太平御覽》條),但有限的數量或許也是限制它們被進一步認識的重要原因。

二、《類要》中的唐職員令

由於傳世文獻所提供的職員令佚文過於稀少而不成系統,此前

---

① 仁井田陞著,栗勁等譯《唐令拾遺》,第32頁。
② 仁井田陞著,栗勁等譯《唐令拾遺》,第28頁。
③ 《太平御覽》卷二一三,第1019頁上。
④ 參拙作《〈《記纂淵海》所引的《唐職員令》逸文〉補證——兼述晏殊〈類要〉所見〈唐職員令〉》,《中國典籍與文化》2005年第4期,第26—27頁。

對於職員令的認識或有所偏差,因此,新材料的發現無疑對唐令的復原有着極其重要的意義。筆者往年從事北宋名臣晏殊所編類書《類要》的研究,發現其中保存了大量唐職員令佚文,絶大部分前人未曾注意。這批材料的發現無疑爲唐令的復原提供了更爲直接的依據。

《類要》原書七十四篇,①七十六卷,②是晏殊平素讀書心得之總匯,③直至晏公去世,其書仍未最後定稿。南宋初年,其四世孫晏袤將《類要》增補爲一百卷,國内現存的三個殘抄本,皆屬於這一系統。三本分别藏於西安文物管理委員會、北京大學與中國社科院文學研究所(以下分别簡稱"陝本""北大本""社科院本")。陝本和社科院本存三十七卷。北大本存十六卷,内容包含在三十七卷本之中。曾鞏《類要序》稱其書"於六藝、太史、百家之言,騷人墨客之文章,至於地志、族譜、佛老、方伎之衆説,旁及九州之外,蠻夷荒忽詭變奇迹之序録,皆披尋紬繹,而於三才萬物、變化情僞、是非興壞之理,顯隱細鉅之委曲,莫不究盡"。④ 揆之今存三十七卷殘本,其引録文獻達七百種以上,已佚文獻占百分之八十左右,内容涉及宋初以前四部圖書,可證曾鞏所言不虚。而其引書大約有三分之一注明卷數,尤以唐代文獻爲多,應是自原書録出,故其價值遠非後世輾轉抄襲的類書可比。

《類要》中標明出於《職員令》的多達二十七條,皆爲中書、門下、尚書及御史臺、殿中省官員職掌,一般采用"掌……之事"的格式,與《通典·職官典》相關條目文字極爲近似,可以確認爲唐令。另有十

---

① 陳杏珍、晁繼周點校《曾鞏集》卷一三《類要序》,中華書局,1984年,第210頁。
② 此從《直齋書録解題》卷一四《類書類》所載(第426頁),《中興書目》載77卷(見《合璧本玉海》卷五四,中文出版社,1977年,第1082頁),多出的一篇或爲目録。又《郡齋讀書志》卷一四《類書類》(孫猛《郡齋讀書志校證》,第663頁)載65卷,應非全本。上述考證,參陳尚君《晏殊〈類要〉研究》,收入《陳尚君自選集》,第301頁。
③ 葉夢得《石林避暑録話》卷二:"晏元憲平居書簡及公家文牒未嘗棄一紙,皆積以傳書,雖封皮亦十百爲遷,暇時手自持熨斗,貯火於旁,炙香匙親熨之,以鐵界尺鎮案上,每讀得一故事,則書以一封皮,後批門類,按書吏傳録,蓋今《類要》也。"(上海書店,1990年,第9頁右欄)
④ 《曾鞏集》卷一三,第210頁。

九條未標出處，但格式與上述二十七條基本一致，文字也可與《通典》相對應，因此，可以肯定這十九條也是唐職員令佚文。由此《類要》中所保存的唐職員令佚文達到四十六條，遠遠超過此前所知的佚文總數。

同時，比照《唐六典》所載開元七年令之篇目，《類要》所引職員令文字分別屬於《三師三公臺省職員》與《寺監職員》，其中六部尚書及二十四司郎中執掌基本完整，爲整體復原這一部分唐令提供了直接材料。

另外，比對《通典·職官典》，可以發現，這部分佚文，除"中書令"與"侍中"二條外，其他基本未經刪略，仍舊保留了唐令中獨有的一些語彙。以萬曆本《記纂淵海》所引五條職員令爲例，這五條佚文同樣見於《類要》，其中"工部郎中"與"刑部尚書"二條與《類要》引文基本一致，但"兵部郎中""司門郎中""殿中侍御史"三條則省略了"親事""帳内""過所""非違"等極爲重要的文字。考慮到萬曆本《記纂淵海》引録了《類要》不少内容，這五條《職員令》很可能即轉引自《類要》。① 由此可以認爲，《類要》中的職員令佚文，更接近於唐令的原始面貌，或即是唐職員令的原文。

最爲重要的是，這部分佚文中所載録的官稱與執掌，往往反映了唐代不同時期的制度。如卷一五《吏部尚書》引文記其執掌"判天官、司勳、考功等四司事"。② 武后光宅元年九月改吏部爲"天官"，至神龍二年（706）二月復舊，③可知此條爲武后時所修訂的《垂拱令》的遺文。類似例子並非個别。這些佚文的存在提示我們，天寶以前，令文屢經修訂，開元七年與二十五年之外的令文雖然未被整體保存，但直至北宋前期仍舊没有完全湮没。因此在唐令的復原中，僅僅依靠

---

① 參拙作《〈《記纂淵海》所引的《唐職員令》逸文〉補證——兼述晏殊〈類要〉所見〈唐職員令〉》，第 27 頁。
② 《類要》卷一五《吏部尚書》，《四庫全書存目叢書》子部第 166 册，齊魯書社，1997 年，第 623 頁。
③ 見《舊唐書》卷四二《職官一》，第 1788 頁。

同類文獻的比對來確認其時代，很可能忽略佚文本身所反映的制度的真正時代性。

三、唐職員令復原——以北宋前期文獻中新見佚文爲中心

《類要》所保存的這部分不同時期的唐職員令佚文，或許提示了我們另外一種職員令復原思路，即在與《通典》等唐代文獻比對的同時，也必須考慮到佚文本身所反映的時代特徵。

有唐一代多次撰輯删定令文，《唐會要》卷三九《定格令》詳細記録了武德至開元年間的歷次改訂，計有武德元年(618)、貞觀十一年(637)、永徽二年(651)、龍朔二年(662)、儀鳳二年(677)、垂拱元年(685)、神龍元年(705)、景龍元年(707)、景雲元年(710)、開元三年(715)十次，加上開元七年和二十五年兩次，則有十二次之多。① 雖然龍朔、儀鳳、垂拱、神龍、景雲及開元三年的幾次修訂似乎僅及於格、式，但《唐六典》卷六《尚書刑部》注文明確指出這些年度都曾修訂過令文(第185頁)，而《舊唐書·職官志》也明確引録了《乾封令》(即《麟德令》)、《垂拱令》、《神龍令》。② 因此可以認爲，除景龍年間的修訂並未完成以外，其他各年度皆曾修訂過令文。正如上文所説，各年度令文在整體上仍保持了文字的穩定性，因此，對於唐職員令佚文時代的考慮並不應當局限於某一兩部唐令，而應根據其本身所包含的制度來確定其時代。

有鑒於此，本文對於唐職員令的復原，在比對以《通典·職官典》爲代表的相關文獻以確定佚文性質的同時，更注重對佚文時代的考釋。

---

① 《唐會要》卷三九《定格令》，第819—824頁；另參仁井田陞著，栗勁等譯《唐令拾遺》"序説"，第809—821頁。
② 《舊唐書》卷四二《職官一》，第1793、1794、1796、1797、1798、1799、1801等頁。

另外，《類要》所保存的四十六條職員令佚文，此前從未引起注意及利用，無疑是本文最重要的復原材料。同時，《太平御覽》《職官分紀》中所引錄的唐職員令，雖然在《唐令拾遺》《唐令拾遺補》《唐令逸文の研究》中都有過詳細的考察，但部分結論似乎仍有斟酌的必要，因此對於這部分内容亦重加考訂。又《唐令拾遺補》及《唐令逸文の研究》據《職官分紀》等復原的"太常卿"一條，並非唐職員令，今作爲附論，另行考察。

復原所據文獻之版本，現臚列如下：《類要》據《四庫全書存目叢書》子部第 166 册影印陝本，《太平御覽》據中華書局 1960 年影印北宋本，《職官分紀》據上海古籍出版社 2003 年影印《文淵閣四庫全書》本第 923 册，《古今事文類聚》據書目文獻出版社 1991 年影印元刻本，《古今合璧事類備要》據上海古籍出版社 2003 年影印《文淵閣四庫全書》本第 940 册，《翰苑新書》據書目文獻出版社 1989 年影印宋刻本，萬曆本《記纂淵海》據《唐令逸文の研究》轉引。以下所注出處中頁碼皆指這一系列文本，考證中所引錄文獻，前文已交代版本者，亦徑注頁碼，如第一次引用則加注交代，後亦徑標其頁碼，不再逐一説明。

所復原的令文直接標注出處，不再另列引據資料。引文誤字隨文訂正，以〔〕表示改正後的文字，以（）表示原文。所復原的令文，可考其時代者，則以【】標年號於條目之前，文字與《通典》一致者，姑據之復原爲開元二十五年令，但不排除爲其他年度令文的可能性。其他不可確考者，則以【唐代】泛稱。所存佚文一般未錄官名，可考得其明確時代者，補入當時官稱，否則則據《通典·職官典》補入相應官稱，以（）標示。

1.【唐代】太師、太傅、太保，謂之三師，師範一人，儀型四海。（《類要》卷一四《三師》引《職員令》，第 602 頁上）

考釋：《通典》卷二〇《職官二》："大唐復置三師，以師範一人，儀刑四海。"(第509頁)①《令集解》前篇卷二《職員令》"(太政大臣)師範一人,儀形四海"注引"穴云":"《永徽令》'儀形'者,《開元令》'儀刑'也。"②則本條應是《永徽令》《開元令》以外令文。

2.【乾封】【垂拱】(左肅機／左丞)管轄諸司,糾正臺内。(《類要》卷一四《左右僕射》《總叙左右丞》引《職員令》,第611頁下、612頁下)

考釋:《通典》卷二二《職官四》:"左丞掌管轄諸司,糾正省内,勾吏部、户部、禮部等十二司,通判都省事。"又同卷:"龍朔二年,改尚書省爲中臺,咸亨初復舊。光宅元年,改爲文昌臺。垂拱元年,又改爲都臺。長安三年(703),又改爲中臺。神龍初復爲尚書省。"又同卷:"左右丞……龍朔二年,改爲左右肅機,咸亨元年復舊。"(第601、590、600頁)本條稱"臺内"而非"省内",反映的是龍朔至咸亨,垂拱至神龍的制度,應爲《乾封令》或《垂拱令》。

3.【垂拱】左右司郎中掌副左右丞所管諸司事,署鈔目,舉稽失,知臺内宿直。若本司郎中不在,並行之。(《太平御覽》卷二一三引《唐職員令》,第1019頁上)

考釋:此條《唐令拾遺》復原爲開元七年及二十五年令(第28頁),誤。《通典》卷二二《職官四》:"(左右司郎中)掌副左右丞所管諸司事,省署鈔目,勘稽失,知省内宿直,判都省事。若右司不在,則左並行之;左司不在,右亦如之。"本條稱"臺内宿直",反映的是龍朔

---

① "刑",北宋本《通典》作"形",見《北宋本通典》第1册,汲古書院,1981年,第508頁。
② 黑板勝美《令集解》前篇卷二,《新訂增補國史大系》本,第2部第3册,吉川弘文館,1964年,第41頁。

至咸亨,垂拱至神龍的制度。又同卷:"左右司郎中……龍朔二年改爲左右丞務,咸亨元年復舊。"(第601頁)故本條爲《垂拱令》。

4.【太極】【開元】(員外郎)掌司内簿書孔目,分判曹事,二十四司皆同此。(《類要》卷一五《員外》《吏部》引《職員令》,第619頁上、下)

考釋:此條《古今事文類聚》新集卷一〇作"二十四司皆其選也"。(第1857頁上)《翰苑新書》前集卷一四作"司内部書,二十四司皆其選也。"(第146頁)《唐令逸文の研究》據二書復原爲唐代令文。(第25頁)《唐六典》卷一"三師三公尚書都省":"左右司郎中、員外郎各掌付十有二司之事,以舉正稽違,省署符目。"(第10頁)《新唐書》卷四六《百官一》:"(尚書省)員外郎……掌付諸司之務,舉稽違,署符目,知宿直,爲丞之貳。"①《唐會要》卷五八"左右司員外郎":"永昌元年(689)十月五日置,各一人……神龍元年三月初八日廢,二年十二月復置。"(第1177頁)永昌元年以後,中宗與睿宗皆刊定過格令。神龍格令刪定之時,員外郎已廢,尚未復置,而景龍元年對神龍格式的改訂並未見完成。故本條應爲太極或以後諸令。

5.【垂拱】(天官尚書)掌文〔官〕(員)選舉,判天官、〔司封〕、司勳、考功等四司事。(《類要》卷一五《吏部尚書》引《職員令》,第622頁上;《古今合璧事類備要》後集卷二七,第26頁下)

考釋:《唐令逸文の研究》據《古今合璧事類備要》後集復原爲開元二十五年令(第17頁),誤。《通典》卷二三《職官五》:"(吏部尚書)掌文官選舉,總判吏部、司封、司勳、考功四曹事。"(第631頁)

---

① 《新唐書》卷四六,第1185頁。

《舊唐書》卷四二《職官一》:"光宅元年九月,改……吏部爲天官……神龍元年二月,臺閣官名並依永淳已前故事。"(第1788頁)故本條爲《垂拱令》。

6.【貞觀】(吏部郎中)掌選補流外官及文武官名簿、朝集、禄賜、假故,并文武官告身之事。(《類要》卷一五《吏部郎中》引《職員令》,第623頁下)

考釋:《通典》卷二三《職官五》注:"(吏部郎中)掌選補流外官,謂之小銓。并掌文官名簿、朝集、禄賜、假使并文官告身,分判曹事。"(第633頁)《令集解》前篇卷三《職員令·式部省》:"卿一人,掌内外文官名帳。"(第76頁)《養老令》之藍本爲《永徽令》,則自《永徽令》以來,吏部郎中皆不掌武官名簿及告身。前引《令集解》注:"朱云:'未知武官雜任名帳,何官可掌乎?式部歟?兵部歟?'何答:'元式部可任耳,但今行事,門部者兵部補任耳。此違令文耳。但兵部官人等名帳式部可掌。'"(第77頁)則日本曾有過式部掌武官名帳的制度,而其來源很可能即是唐代制度。又敦煌文書P.4745:"(前缺)長史、司馬、司録、上總管從四品,中總管正五品,下總管從五品。隨勳官、散官及鎮將、副五品以上,並五等爵,在武德九年二月二日以前身亡者,子孫並不得用蔭當;雖身在,其年十二月卅日以前不經參集,並不送告身經省勘校奏定者,亦準此。隨官文武職事五品以上,在貞觀五□□□□前省司勘定符下者(後缺)。"①劉俊文據《唐律疏義》卷二五"僞寫前代官文書印"條疏斷爲《貞觀吏部式》斷片。② 則貞觀時期,文武官員告身皆經吏部勘定,吏部亦當掌武官名籍。故本條應爲《貞觀令》。

---

① 圖版見《法藏敦煌西域文獻》第33册,上海古籍出版社,1995年,第149頁下。録文參劉俊文《敦煌吐魯番唐代法制文書考釋》,第307—308頁。
② 劉俊文《敦煌吐魯番唐代法制文書考釋》,第308頁。

7.【垂拱】司封郎中掌封爵皇諸宗親,内外命婦及國〔官〕(宫)、邑官告身并選流外、視品等事。(《類要》卷一五《司封》引《職員令》,第 624 頁下;《太平御覽》卷二一六引《職員令》,第 1031 頁下)

考釋:此條《唐令拾遺》據《太平御覽》復原爲開元七年及二十五年令(第 32 頁),誤。《通典》卷二三《職官五》注:"(司封郎中)掌封爵、皇之枝族及諸親、内外命婦告身及道士、女冠等。"(第 634 頁)《唐會要》卷五八"司封郎中":"武德元年因隋舊號爲主爵郎中,龍朔二年改爲司封大夫,咸亨元年改爲主爵郎中,垂拱元年二月二日改爲司封郎中,神龍元年九月五日改爲主爵郎中,開元二十四年九月二十六日復故。"(第 1181 頁)本條作"司封郎中",應爲《垂拱令》或《開元二十五年令》。又國官、邑官即親王、公主之屬官,《舊唐書·職官志》從七品上階之"親王國令"注:"舊〔視〕(規)流内正九品,太極年改。"①又"公主家令"條注:"舊〔視〕(規)流内正八品,太極年改。"則太極以前,國官、邑官爲視品官,由司封判補并給告身,而在太極年間改爲流内官後,亦由吏部給告身,②故本條所載爲太極以前制度,故復原爲《垂拱令》。

8.【天寶】司封郎中一人。掌封爵皇帝諸親、内外命婦告身等,寺觀及道士、女冠等事。(《職官分紀》卷九《司封郎中》引《職員令》,第 251 頁上)③

考釋:此條《唐令逸文の研究》據《職官分紀》復原爲開元二十五

---

① 《舊唐書》卷四二,第 1799 頁。其中"規"改爲"視",參李錦繡《唐代視品官制初探》,第 69 頁。
② 參李錦繡《唐代視品官制初探》,第 69—70 頁。
③ 《天寶令》的編撰,史無明確記載,劉俊文考敦煌文書 P.2504 爲《天寶令式表》,並認爲天寶四載玄宗曾再次修訂過律令式。參劉俊文《敦煌吐魯番唐代法制文書考釋》,第 374 頁。

年令（第8—9頁），誤。《唐會要》卷四九《僧尼所隸》："天寶二載三月十三日制：'僧尼隸祠部，道士宜令司封檢校，不須隸宗正寺。'元和二年二月，詔僧尼道士同隸左街右街功德使，自是，祠部、司封不復關奏。"（第1006頁）則本條爲天寶至元和制度。

9.【開元七年及以前】（司勳郎中）掌校定勳績、論功行賞、勳官及視品、府佐等告身之事。（《類要》卷一五《司勳》引《職員令》，第624頁下）

考釋：《通典》卷二三《職官五》注："（司勳郎中）掌校定勳績、論官賞勳、官告身等事。"（第634頁）《舊唐書》卷八《玄宗紀》："（開元）十年春正月……甲子，省王公已下視品官、參佐及京三品已上官〔仗〕（伏）身職員。"（第183頁）本條尚有"視品、府佐"等官稱，當爲開元十年以前制度，應爲開元七年及以前令文。

10.【武德】（考功郎中）掌考察内外百司，策試、貢舉及功臣家傳、碑、頌、誄、謚之事。（《類要》卷一五《考功》引《職員令》，第624頁下）

考釋：此條《通典》卷二三《職官五》注引《武德令》作"考功郎中監試貢舉人"。（第635頁）《職官分紀》卷九"員外郎·掌貢舉"條注引《武德令》同。（第254頁）《唐令拾遺》據《通典》復原爲武德令，未及其餘職掌。（第31頁）《通典》卷二三《職官五》注："（考功郎中）掌考察内外百官及功臣家傳、碑、頌、誄、謚等事。"（第634頁）

11.【垂拱】（地官尚書）掌總判地官、度支、金部、倉部事。（《類要》卷一五《户部尚書》，第625頁下）

考釋:《通典》卷二三《職官五》:"(户部尚書)總判户部、度支、金部、倉部事。"(第636頁)《舊唐書》卷四二《職官一》:"光宅元年九月,改……户部爲地官……神龍元年二月,臺閣官名並依永淳已前故事。"(第1788—1789頁)故本條爲《垂拱令》。

12.【開元】(户部郎中)掌户口、籍帳、賦役、〔孝〕(禮)義、優復、蠲免、婚姻、繼嗣,百官衆庶〔園〕(闔)宅(户)、口分、永業等事。(《類要》卷一五《户部郎中》,第626頁上)

考釋:此條同《通典》卷二三《職官五》注所載户部郎中執掌。(第637頁)敦煌文書S.1344開元户部格所載格文涉及户口管理、賦役管理、蠲免優復、土地管理、土貢管理、朝集使等,[1]與本條及《通典》所載基本相合,疑爲開元令。

13.【開元二十五年】(度支郎中)掌度支國用。(《類要》卷一五《度支》引《職員令》,第626頁上)

考釋:此條同《通典》卷二三《職官五》注所載度支郎中執掌(第637頁),然無明顯時間綫索,姑從中村裕一判爲開元二十五年令,下仿此。

14.【唐代】(金部郎中)掌庫藏金寶、貨物、權衡、度量、市易之事。(《類要》卷一五《金部》引《職員令》,第626頁上)

考釋:《通典》卷二三《職官五》注:"(金部郎中)掌庫藏金寶貨

---

[1] 圖版見《英藏敦煌文獻》第2册,四川人民出版社,1990年,第269—270頁;録文參劉俊文《敦煌吐魯番唐代法制文書考釋》,第283頁。

物,權衡度量等事。"(第 638 頁)《新唐書》卷四六《百官一》:"金部郎中……掌天下庫藏出納、權衡度量之數,兩京市、互市、和市、宮市交易之事,百官、軍鎮、蕃客之賜,及給宮人、王妃、官奴婢衣服。"(第 1193 頁)

15. 【開元二十五年】(倉部郎中)掌諸倉廩之事。(《類要》卷一五《倉部》引《職員令》,第 626 頁上)

考釋:此條同《通典》卷二三《職官五》注所載倉部郎中執掌(第 638 頁)。

16. 【垂拱】(春官尚書)總判春官、祠、膳、主客事。(《類要》卷一五《禮部尚書》,第 626 頁下)

考釋:《通典》卷二三《職官五》:"(禮部尚書)總判祠部、禮部、膳部、主客事。"(第 639 頁)《舊唐書》卷四二《職官一》:"光宅元年九月,改……禮部爲春官……神龍元年二月,臺閣官名並依永淳已前故事。"(第 1788—1789 頁)故本條爲《垂拱令》。

17. 【唐代】(禮部郎中)掌禮樂、學校、儀式、制度、衣冠、符印、表疏、圖書、策命、祥瑞、鋪設、喪葬、贈賻、王及〔宫〕(官)人之事。(《類要》卷一五《禮部郎中》,第 627 頁上)

考釋:《通典》卷二三《職官五》注:"(禮部郎中)掌禮樂、學校、儀式、制度、衣冠、符印、表疏、册命、祥瑞、鋪設、喪葬、贈賻及宮人等。"(第 639—640 頁)

18. 【神龍】【太極】【開元三年】【開元七年】(祠部郎中)掌祠祀、

天文、漏刻、國忌、廟諱、卜筮、醫藥、道士、女冠、僧尼簿書之事。(《類要》卷一五《祠部》,第627頁下)

考釋:《通典》卷二三《職官五》注:"(祠部郎中)掌祠祀、天文、漏刻、國忌、廟諱、卜祝、醫藥等及僧尼簿籍。"(第640頁)《唐六典》卷四《尚書禮部》:"祠部郎中、員外郎掌祠祀享祭,天文漏刻,國忌廟諱,卜筮醫藥,道佛之事。"(第120頁)《唐會要》卷五九《祠部郎中》:"延載元年(694)五月十一日敕:'天下僧尼道士隸祠部,不須屬司賓。'……(開元)二十五年正月七日,道士、女道士割隸宗正寺,僧、尼令祠部檢校。"(第1207頁)則本條爲垂拱以後,開元二十五年以前令文。

19.【開元二十五年】(膳部郎中)掌飲膳、藏冰及食料之事。(《類要》卷一五《膳部》引《職員令》,第627頁下)

考釋:此條同《通典》卷二三《職官五》注所載膳部郎中執掌(第640頁)。

20.【開元二十五年】(主客郎中)掌二王後及諸〔藩〕(蕃)朝〔聘〕(賓)之事。(《類要》卷一五《主客》,第627頁下)

考釋:此條同《通典》卷二三《職官五》注所載主客郎中執掌(第640頁)。

21.【垂拱】(夏官尚書)掌武官選舉,總判夏官、職、駕、庫事。(《類要》卷一五《兵部尚書》,第628頁下)

考釋:《通典》卷二三《職官五》:"(兵部尚書)掌武官選舉,總判兵部、職方、駕部、庫部事。"(第641頁)《舊唐書》卷四二《職官一》："光宅元年九月,改……兵部爲夏官……神龍元年二月,臺閣官名並依永淳已前故事。"(第1788—1789頁)故本條爲《垂拱令》。

22.【開元二十五年】(兵部郎中)掌武職、勳官、三衛〔及〕(又)兵士簿書、朝集、禄賜、假使、差發、〔親〕(配)事〔帳〕内考校及給武職告身。(《類要》卷一五《兵部郎中》,第629頁上)

考釋:此條《記纂淵海》卷二八《兵部郎中》引《職員令》作"掌武職、勳官、三衛及兵士簿書、朝集、禄賜、假告、差發、武職告身之事"(第10頁),中村裕一《唐令逸文の研究》據以復原爲開元二十五年令(第10—13頁),《唐令拾遺補》收入(第335頁),宜以此條爲引據資料。"兵士"下《通典》卷二三《職官五》注所載兵部郎中執掌多"以上"二字,"校"作"覈",餘同。同卷注:"(郎中)掌與侍郎同。"(第642頁)

23.【開元二十五年】(職方郎中)掌地圖、城隍、鎮戍、烽候、防人路程遠近、歸化酋渠之事。(《類要》卷一五《職方》引《職員令》,第629頁上)

考釋:"酋渠",《通典》卷二三《職官五》注所載職方郎中執掌作"首渠",餘同。(第642頁)

24.【開元二十五年】(駕部郎中)掌輿馬、〔車〕(典)乘、郵驛、廄牧、官私馬驢、闌遺雜畜之事。(《類要》卷一五《駕部》,第629頁下)

考釋:"輿馬",《通典》卷二三《職官五》注所載駕部郎中執掌作"輿輦","官私馬驢"作"司牛馬驢騾",餘同。(第642頁)

25.【開元二十五年】(庫部郎中)掌軍器、儀仗、鹵簿、法式及乘輿之事。(《類要》卷一五《庫部》,第 629 頁下)

考釋:此條同《通典》卷二三《職官五》注所載庫部郎中執掌。(第 643 頁)

26.【開元二十五年】(刑部尚書)掌總判刑、〔都〕(部)、比、司事。(《類要》卷一五《刑部尚書》,第 630 頁上)

考釋:《記纂淵海》卷二八《刑部尚書》引《職員令》同。(第 13 頁)《唐令逸文の研究》據以復原爲開元二十五年令(第 13 頁),《唐令拾遺補》收入(第 335 頁),宜以此條爲引據資料。此條同《通典》卷二三《職官五》所載刑部尚書執掌而四司俱作簡稱。(第 644 頁)

27.【垂拱】(秋官郎中)掌律令、定刑名、按覆司刑及諸州應奏之事。(《類要》卷一五《刑部郎中》,第 630 頁下)

考釋:《通典》卷二三《職官五》注:"(刑部侍郎)掌律令、定刑名、案覆大理及諸州應奏之事。"同卷注:"(郎中)與侍郎同。"(第 644—645 頁)《舊唐書》卷四二《職官一》:"光宅元年九月……改大理爲司刑……神龍元年二月,臺閣官名並依永淳已前故事。"(第 1788—1789 頁)故本條爲《垂拱令》。

28.【開元二十五年】(都官郎中)掌簿斂、配入官户奴婢簿籍、良賤及部曲、客女、俘〔囚〕(國)之事。(《類要》卷一五《都官》,第 630 頁下)

考釋:"配入",《通典》卷二三《職官五》注所載都官郎中執掌作

"配役","官户奴婢"作"官奴婢",餘同。(第645頁)

29.【開元二十五年】(比部郎中)掌内外諸司公廨及公私債負、徒役、工程、贓物帳及勾用度〔物〕之事。(《類要》卷一五《比部》,第630頁下)

考釋:"贓物賬",《通典》卷二三《職官五》注所載比部郎中執掌作"贓物賬",餘同。(第645頁)

30.【開元二十五年】(司門郎中)掌門籍、關棧、橋梁及道路、過所、闌遺物之事。(《類要》卷一五《司門》,第630頁下)

考釋:此條《記纂淵海》卷二八《司門郎中》引《職員令》作"掌門籍、關棧及道路、〔過〕所、闌遺物之事"(第17頁),《唐令逸文の研究》據以復原爲開元二十五年令(第17頁),《唐令拾遺補》收入(第336頁),宜以此條爲引據資料。"關棧橋梁",《通典》卷二三《職官五》注所載司門郎中執掌作"關橋",餘同。(第646頁)

31.【垂拱】(冬官尚書)冬官掌總判工、屯、虞、水事。(《類要》卷一五《工部尚書》,第631頁上)

考釋:《通典》卷二三《職官五》:"(工部尚書)總判工部、屯田、虞部、水部事。"(第646頁)《舊唐書》卷四二《職官一》:"光宅元年九月,改……工部爲冬官……神龍元年二月,臺閣官名並依永淳已前故事。"(第1788—1789頁)本條爲《垂拱令》,在鈔入《類要》時蓋據習慣將"冬官"改爲"工部",並予省作"工"。

32.【開元二十五年】(工部郎中)掌興造、工匠、諸公廨屋宇、五行、紙筆之事。(《類要》卷一五《工部郎中》引《職員令》,第631頁下;《記纂淵海》卷二八《工部郎中》引《職員令》,第18頁;《古今事文類聚》新集卷一六《工部郎中》引《職員令》,第1919頁)

考釋:《唐令逸文の研究》據《記纂淵海》、《古今事文類聚》新集復原爲開元二十五年令(第19頁),《唐令拾遺補》收入(第336頁),宜以此條爲引據資料。"紙筆",《通典》卷二三《職官五》注所載工部侍郎執掌作"並紙筆墨",餘同。同卷注:"(郎中)所掌與侍郎同。"(第646—647頁)

33.【開元二十五年前】(屯田郎中)掌屯田、諸司公廨、官人職分、賜田及官園、官宅之事。(《類要》卷一五《屯田》,第631頁下)

考釋:《通典》卷二三《職官五》注:"(屯田郎中)掌屯田、官田、諸司公廨、官人職分、賜田及官園宅等事。"(第647頁)較本條多"官田"二字。按《唐六典》卷七"屯田郎中"條分别解釋屯田、職分田及公廨田,無官田,疑本條爲開元二十五年以前令文。

34.【開元二十五年】(虞部郎中)掌京城街巷種植、山澤、苑囿、草木薪炭供頓、田獵之事。(《類要》卷一五《虞部》,第631頁下)

考釋:此條同《通典》卷二三《職官五》注所載虞部郎中執掌(第647頁)。

35.【開元二十五年】(水部郎中)掌川澤、津濟、船艫、浮橋、渠堰、陂池、漁捕、運漕、水碾磑之事。(《類要》卷一五《水部》,第631頁下—632頁上)

考釋：《通典》卷二三《職官五》注："（水部郎中）掌川瀆、津濟、船艫、浮橋、渠堰、漁捕、運漕、水碾磑等事。"（第648頁）敦煌文書P.2507《開元二十五年水部式》殘卷所涉內容大體與此條合，①當爲開元二十五年令。

36.【開元七年】【開元二十五年】（侍中）掌侍從，負寶，獻替，贊相禮儀，審署奏鈔，駁正違失，監封題，給驛券，監起居注，總判省事。（《通典》卷二一《職官三·侍中》引《令文》，第549頁；《類要》卷一六《侍中》引《職員令》，第633頁上）

考釋：此條《唐令拾遺》據《通典》復原爲開元七年及開元二十五年令（第34頁），未加論證。按本條稱璽作"寶"。《通典》卷二一《職官三》："符寶郎……隋初有符璽局，置監二人……煬帝改監爲郎，大唐因之。長壽三年（694），改爲符寶郎。神龍初，復爲符璽郎。開元初，復爲符寶郎。"（第559頁）《舊唐書》卷八《玄宗紀》上："（開元六年十一月）乙巳，傳國八璽依舊改稱'寶'，符璽郎爲符寶郎。"（第179頁）長壽三年至神龍初無修訂格令之事，故當爲開元七年或此後之令。

37.【開元二十五年】（門下侍郎）掌侍從，省署奏鈔，駁正違失。（《類要》卷一六《門下侍郎》引《職員令》，第634頁下）

考釋：《通典》卷二一《職官三》："（門下侍郎）掌侍從，署奏鈔，駁正違失，通判省事，若侍中闕，則監封題，給驛券。"（第550—551頁）《唐令拾遺》據以復原爲開元七年及二十五年令（第34頁），宜以

---

① 圖版見《法藏敦煌西域文獻》第15册，第1—4頁；録文參劉俊文《敦煌吐魯番唐代法制文書考釋》，第326—354頁。

此條爲引據資料。

38.【開元二十五年】(給事中)〔掌〕(常)侍從,〔讀〕(諸)署奏鈔,駁正違失。(《類要》卷一六《給事中》引《職員令》,第 634 頁下)

考釋:《通典》卷二一《職官三》:"(給事中)〔掌〕(常)侍從,讀署奏鈔,駁正違失,分判省事。若侍中、侍郎並闕,則監封題,給驛券。"(第 551 頁)《唐令拾遺》據以復原爲開元七年及二十五年令(第 34 頁),宜以此條爲引據資料。

39.【貞觀】【永徽】(散騎常侍)掌侍從贊相。(《類要》卷一六《散騎常侍》引《職員令》,第 635 頁下)

考釋:《通典》卷二一《職官三》:"(散騎常侍)貞觀十七年,復置爲職事官,始以劉洎爲之。其後定制,置四員,屬門下,掌侍從規諫。顯慶二年,遷二員,隸中書,遂分爲左右。左屬門下,右屬中書……龍朔二年,改左右散騎常侍爲左右侍極,咸亨元年復舊。"(第 554 頁)《類要》置散騎常侍於門下省,且未分左右,疑本條爲《貞觀令》或《永徽令》。

40.【開元二十五年】(諫議大夫)掌侍從規諫。(《類要》卷一六《諫議大夫》引《職員令》,第 637 頁上)

考釋:此條同《通典》卷二一《職官三》所載諫議大夫執掌。(第 555 頁)

41.【唐代】(起居郎)掌侍從,錄起居注。(《類要》卷一六《總叙起居》引《職員令》,第 637 頁下)

考釋:《唐六典》卷八《門下省》:"起居郎掌録天子之動作法度,以修記事之史。"(第248頁)

42.【開元二十五年】(中書令)掌侍從、獻替、制敕、册命、敷奏文表、授册,監起居注,總判省事。(《通典》卷二一《職官三》引《令文》,第562頁;《類要》卷一六《中書令》引《職員令》,第640頁上)

考釋:《唐令拾遺》據《通典》復原爲開元七年及二十五年令(第36頁),引據資料可補《類要》。

43.【開元二十五年】(中書侍郎)掌侍從、制敕、册命、敷奏文表。(《類要》卷一六《中書侍郎》引《職員令》,第640頁下)

考釋:《通典》卷二一《職官三》:"(中書侍郎)掌侍從、獻替、制敕、册命、敷奏文表,通判省事。"(第563頁)《唐令拾遺》據以復原爲開元七年及二十五年令(第36頁),宜以此條爲引據資料。

44.【垂拱】【神龍】(左肅政臺/左御史臺大夫)掌肅清風俗,糾彈在京非違。(《類要》卷一六《御史大夫》引《職員令》,第647頁下)

考釋:《通典》卷二四《職官六》:"大唐因隋,亦曰(御史)大夫……掌肅清風俗,彈糾内外,總判臺事。"(第666頁)《令集解》前篇卷五《職員令·彈正臺》:"尹一人,掌肅清風俗,彈奏内外非違。"注曰:"内者左右兩京,外者五畿七道也。"(第137—138頁)《通典》所謂"彈糾内外",與《令集解》一致,而與本條"糾彈在京非違"顯然不同。《唐會要》卷六〇《御史臺》:"武德初,因隋舊制爲御史臺,龍朔二年四月四日,改爲憲臺。咸亨元年十月二十三日,復爲御史臺。光宅元年九月五日,改爲左肅政臺,專管在京百司及監軍旅;更置右肅政臺,其職員一準左臺,令按察京城外文武官僚……神龍元年二月四日,改爲左右御史臺。景雲三年二月二日,廢右臺。先天二年九月一日,又置右臺,停諸道按察使。其年十月二十五日,又置諸道按察使,廢右臺。"(第1225頁)則武后、中宗時期,左臺糾彈京城,右臺按察州縣。又《舊唐書》卷七《睿宗紀》:"(太極元年二月)辛酉(二十二日),廢右御史臺官員。己巳(三十日),頒新格式於天下。"(第159頁)則太極格令已無右臺內容,本條當爲《垂拱令》或《神龍令》。

45.【開元以前】(殿中侍御史)掌〔駕〕(屆)出於鹵簿內糾察非違,餘同侍御史,唯不判事。(《類要》卷一六《殿中侍御史》引《職員令》,第650頁上)

考釋:此條《記纂淵海》卷三〇《殿中侍御史》(第19頁)、《古今合璧事類備要》後集卷二五引《職員令》作"掌駕出於鹵簿內糾察,與侍御史同,惟不判事"(第12頁上)。《唐令逸文の研究》據以復原爲開元二十五年令(第19—20頁),《唐令拾遺補》收入(第336頁),誤。《通典》卷二四《職官六》:"(殿中侍御史)初掌駕出於鹵簿內糾察非違,餘同侍御史,唯不判事……自開元初以來……兼知庫藏出納及宮門內事,知左右巡,分京畿諸州諸衛兵禁隸焉,彈舉違失……"(第673頁)則本條應爲開元以前令。

46.【垂拱】【神龍】(左肅政臺/左御史臺監察御史)掌在京糾察、祠祀及諸出使之事。(《類要》卷一六《監察御史》引《職員令》,第650頁下)

考釋:《通典》卷二四《職官六》:"(監察御史)掌內外糾察並監祭祀及監諸軍、出使等。"(第674頁)本條作"掌在京糾察",亦是武后、中宗時制度,當爲《垂拱令》或《神龍令》。

47.【垂拱】(尚食局奉御)掌總知御膳,進食先嘗,分別判局事。(《類要》卷一九《尚食局》引《具員故事》引《令·職員令》,第 698 頁下)

考釋:《具員故事》,唐梁載言撰,梁載言事迹附見《舊唐書》卷一九〇《劉憲傳》,著有《具員故事》十卷、《十道志》十六卷(第 5017 頁),卒於開元前期。①《類要》卷一九《詹事府》引《具員故事》:"宫尹府,即詹事府,宫尹府有此名也。"(第 711 頁上)《舊唐書》卷四二《職官一》:"光宅元年九月,改……詹事府爲宫尹府……神龍元年二月,臺閣官名並依永淳已前故事。"(第 1788—1789 頁)則《具員故事》作於武后光宅改官名以後,所引爲《垂拱令》。

48.【唐代】(奚官局令)掌〔守〕宫人、伎樂、導(守)引、寶仗、疾病、罪罰、喪葬之事。(《類要》卷一九《奚官局令》引《令·職員令》,第 700 頁下)

考釋:《通典》卷二七《職官九》:"(奚官局令)掌守宫人、使藥、疾病、罪罰、喪葬等事。"(第 758 頁)

附論:太常卿,位任特隆,學冠儒林,藝通禮樂者可以居之。(《職官分紀》卷一八,第 418 頁下;《記纂淵海》卷二三,第 21 頁;《古今事文類聚》新集卷二六,第 2036 頁上;《翰苑新書》前集卷二一,第 202 頁下)

按,此條《唐令逸文の研究》據上述文獻復原爲開元二十五年令

---

① 張鷟《朝野僉載》卷六:"懷州刺史梁載言晝坐廳事,忽有物如蝙蝠從南飛來,直入口中,翕然似吞一物。腹中遂絞痛,數日而卒。"(趙守儼點校,中華書局,1979 年,第 144 頁)則張鷟(658—730)見其卒。參李劍國《唐五代志怪傳奇叙録》第一卷"遊仙窟"條,南開大學出版社,1993 年,第 127 頁。

(第21—22頁),《唐令拾遺補》收入(第366頁),誤。此條實爲北魏《職員令》佚文。首先,本條在《職官分紀》中列於《齊職儀》與《隋百官志》之間。以《分紀》體例,此條所叙並非唐制度。其次,此條"藝通禮樂者可以居之",係對任職資格的描述。據敦煌本《東宮諸府職員》可知,一般而言,唐職員令僅載員數與執掌,並不包括任職資格。《唐令拾遺》復原《三師三公臺省職員》雖有任職資格的描述,但由於三公三師皆屬虛職,故無員數,亦無執掌,但空論其資格,未必本於《職員令》。而《唐令逸文の研究》認爲本條所載的員數與執掌已佚失,並引《通典》卷二七《職官九》所載"凡祭酒、司業,皆儒重之官,非其人不居",認爲《職員令》原有對任職資格的描述(第21—22頁),實無確證。再次,北魏孝文帝曾撰《職員令》二十一卷,①《太平御覽》《職官分紀》所引《後魏職令》皆載明任職資格,體例與本條同,例如《職官分紀》卷一八引《後魏職令》:"宗正卿第四品上,第三清,選用忠懿清和、識參教典者。先用皇宗,無則用庶姓。"(第434頁下)其位置亦在《隋百官志》之前,而體例與此略同。《唐令逸文の研究》及《唐令拾遺補》應剔除此條。

四、北宋文獻所引職員令佚文來源推測

通過對上文的分析,可以發現,《太平御覽》《類要》及《職官分紀》中所保存的令文,涉及唐前期所修訂的多部令文,②顯然並非單純地鈔録自某一年度的唐令。那麽,探究這些佚文的可能來源,對於我們認識北宋前期唐令的流傳顯然具有重要意義。

在追究《類要》及其同時代文獻所存佚文的可能來源之前,不妨

---

① 《魏書》卷七下《孝文帝紀》,中華書局,1974年,第172頁。
② 《職官分紀》雖成書於北宋中期,但其書以宋初楊侃《職林》爲藍本,增補了宋代制度(見《職官分紀》卷首秦觀序,第3頁),故所載唐制猶是楊侃舊本,與《太平御覽》《類要》仍屬同一時期文獻。

先看一下北宋前期，尚有多少文獻可能保存《職員令》佚文。

其一，完整的《唐令》。《新唐書·藝文志》載《唐令》共四部，分別爲《武德令》《貞觀令》《永徽令》和《開元令》，包括《唐會要·定格令》明確提及的幾部令文。但記錄北宋前期秘閣實際藏書的《崇文總目》却只提到了《唐令》一部，三十卷，未題撰人。曾鞏雖作《唐令目錄序》，但仍未指出其年度，①很可能即是《天聖令》以爲藍本的開元二十五年令。另外，《直齋書錄解題》卷七《法令類》載《唐令》三十卷，題宋璟撰，爲開元七年令，②此本在北宋時代亦應有流傳。由於《新唐書·藝文志》的補史志性質，所載並非爲一時實際藏書，③故北宋前期所能見到的完整《唐令》，很可能僅有開元七年與開元二十五年令。

其二，律令格式彙編。除有限的《唐令》以外，北宋前期尚有爲數不少的摘錄彙編唐代律令格式的文獻。《新唐書·藝文志》《崇文總目》刑法類所載包含唐令的法令彙編，有李林甫等編《格式律令事類》四十卷、王行先《律令手鑑》二卷、裴光庭《唐開元律令科要》一卷。《宋史·藝文志》刑法類又載蕭昊《開元禮律格令要訣》一卷。這些律令彙編應當包括《職員令》内容。

其三，職官書。《類要》所引《具員故事》包含《職員令》文字，提示了各年度《職員令》很可能是這類職官書的材料來源之一。除《具員故事》以外，《新志》及《新唐書藝文志補》職官類所載這一類文獻尚有杜英師《職該》二卷、任戩《官品纂要》十卷、李吉甫《元和百司舉要》一卷、韋述《唐職儀》三十卷、杜佑《唐外典職官紀》十卷、無名氏《唐百官職紀》二卷、孔至道《百官要望》一卷。這些著作都記載了唐代各個時期官員的員數與執掌，④《職員令》無疑是其重要的材料來

---

① 《曾鞏集》卷一一，第189頁。
② 見《唐會要》卷三九《定格令》，第820頁。
③ 參張固也《新唐書藝文志補》"自序"，吉林大學出版社，1996年，第3—4頁。
④ 參張固也《新唐書藝文志補》，第82—83頁。

源之一。

其四，職員令彙編。《太平御覽經史綱目》載《唐職員令》一種，《太平御覽》所引三條皆出於此書。《唐職員令》不見於史志著錄，但太平興國九年（984），日本僧奝然入宋之時，所獻之書即有其國《職員令》一卷。① 考慮到唐代出現的大量律令彙編及職官書在當時已有不少傳入日本，②可以認爲奝然所獻《職員令》很有可能即受到了這一類文獻的影響，而將令文之中的《職員令》部分單獨彙編成書。《唐職員令》的產生亦當源於相同的背景。《御覽》所引《唐職員令》皆爲官員執掌，故而可以視爲以原始令文爲材料的職官書。

綜上所述，北宋前期，唐代各年度《職員令》仍或零或整地保存於各類書籍、檔案之中，因此，《類要》《太平御覽》以及《職官分紀》中這部分内容的來源也並非單純。以下即對其可能來源稍作推論。

《職官分紀》所載兩條唐《職員令》皆載錄員數，而以執掌爲注文，與敦煌本《永徽職員令》體例相合，很可能出自完整的唐令。而"司封郎中"一條及於天寶制度，因此，《職官分紀》所引《職員令》或即出自《天寶令》。

《太平御覽》所引職員令佚文的來源已如上文所示，三條佚文中，"左右司郎中"與"司封郎中"兩條可確定爲垂拱令，可知《唐職員令》一書很可能包含了不同年度的職員令。

《類要》之中，"尚食局"一條出於梁載言《具員故事》，"奚官局令"一條，由於引錄格式與"尚食局"條同，皆作"令·職員令"，而完全不同於其他各條，很可能同樣轉錄自《具員故事》。除此而外的四十四條分屬於武德、貞觀、垂拱、神龍、開元等不同年度，故並非抄錄

---

① 《宋史》卷四九一《日本國傳》作"職員令"，中華書局，1977年，第14131頁，《校勘記》引日成尋《參天台五臺山記》延久四年十二月二十九日條引《楊文公談苑》及黃遵憲《日本國志》作"令"，第14149頁。

② 《日本國見在書目錄》職官家載李吉甫《百司舉要》一卷及《唐六典》；刑法家載《唐令私記》卅卷、《金科類聚》（皆無作者）五卷。《古逸叢書》下册，江蘇古籍出版社，2002年，第743—744頁。

自某年度《唐令》。考慮到《類要》所引《職員令》與《太平御覽》一樣，僅載執掌而不及員數，而且現存的三十七卷中除了這四十六條職員令以外，並未見引錄唐代律、格、式及《職員令》以外的其他令文，故其來源很可能也出於《唐職員令》或者類似的職員令彙編。

《太平御覽》《類要》及《職官分紀》所引《職員令》佚文的可能來源提示我們，北宋初期，除不多的幾部《唐令》以外，唐代各年度《職員令》以多種形式保存於律令彙編及職官書中，其中甚至有《唐職員令》這樣專門以官員執掌爲内容的唐令彙編，其内容不僅僅包括現行之令，還保存了相當一部分久已廢除的舊令，因此，北宋前期的文獻中仍有可能對其進行引錄。進一步來説，《新唐書·百官志》中不見於《唐六典》及《舊唐書·職官志》的文字，其來源很可能也是北宋初年尚存的律令彙編或職官書中所保存的各年度《職員令》。

通過本文對以《類要》爲代表的北宋前期文獻中所保存的《職員令》佚文的考察，可以發現，唐代令文並不一定隨着其本身的廢止而失去生命力，實際上，它們仍可能通過各種途徑被引用而流傳後世。而令文本身文字的穩定性，使各個時期制度的變遷往往體現在細微的文字差別之中，因此，唐令的復原，不應當局限於有限的某些年度的令文，也不應當僅僅從與傳世文獻在文字上的相似來判斷佚文的年代，而應當着眼於佚文本身所透露出的時代訊息。如此，或可稍稍接近於唐令的本真面貌。

（原刊《歷史研究》2008年第5期）

《兩京新記》新見佚文輯考
——兼論《兩京新記》復原的可能性

一、《兩京新記》新見佚文輯考
——以晏殊《類要》爲中心

《兩京新記》是記録唐代長安與洛陽城市圖景最重要的文獻之一,作者韋述出自京兆韋氏南皮公房,[①]其高祖韋弘機,高宗上元年間任司農卿,負責當時洛陽上陽宫的建造及洛水中橋移建工程,[②]並撰有《東都記》二十卷。作爲世居兩京的名宦之後,韋述對於兩京的熟悉和關注是異於他人的,成書於開元十年(722)的《兩京新記》,其所展現的盛唐時期的長安與洛陽,除了里坊建築的沿革歷史,更不乏韋述耳目所接的親見親聞。《兩京新記》豐富的資料與鮮活的記述,使其成爲後世學者考述唐代長安與洛陽最重要的材料來源。北宋前期,宋敏求即以《兩京新記》爲藍本演爲《長安志》及《河南志》。然而,正是由於《長安志》等後出方志大量吸收了《兩京新記》的内容,韋述原書因此而漸歸湮滅,至明清之際,遂告亡佚,[③]今僅存日本尊經閣所藏約鈔於鎌倉初期的卷子本卷第三殘卷(以下簡稱"尊經閣

[①] 《新唐書》卷七四上《宰相世系表》四上,第 3103 頁;《元和姓纂》卷二,中華書局,1994 年,第 169 頁。
[②] 《新唐書》卷五八,第 1507 頁;《舊唐書》卷一八五《韋弘機傳》,第 4796 頁。
[③] 參辛德勇《兩京新記輯校》前言,三秦出版社,2006 年,第 2 頁。

本")。① 寬政、文化年間,天瀑山人林衡刊《佚存叢書》收入此卷,並回傳中國,由此,韋述之書方纔引起了學者的重視。20世紀30年代,周叔弢及陳子怡分別對《兩京新記》殘卷中的錯簡進行了校正。40年代,岑仲勉對此卷作了全面的復原與考訂,使《佚存叢書》本中的大部分錯簡得到了改正。50年代,福山敏男又對尊經閣本《兩京新記》殘卷作了全面的整理和注釋。② 另一方面,尊經閣本的回傳也推動了《兩京新記》全書的重輯。清光緒年間,曹元忠以《佚存叢書》本爲基幹,復從傳世文獻中廣羅佚文,作《兩京新記》輯本二卷(下簡稱"曹輯本")。嗣後,平岡武夫又作《〈兩京新記〉續拾》。③ 經過中日前輩學者百餘年的努力,韋述原書之面貌已約略可睹,但限於當時條件,輯本仍存在着佚文校訂不精,間有漏略與誤收的缺點。④ 近年,辛德勇教授在曹輯本和平岡武夫《續拾》的基礎上更作《兩京新記輯校》(簡稱"辛輯本"),除覆核了原輯本絶大部分佚文並加以增補外,還參照以《兩京新記》爲藍本的《長安志》《河南志》,重新編排了各條佚文的次序,區分了韋述原書中的正文與自注,使輯本最大限度地接近了原書的面貌。

然而隨着新材料的發現,《兩京新記》的佚文仍有補充的餘地。20世紀90年代末,陳尚君師撰《晏殊〈類要〉研究》一文,⑤對《四庫全書存目叢書》中所收北宋名臣晏殊所編纂的大型類書《類要》作了全面的介紹,而《類要》中所保存的《兩京新記》佚文亦因此進入了學者的視野。晏殊(991—1055),字同叔,撫州臨川人,幼以神童召試,仁宗慶曆二年(1042)拜相,曾奉詔參與撰修《真宗實録》《天和殿御

---

① 參妹尾達彦《韋述的〈兩京新記〉與八世紀前葉的長安》,榮新江主編《唐研究》第9卷,北京大學出版社,2003年,第14頁。
② 參辛德勇《兩京新記輯校》前言,第3頁。
③ 曹氏輯本初收入《南菁雜記》,後與《續拾》同收入《唐代の長安と洛陽・資料篇》,京都大學人文科學研究所1956年初刊,中譯本由上海古籍出版社1989年出版。
④ 參辛德勇《兩京新記輯校》前言,第3—4頁。
⑤ 收入《陳尚君自選集》,第298—322頁。

覽》等朝廷大製作，生平各類著作計有數十種之多，①《類要》便是其平日讀書之時，摘錄各種書籍，分門別類編撰而成的一部大型類書。原書七十四篇，②七十六卷，③其四世孫晏袤增爲一百卷，開禧二年（1206）奏進。④ 然其書並未付梓，數百年來僅靠鈔本流傳。國内現存的三個《類要》鈔本，皆屬晏袤補闕的一百卷本系統，分别藏於西安文物管理委員會、北京大學與中國社科院文學研究所（以下分別簡稱"陝本""北大本""社科院本"）。陝本和社科院本三十七卷。北大本十六卷，卷首有武英殿粘簽一頁，係四庫所用參校之本，⑤所存十六卷皆見於三十七卷本。據最常見的陝本統計，殘本三十七卷，字數已過百萬，引錄了宋初以前四部文獻達七百種以上，其中已佚文獻近半，包括唐實錄、唐職員令及唐代圖經地志等各類珍異文獻，爲學術研究提供了難得的新材料。

近年來，筆者從事《類要》的整理研究以及宋前逸書的輯佚工作，從中輯得《兩京新記》共計二十條，其中十九條，或未見於其他文獻，或較其他文獻所引爲詳，可補原輯本之未備，故不揣淺陋，據陝本參校北大本及社科院本錄出，並略作考訂，俾求正於方家。

其他典籍中所引錄的《兩京新記》佚文，間亦有原輯本偶未收錄而可資補益者，在此亦一併錄出，以求全備。各書引文誤字隨文改正，以〔〕標出，以（）存錄原文。錄文中所涉文獻版本如下：《類要》，以《四庫全書存目叢書》影印陝本爲底本，校以北大圖書館及中國社科院文學研究所圖書館所藏本，三者擇善而從（頁碼僅注《四庫全書存目叢書》影印陝本）；《建康實錄》，中華書局1986年點校本；《大事紀續編》，臺灣商務印書館影印《文淵閣四庫全書》本；《長安志》，乾

---

① 參夏承燾《唐宋詞人年譜》，上海古典文學出版社，1955年，第267頁。
② 見曾鞏《類要序》，陳杏珍、晁繼周點校《曾鞏集》卷一三，第210頁。
③ 此從《直齋書錄解題》卷一四，詳細考證參陳尚君《晏殊〈類要〉研究》，收入《陳尚君自選集》，第301頁。
④ 見《玉海》卷五四，第1082頁。
⑤ 參陳尚君《晏殊〈類要〉研究》，收入《陳尚君自選集》，第302頁。

隆五十二年思賢講舍刊本；《雍錄》，中華書局 2002 年點校本；《集古錄跋尾》，《石刻史料新編》第 1 輯第 24 册影印光緒刊本；《歷代名畫記》，上海人民美術出版社 1963 年點校本；《太平御覽》，中華書局 1960 年影印靜嘉堂本；《事物紀原》，上海古籍出版社 1990 年影印《和刻本類書集成》本；《海錄碎事》，中華書局 2002 年點校本；《玉海》，中文出版社 1977 年影印合璧本；《太平廣記》，中華書局 1961 年點校本；《演繁露》，《叢書集成》本；宛委山堂本《説郛》，上海古籍出版社 1988 年影印《説郛三種》本。錄文所注頁碼皆據上述版本，不再一一加注羅列。

1. 正殿門曰承天門，外即朝堂，東有肺石，西有登聞。（《類要》卷一三《總叙皇居》引《西京記》，子 166—579 頁上）

考釋：《太平御覽》卷一八三引韋述《西京新記》："〔宫〕（皇）城南面六門，正南承天門，門外兩觀，〔肺〕石、登聞鼓。"（第 890 頁下）曹輯本據之收入，辛輯本同。按此條首句，《長安志》卷六作"正殿南承天門"（第 2 頁 a），《玉海》卷一五七引《長安志》作"當正殿曰承天門"（第 2974 頁上）。

2. 宫之太極殿本大興村，故因用其名。（《玉海》卷一七四引"韋述曰"，第 3287 頁下）

考釋：《雍錄》卷三引韋述之説略同。

3. 百福殿在太極宫中，公主院西，承慶殿又在百福殿西。（《玉海》卷一五九引《兩京記》，第 3024 頁上）

考釋：《唐六典》卷七："宜秋之右曰百福門，其内曰百福殿。百福之西曰承慶門,内曰承慶殿。獻春之左曰立政門,其内曰立政殿。"①《長安志》卷六載此略有脱文。

4. 隋文帝移都大興城,因其遺址增修宫側未央池,即漢之滄池漸臺也、漢武庫及樗里子之墓。(《雍録》卷二引《兩京記》,第 37 頁)

考釋:《長安志》卷六禁苑内苑章所載同此,唯誤隋爲唐。

5. 南北望春亭在禁苑東南高原之上。(《説郛》卷六〇下引韋述《西都雜記》,第 2794 頁下)

考釋:《玉海》卷一五八引《兩京記》:"西京禁苑内有望春宫,在高原之上,東臨灞滻。今上曾登北亭,賦《春臺詠》。朝士奉和凡數百。"(第 2992 頁下)曹輯本據之收入,辛輯本同。按《長安志》卷六、《雍録》卷九皆載禁苑中有南北望春亭,與"登北亭"云云亦合,當據《説郛》。

6. 含元殿東南有翔鸞閣,西南有棲鳳閣。(《類要》卷一三《正殿》引《西京記》,子 166—584 頁上)

考釋:《太平御覽》卷一八四引《西京記》:"西京大明正中含元殿,殿東西翔鸞、棲鳳閣。"(第 895 頁下)曹輯本據之收入,辛輯本同。按《長安志》卷六所載與此條同。

7. 清思殿在大明宫。(《大事記續編》卷六四引韋述《兩京記》,第 270 頁下)

---

① 《唐六典》卷七,第 218 頁。

考釋:《長安志》卷六大明宮亦載清思殿之名。

8. 西京東〔宮〕(京)正殿曰明德,本曰嘉德殿,東西二〔廊〕(廂)有左右〔嘉〕(佳)善門,南曰嘉德門。(《類要》卷一三《諸殿》引《西京記》,子166—584頁下)

考釋:《長安志》卷六所載與此條略同。

9. 西京大明宮中有麟德殿,三面,亦以三殿爲名,實聖朝壯觀。玄宗與諸王近内臣宴,多于此殿,香柏爲殿,香聞十里。(《類要》卷一三《諸殿》引《西京新記》,子166—585頁上)

考釋:《玉海》卷一六〇正文及注引《兩京新記》同此,無劃綫字,曹輯本據《玉海》正文收入,辛輯本同。《長安志》卷六所載與此條略同。

10. 承天門南爲皇城,乃左右春坊與東宮重明門之地。(《長安志》卷一一引《西京記》,第3册,第11頁b)

考釋:據《長安志》卷七,承天門街之東,宮城之南,第二横街之北,有左右春坊,并東宮朝堂。

11. 晋宋以來始置員外郎。(《事物紀原》卷五引韋述《唐兩京記》,第123頁上)省郎有不歷員外郎而拜省郎者,謂之土山頭果毅。果毅,兵官也,言從兵士便作兵官也。唐有不歷員外而徑爲省郎者,或嘲之曰:"誰言粉省裏,却有土山頭。"用此謔也。其爲外郎者酬之曰:"錦帳隨時設,金爐任意熏。惟慚員外置,不應列星文。"(《演繁露》續集卷六引韋述《兩京記》,第54頁)

考釋：《大唐新語》卷一三："晋宋以還，尚書始置員外郎分判曹事，國朝彌重其選。舊例，郎中不歷員外郎拜者，謂之'土山頭果毅'，言其不歷清資，便拜高品，有似長征兵士，便得邊遠果毅也。景龍中，趙謙光自彭州司馬入爲大理正，遷户部郎中。賀遂涉時爲員外，戲詠之曰：'員外由來美，郎中望不優。誰言粉署裏，翻作土山頭。'謙光酬之曰：'錦帳隨情設，金鑪任意薰。唯愁員外署，不應列星文。'"①與此略同，疑亦出《兩京新記》。

12. 西京秘書省監院〔廳〕（萬）事前有隕星石。隋自咸陽移〔置〕（署）于此。少監王〔劭〕（邵）作《〔瑞〕（端）石頌》以贊美之。監院東有書閣重複，以貯古今圖籍。省内本統經史及太史曆象之職，後並分爲別曹。今此省唯置寫書、貯、掌勘而已，自是門可張羅，迥無統攝官屬，望雖清雅，而實非要劇，權貴子弟及好利〔誇〕（誘）侈者率不好此職，流俗以監爲宰相病坊，少監爲給事中、中書舍人病坊，丞及著作郎爲尚書郎病坊，秘書郎及著作佐郎爲監察御史病坊，言被〔職〕（識）不甚繁劇者當改〔入此〕（此入）者。然其職在圖史，無復推坐，故好學君子厭〔于〕（子）趨竟者亦求爲此職焉。閣書東有校正院，校書郎及正字，吏部皆用高才秀傑者解褐補之。開元五年，馬懷素爲監，又〔奏〕（奉）儒術之士國子博士尹知章等刊正經史，並修《群書四録》。素卒後，散騎常侍元行冲統之也。（《類要》卷一六《秘書省》引《兩京〔新〕（觀）記》，子166—651頁上）

考釋：此條起首至"後並分爲別曹"又見《秘笈新書》卷五引《兩京新記》，"今此省唯置寫書"至"亦求爲此職焉"又見《太平廣記》卷一八七引《兩京記》。曹輯本據二書收入，無劃綫字，辛輯本同。《長安志》卷七叙秘書省，注文載隕星石及王劭作《瑞石頌》與此同。

---

① 《大唐新語》卷一三，中華書局，1984年，第190—191頁。

13. 四方館,隋曰謁者臺,領諸方通表,通事舍人受事之司。(《類要》卷一九《内諸司》引《兩京記》,子166—715頁上)

考釋:《長安志》卷七皇城四方館所載與此同。

14. 臺門北開,以糾劾之司主意於殺,故門北啓,以象陰殺。或曰俗傳開南門不利大夫。(《事物紀原》卷六引韋述《唐兩京記》,第161頁下)

考釋:《長安志》卷七皇城御史臺注引《御史臺記》與此略同。

15. 國子監領國子、太學、四門、律、曆、書、〔算〕(筆)學。四門已上,三學之生徒,並〔仍〕(乃)以明經、進士充之者矣。(《類要》卷一九《國子監》引《西京新記》,子166—706頁上)

考釋:《長安志》卷七務本坊載國子監所領六學,無"四門"句。

16. 隋嘗更名佛寺爲道場。(《集古録跋尾》卷五引《兩京記》,第17876頁下)

考釋:《長安志》卷七京城注:"隋大業初有寺一百二十,謂之道場。"(第5頁b)

17. 隋文帝承周武之後,大崇釋氏,以收人望。(《大事記續編》卷四六引韋述《兩京記》,史334—270頁下)

考釋:《長安志》卷七靖善坊大興善寺注同此。

18. 西京有清都觀。貞觀中，觀内有道士張惠元，懷州人，風格高嚴整，以辨論琴書見稱。于志寧、許敬宗尤所敦好。永徽中，忽謂門人曰："吾被天書徵爲八威觀主。"居數日，無疾而終。(《類要》卷五《道士羽化》引《兩京記》，子 166—320 頁上)

考釋：《長安志》卷七永樂坊有清都觀，未載此事。

19. 西京景龍觀。景雲中，天台道士司馬承禎被召入京，〔止〕(上)于此觀。承禎以武太后、中宗朝頻徵不起，睿〔宗〕雅尚道宗，又高承禎之志，自天台迎至，承禎〔固〕(吾)辭請還，敕贈寶琴花帔等，以禮遣之。工部侍郎李適賦詩贈焉。在朝文士無不屬和，散騎常侍徐彦伯撮其美者二十二首，爲之製序，名爲《白雲記》，傳於時。(《類要》卷五《道士恩遇》引《二京記》，第 317 頁下)

考釋：《玉海》卷一〇〇引《兩京記》同此，無劃綫字，"工部侍郎李適"云云爲小注，"二十二首"作"二十一首"，曹輯本收入正文而未及小注，辛輯本同。《長安志》卷八崇仁坊有玄真觀，即景龍觀，未載此事。

20. 昭國坊有薛繪子侄十人，冠冕茂盛，時號薛曲。(《海錄碎事》卷三下引《西京記》，第 106 頁)

考釋：《長安志》卷八勝業坊薛繪宅注、《雍録》卷七所載略同。"昭國坊"前原有"東京"二字，蓋《海錄碎事》之誤。

21. 長安中，太平公主於原上置亭遊賞，後賜寧、申、岐、薛王。正月晦日、三月三日、九月九日，京城士女咸即此祓禊，帟幕雲布，車馬填塞，詞人樂飲歌詩。(《雍録》卷六引《兩京新記》，第 132 頁)

考釋：《分門集注杜工部詩》卷一〇《樂遊園歌》王洙注引《西京記》："樂遊園，漢宣帝所立。唐長安中，太平公主於原上置亭遊賞。其〔地〕（池）四望寬敞，每三月上巳、九月重陽，士女戲，就此祓禊登高，幄幕雲布，車馬塡塞，虹彩映日，馨香滿路。朝士詞人賦詩，翌日傳於京師。"①曹輯本據《新編古今事文類聚》前集卷八收入，誤入"故杜少陵有《樂遊園歌》"一句，無劃綫字，辛輯本同。《長安志》卷八昇平坊樂遊廟注載此事，與《雍録》所引同。

22. 芙蓉園，本隋氏之離宫，居地三十頃，周回十七里。貞觀中，賜魏王泰，死，又賜東宫，令屬家令寺。園中廣廈修廊，連亘屈曲，其地延袤爽塏，跨帶原隰，又有修竹茂林，緣被岡阜。東坂下有凉堂，堂東有臨水亭。按《黄圖》：曲池，漢武所造，周回五里，池中遍生荷芰菰蒲，〔其〕（冒）間禽魚翔泳。宣帝立廟曲池之北，名曰樂遊廟，即今昇平坊内基趾是也。此在秦爲宜春苑，在漢爲樂遊苑。宇文愷營建京城，以羅城東南地高不便，故缺此〔隅〕（偶）頭一坊餘地，穿入芙蓉池以虚之。（《太平御覽》卷一九七，第 949—950 頁）

考釋：《御覽》此條接《天文要集》後，以"又曰"起首。按《天文要集》見《隋書·經籍志》，所載皆星宿，與此條不合。《天中記》卷一五引此事，注出《兩京記》。《太平寰宇記》卷二五載敦化坊芙蓉園事略同。《分門集注杜工部詩》卷三《哀江頭》王洙注引《西京雜記》曰："朱雀街東第五街，皇城之東第三街，昇道坊龍華尼寺南有流水屈曲，謂之曲江。司馬相如《吊秦二世文》云'臨曲江之隄州'，蓋其所也。《關中記》云：'宣帝立廟曲江之北，名曰樂遊廟。因苑爲名。'即今昇平坊内餘址是也。此地在秦爲宜春苑也，在漢爲樂遊苑也。"②與此

---

① 《分門集注杜工部詩》卷一〇，《四部叢刊》影宋本，第 179 頁。
② 《分門集注杜工部詩》卷三，第 82—83 頁。

大致相合,當與此條同是《兩京新記》文字。《資治通鑑》卷一九八胡注引《長安志》有宇文愷鑿池事,與此略同,今本未見。

23. 西京通化坊,貞觀、永徽間,太常少卿歐陽詢,著作郎沈越賓亦住此坊,殷、顏即南朝舊族,歐陽與沈〔又〕(文)江左仕人,時人謂此坊爲吳兒坊。(《類要》卷三七《雜事》引《兩京記》,子167—380頁下)

考釋:《太平御覽》卷一八〇引韋述《兩京記》:"通化坊東南,鄖公殷開山宅,西北顏師古宅。又有歐陽詢宅,時人謂之吳兒坊。"(第879頁上)曹輯本據此收入,辛輯本同。《長安志》卷九敦化坊所載與《御覽》及此條同。

24. 貞觀中,有僧惠静,〔姓〕(始)房氏,傳藻《續英華集》十六卷,盛行於代。<u>纂之際,天下詩什莫不繕畢集</u>。惠净常曰:"作者非難,鑒者爲貴。吾所搜簡寫,亦《詩》三百之次。"(《類要》卷三一《詩》引《西京記》,子167—247頁上)

考釋:《大唐新語》卷九《著述》:"貞觀中,紀國寺僧慧静撰《續英華詩》十卷,行於代。慧静嘗言曰:'作之非難,鑒之爲貴。吾所搜揀,亦《詩》三百篇之次矣。'慧静俗姓房,有藻識。今復有詩篇十卷,與《英華》相似,起自梁代,迄於今朝,以類相從,多於慧静所集,而不題撰集人名氏。"①《全唐文》卷一五四載劉孝孫《沙門慧净詩英華序》一篇。《長安志》卷一〇延福坊有紀國寺而未載此事。

25. 五通觀,隋開皇八〔年〕,〔爲〕道士焦子順所立。子順,廣寧

---

① 《大唐新語》卷九,第133頁。

人,能驅役鬼神,受〔諸符〕籙,預告隋〔文〕(人)以受命之應,〔及即〕(其節)位,授上開府、永〔安公〕。隋任徐州刺史,固辭不應。常謨謀軍國,出入卧內,帝恐其往還疲倦,乃遷近,于宮城立觀,仍以五通爲名,以旌其神異,號爲焦天師。開皇十六年卒。突厥寇西邊,帝仗子順書持〔籙〕(録)以厭之,寇便散,西土賴之。至貞觀、永徽間,瓜、沙、甘、肅諸州往往有焦開府廟。(《類要》卷二七《神異方士》引《兩京記》,子167—193頁上、下)

考釋:尊經閣本《兩京新記》卷三安定坊存此條,無劃綫字。《長安志》卷一〇載此事稍有删節。

26. 漢靈臺,漢平帝元始四年所立,<u>本名清臺</u>,望雲物之所。(《類要》卷一九《司天監》引《兩京記》,子166—697頁上)

考釋:尊經閣本《兩京新記》卷三修真坊存此條,無劃綫字。《長安志》卷一〇載此與殘卷同。

27. 東都宮〔城〕(成),隋曰紫微城,初置北城,以象紫微宮,因以名也。(《類要》卷三《作京》引《兩京記》,子166—261頁下)

考釋:《河南志·隋城闕古蹟》載紫微宮之名。

28. 東都宮〔城〕(成),中隔城〔四〕(回)重,最北曰圓璧城,〔次〕(以)曰耀儀城,次曰玄武,最南曰洛城。城中有圓璧門、耀儀門。(《類要》卷三《作京》引《兩京記》,子166—261頁下)

考釋:《河南志·唐城闕古蹟》所載與此同。

29. 東都城有閶闔闕,在映日堂,東隔城之上,闕北及南皆有觀象臺,女史仰觀之所。(《類要》卷一三《總叙宫掖》引《兩京記》,子166—589頁上)

30. 宫城之中有百戲臺,在儀鸞殿北,堂中列坐木人,皆就執樂器,下有關鍵,因水動輪而諸樂作矣。(《類要》卷一三《總叙宫掖》引《西京記》,子166—589頁上)

考釋:《河南志·唐城闕古蹟》:"百戲堂在儀鸞殿北。"

31. 弘道觀東封圖。(《歷代名畫記》卷三,第52頁)

考釋:《歷代名畫記》卷三:"弘道觀東封圖是吴畫,《兩京記》乃云非名手畫,誤也。"《河南志·京城門坊街隅古蹟》修文坊有弘道觀之名而未載此事。①《唐會要》卷四八與《河南志》所載略同。《宋高僧傳》卷一七《唐江陵府法明傳》有中宗時洛京大弘道觀主桓道彥,則弘道觀在洛陽。

32. 賈敦頤,永徽初爲洛州刺史,其弟敦實後復繼,並有惠政。百姓前後立碑,並建於東都。(《類要》卷三一《碑》引《兩京記》,子167—259頁上)

考釋:《玉海》卷六〇引《兩京記》,無劃綫字。曹輯本據此收入,繫於南市,誤,辛輯本同。《河南志·京城門坊街隅古蹟》思順坊注、《太平寰宇記》卷三載賈氏兄弟事,皆及於棠棣碑,與此全同。思順坊西鄰南市。

---

① 《河南志》,中華書局,1994年,第6頁。

33. 東都懷音府,貞觀十五年置,簡高昌户爲衛士,義取《詩》之"食我桑葚,懷我好音",欲感化遷善,以爲號焉。(《類要》卷三六《夷使》引《兩〔京〕(晋)記》,子167—366頁下)

考釋:《河南志·京城門坊街隅古蹟》卷一:"宣教坊,本名弘教,唐神龍初避孝敬皇帝諱改。有懷音府。"①

34. 東都聖善寺,中宗爲太后造福寺,置碑,中宗自製文,睿宗書。(《類要》卷九《鐫勒碑銘》引《西京記》,子166—493頁下)

考釋:《唐會要》卷四八:"聖善寺。章善坊,神龍元年二月立爲'中興'。二年,中宗爲武太后追福,改爲聖善寺。"②

35. 馬周舊宅。(《太平廣記》卷二一四,第1643頁)

考釋:《太平廣記》卷二一四引《盧氏雜説》:"余舊宅在東洛歸德坊南街,廳屋是杏木梁,西壁有韋旻郎中散馬七疋,東壁有張旭草真蹤數行。旭世號張顛。宅之東果園,《兩京新記》是馬周舊宅。"

36. 皇城西南洛水北有分穀渠,北,隋朝有龍天王祠。俗傳梁武帝鄀后性妒忌,武帝初立,未册命,因忿懟,乃投殿庭井中。衆赴井救之,已化毒龍,煙焰衝天,人莫敢近。帝悲歎久之,乃册爲龍天王,使井上立祠,朱粉塗飾,加以雜寶,每有所御,必厚祭之,巡直洒掃。自梁歷陳,享祀不絶。陳滅,乃遷其祠於京城道德寺,大業初又移於此地,置祠。祠内有星辰日月、閻羅司命、五嶽四瀆、大龍神象。蔣州沙

---

① 《河南志》,第13頁。
② 《唐會要》卷四八,第993頁。

門法濟嘗住祠中,以事龍天王神。濟有二豎子,一善吹笙,一善方響,每日以朝暮作樂。濟爲神所感,著衣鼓舞而不自覺。今向北,即上陽宫也。(《建康實録》卷一八引《東京記》,第719頁)

考釋:《河南志·唐城闕古蹟》有分穀渠,未及此事。

上揭新見佚文中所涉宫觀樓閣及其淵源沿革、軼聞傳說、人物掌故之中頗有此前未知的内容,如揀選高昌户爲懷音府衛士,尚書省遷轉規則,五通信仰之遠播瓜、沙、甘、肅,南朝神祠北遷京、洛,等等,爲唐代政治、制度、社會乃至民間信仰的研究提供了難得的史料。

二、從《長安志》與《河南志》復原《兩京新記》的構想

宋敏求所撰《長安志》與《河南志》皆以《兩京新記》爲藍本,這一點,當時爲二書作序的司馬光和趙彦若皆已指出。① 那麽從理論上而言,可以通過現存《兩京新記》文字與《長安志》《河南志》的比讀來考究宋氏對《兩京新記》的承襲程度,並由此考查從二書之中復原《兩京新記》的可能性。在這一方面,已有學者對此作了相當的論述。日本學者福山敏男和妹尾達彦在比對《長安志》與尊經閣本《兩京新記》卷三殘卷後指出,《長安志》在結構和所列建築上皆本於《兩京新記》,②妹尾達彦由此推斷,可據《長安志》中與《兩京新記》卷三重合部分復原《兩京新記》中西京外郭城諸坊。榮新江、王静《韋述及其〈兩京新記〉》從《長安志》中特殊的用詞和敘述方式推斷《長安志》中

---

① 司馬光《傳家集》卷六八《河南志序》:"韋述爲《兩京記》……宋君敏求字次道,演之爲《河南》《長安志》。"熙寧九年趙彦若《長安志序》稱當時長安的地志"圖牒殘脱,宿老無傳,求諸故志,唯韋氏所記爲一時全書……二京已録,固不得獨闕於此"。
② 見福山敏男《兩京新記解説》,載《兩京新記輯校》,第4—5頁;妹尾達彦《韋述的〈兩京新記〉與八世紀前葉的長安》,第14—15頁。

存在《兩京新記》的原文。① 這些精彩的論述精確地把握了《兩京新記》和《長安志》之間的承襲關係,也啓示我們從《長安志》復原《兩京新記》整體結構的新思路。但日本學者所依據的僅僅是《兩京新記》卷三殘卷中所保存的外郭城朱雀街西部分,所比對的內容也僅限於坊內的建築與環境布局,而《長安志》與《兩京新記》其他部分的關係究竟如何,是否可以用上面的標準,或者應當用怎樣的標準從《長安志》卷六至卷十中剝離出屬於《兩京新記》的文字,仍值得進一步分析和探討。又徐松自《永樂大典》中輯得元《河南志》,②其唐代部分亦襲自宋敏求《河南志》,此書與《兩京新記》中東都部分的承襲關係,更未爲學者所注意。筆者認爲,《長安志》的復原或許可以參考學界復原唐令的方法,以系統承襲《兩京新記》的《長安志》和《河南志》爲基幹,通過二書與《兩京新記》殘卷及佚文的比對,衡量宋敏求對韋述原書的改寫程度和去取原則,力圖從中復原《兩京新記》的整體架構。以下筆者即從結構體例、建築物名目及文字異同等方面對《長安志》、元《河南志》與《兩京新記》佚文進行比對,以考察宋敏求對《兩京新記》的利用程度及今人從二書之中復原韋述原書的可能性。

1.《長安志》對《兩京新記》的利用程度

《長安志》總計二十卷,其中唐代部分爲卷六至卷十,分爲宮室、皇城、京城,與《兩京新記》結構一致。以全書體例論,唐代以外各部分皆叙前代故實,建置因革,次及於北宋之情態,各建築物所構成的條目之間散碎無條貫,應係自前代史籍地志中辛苦爬梳所得。而《唐宮室》篇,首叙長安建都之由,次叙宮城各門,而後及於西內、東宮、禁苑、大明宮等各處宮室,繼以《唐皇城》及《唐京城》二篇,首尾連貫,結構完整,除小注中略及隋代沿革外,既無前代之追述,亦不見北宋之實況,與全篇體例迥異,可見淵源有自。

---

① 榮新江、王靜《韋述及其〈兩京新記〉》,《文獻》2004年第2期,第31—48頁。
② 徐松認爲此即宋敏求《河南志》,而繆荃孫《河南志跋》、高敏《永樂大典本河南志跋》(點校本《河南志》附錄,第228—250頁)皆考其爲元《河南志》,可從。

又《長安志》其他各篇,建築之下注文多詳引典籍,注明出處,而卷六至卷十的注文中,未注明出處的文字約占七成,多叙建築物沿革歷史;餘下三成注明出處的文字則多載玄宗以後事迹或宋氏對韋氏原文的補充及考異。因此,可以認爲《長安志》這部分的引書體例類似於徐松的《兩京城坊考》:徐松《城坊考》以《長安志》及《河南志》爲主幹,凡本於二志者皆不注出處,而新列目或對舊目有所增補者則引書説明。宋敏求對《兩京新記》的處理亦大致如此。因此,將《長安志》卷六至卷十之中未注出處的内容,整體視作襲録自《兩京新記》的内容,應大致無誤。

將這部分文字與現存《兩京新記》佚文詳加比對,可以發現,《長安志》卷六至卷十之中未注出處的内容的確與《兩京新記》有着大量重合,且在文字上存在着高度的一致,試舉數例:

《兩京新記》:(頒政坊)十字街東之北,建法尼寺。隋開皇三年,坊人田通所立。隋文帝初移都,便出寺額一百二十枚於朝堂,下制云:"有能修造,便任取之。"通孤貧,子然唯有圊堵之室,乃發憤,詣闕請額而還,置於所居。柴門瓮牖,上穿下漏,時陳臨賀王叔敖母與之鄰居,又捨宅以足之,其寺方漸營建也。①

《長安志》:(頒政坊)街東之北,建法尼寺。隋開皇三年,坊人田通捨宅所立。文帝初移都,便出寺額一百二十枚於朝堂,下制云:"有能修造,便任取之。"通孤貧,〔子〕(子)然唯有環堵之室,乃發憤,詣闕請額而〔還〕,置於所居。柴門瓮牖,上穿下漏,時陳臨賀王叔敖母與之鄰居,又捨宅以足之,其寺方漸修建。②

《兩京新記》:進業坊慈恩寺。隋無漏寺之故地,武德初廢。貞觀二十〔二〕年,高宗在春宫,爲文德皇后所立,故以慈恩爲名。南院臨黄渠,竹木森邃,爲京城之最。寺西院浮圖六級,高三百尺。永徽三年,沙門玄〔奘〕(楚)所立。浮圖内有梵本諸經數十

---

① 尊經閣本《兩京新記》卷三,轉録自《兩京新記輯校》,第31頁。
② 《長安志》卷一〇,第3册,第1頁b。

匣。浮圖前東階立太宗皇帝撰《三藏聖教序》及高宗皇帝《述聖記》二碑，並褚遂良書，立於弘福寺及此寺。①

《長安志》：次南進昌坊。半以東大慈恩寺。<u>隋無漏寺之地，武德初廢。貞觀二十二年，高宗在春宮，爲文德皇后立慈寺，故以慈恩爲名，仍選林泉形勝之所。寺成，高宗親幸，佛像幡華並從宮中所出，太常九部樂送額至寺。寺南臨黃渠，水竹森邃，爲京都之最。……寺西院浮圖六級，崇三百尺。永徽三年，沙門玄奘所立。</u>初唯五層，崇一百九十尺，塼表土心，仿西域窣堵波制度，以置西域經像。後浮圖心内卉木鑽出，漸以頹毁。長安中更拆改造，依東夏刹表舊式，特崇於前。有辟支佛牙，大如升，光采焕爛，東有翻經院。②

以上所列，前一組文字幾乎完全一致。而後一組，雖詳略有異，但其劃綫部分顯然有因襲關係，鑒於尊經閣本《兩京新記》亦係節録，《長安志》多出的文字很可能亦出《兩京新記》。通過兩組文字的比較可以發現，《長安志》幾乎直接摘録《兩京新記》，甚至在文詞的改寫上極爲有限，故而保留了"武太后"等唐人獨有的用詞習慣。③

據辛輯本所存文字統計，除宫城、皇城缺略過甚外，外郭城諸坊共173目，目下敘述沿革掌故的注文與《長安志》大致相合者100條，約占58%，考慮到有些坊僅列名而無注文，因此這個比例實際應當更高。如果僅就較完整的尊經閣殘卷而言，幾乎所有的注文都可以在《長安志》中找到對應的記載，其文字的接近程度與上列兩組大體相當。

因此，綜合《長安志》在結構、引書體例及文字各方面來看，可以認爲，宋敏求幾乎將《兩京新記》西京長安部分的整個架構系統地抄入了《長安志》中。

但是我們也應當注意到，現存的《兩京新記》佚文，仍有相當一部分未見諸《長安志》，顯爲宋敏求所删削。這些内容可以歸納爲神異

---

① 《分門集注杜工部詩》卷八《同諸公登慈恩寺塔》注引《兩京新記》，第156頁下。
② 《長安志》卷八，第3册，第8頁a。
③ 參榮新江、王静《韋述及其〈兩京新記〉》，第44頁。

故事、掌故制度、人物軼事及各類細節描寫，如上揭新見佚文中的景龍觀司馬承禎故事、清都觀張惠元故事、秘書省掌故等皆屬此類。如果把《兩京新記》中記述建築沿革的文字比作骨架的話，這些掌故、軼事、傳說就是全書的血肉，它們縈繞於宮館樓閣、街市居所，折射出盛唐長安活潑潑的社會風貌。但對於三百餘年後旨在記述長安城市里坊沿革歷史的宋敏求而言，這些文字並非其所關注的對象，遭到摒棄亦在所難免。

由此筆者認爲，《長安志》卷六至卷十的唐代部分整體吸收了《兩京新記》的結構、建築名目（極小一部分取開元以後所改之名）、沿革歷史等構成《兩京新記》骨架的文字，而基本摒棄了建築背後有關掌故、軼事、傳說、人物、風俗等內容。別除《長安志》中開元十年以後，以及已明確標明出於他書的文字，基本可得到一個完整的側重於記述長安城中各類建築沿革歷史的略出本，這可以說是《兩京新記》長安部分的骨架。

2.《河南志》對《兩京新記》的承襲

宋敏求《河南志》原書已佚，從現存承襲是書的元《河南志》輯本，我們仍可以整體復原《兩京新記》東都部分的骨架。《河南志·京城門坊街隅古蹟》明教坊下注文即明確了其與《兩京新記》的承襲關係：

> 凡坊內有韋述《記》所著隋唐舊迹，存者大書之，改易者附見其下，湮滅者注於坊名之下。韋述《記》後唐事及五代後事，雖毀廢皆大書之，所以續舊志之闕。①

證諸今《兩京新記》佚文所見東都各坊內建築，如宜人坊隋齊王暕宅、魏徵宅、仁和坊許欽明宅，宣風坊蘇味道宅（並《太平御覽》卷一八〇

---

① 《河南志》，第5頁。

引),思順坊棠棣碑(《類要》卷三一引),宣教坊懷音府(《類要》卷三六引),南市(《太平御覽》卷一九一引)等,皆見諸《河南志》,棠棣碑及蘇味道宅二條,文字亦完全相同,可見《河南志》所稱隋唐舊蹟徑取韋述《記》的編寫體例並非虛語。

除《京城門坊街隅古蹟》篇之外,書中《唐城闕古蹟》篇亦應以《兩京新記》爲藍本,故文字重合處甚多。試舉數例:

《兩京新記》:東都城有九洲池,在仁智殿之南,歸義門之西。其池〔屈〕曲,象東海之〔九〕洲。居地十頃,水深丈餘,魚鳥翔泳,花卉羅植。①

《河南志》:九洲池。在仁智殿之南,歸義門之西。其地屈曲,象東海之九洲。居地十頃,水深丈餘,魚鳥翔泳,花卉羅植。②

按《河南志》除多"屈""九"二字外,與《兩京新記》幾乎完全一致。

《兩京新記》:東京五殿,〔蔭殿也〕,壁厚五〔尺〕(丈),高九十尺,東西房廊皆五十餘間,西院有廚,東院有教坊內庫,高宗常御此殿。③

《河南志》:五殿。在隔城之西,映日臺之南。下有五殿,上合爲一,亦蔭殿也。壁厚五尺,高九十尺,東西房廊皆五十間,西院有廚,東院有教〔坊〕(塲)內庫,大帝常御此殿。④

按大帝即指謚爲天皇大帝的高宗,唯唐人對高宗有此稱謂,《河南

---

① 《玉海》卷一七一引《東京記》,第3249頁下。
② 《河南志·唐城闕古蹟》,第124頁。
③ 《太平御覽》卷一七五引《兩京記》,第855頁上。
④ 《河南志·唐城闕古蹟》,第125頁。

志》此條文字出於《兩京新記》無疑,而《太平御覽》引文已爲宋人所改。

由上可證,《河南志》中的《京城門坊街隅古蹟》與《唐城闕古蹟》二篇,其開元十年以前的建築名目及注文皆出於《兩京新記》。因此,同樣可從《河南志》中復原得《兩京新記》東都部分的整體骨架。

或許是由於經過了元代再次重編,加之今所見本係徐松輯錄所得,《河南志》文字較《長安志》更爲簡略,《兩京新記》中原有的傳説、軼事幾乎絶迹,唐名人之住宅亦一律不標官名,甚至連寺觀廟宇的記載也極爲稀少。因此,從《河南志》中剥離出來的《兩京新記》只能是一個更爲簡略的文本。

三、其他典籍中疑出於《兩京新記》的佚文

《兩京新記》成書之後流布甚廣,少年時代的蕭穎士在開元年間即已讀過此書。① 作爲開元時代長安與洛陽最詳盡的記録,《兩京新記》成爲唐宋典籍所襲録的基本文獻。福山敏男在《兩京新記解説》中即已指出,《唐會要》卷四八"寺"與卷五〇"觀"二類,《太平寰宇記》卷二五關西道雍州的部分文字以及《宋高僧傳》卷一五、卷一八、卷二六中的慧靈、道善、法成三傳,雖未注明出處,實際上亦本自《兩京新記》。② 福山敏男的推斷提示我們,《兩京新記》的佚文可能遠遠不止典籍中明確引録的這些,更多的佚文可能藏身於習見文獻之中,而它們或許就是《長安志》和《河南志》中被刪省掉的部分,找到它們也許可以使我們看到更爲豐盈生動的《兩京新記》。

---

① 《文苑英華》卷六七八蕭穎士《贈韋司業書》:"幼小日曾竊窺足下所著《兩京新記》,長來追思,實爲善作。"第3490頁。考韋述爲國子司業在開元二十七年至天寶初,則蕭穎士幼小時最晚亦在開元年間。

② 福山敏男《兩京新記解説》,第4—5頁。

正如福山敏男已指出的,《唐會要》"寺""觀"兩門類中關於開元中期以前所立兩京各寺的文字皆自《兩京新記》摘出,其與《長安志》《河南志》及《兩京新記》佚文多有相合之處。考《唐會要》"寺""觀"載兩京開元十年以前所立之寺三十二所、觀二十二所,僅洛陽城中的八所寺宇未見於《河南志》,叙述文字亦與《兩京新記》佚文及《長安志》《河南志》如出一轍。以"慈恩寺"條爲例:

《唐會要》:慈恩寺。晋昌坊,隋無漏廢寺。貞觀二十二年十二月二十四日,高宗在春宫,爲文德皇后立爲寺,故以慈恩爲名。寺内浮圖,永徽三年,沙門玄奘所立。①

《兩京新記》:進業坊慈恩寺。<u>隋無漏寺</u>之故地,武德初廢。<u>貞觀二十〔二〕年,高宗在春宫,爲文德皇后所立,故以慈恩爲名。</u>南院臨黄渠,竹木森邃,爲京城之最。<u>寺西院浮圖</u>六級,高三百尺。<u>永徽三年,沙門玄〔奘〕(楚)所立</u>。浮圖内有梵本諸經數十匭。浮圖前東階立太宗皇帝撰《三藏聖教序》及高宗皇帝《述聖記》二碑,並褚遂良書,立於弘福寺及此寺。②

《唐會要》文字幾乎與劃綫字如出一轍,直可視爲《兩京新記》的簡略版。而《唐會要》對其餘寺觀的記述亦皆與《長安志》及《河南志》中相關内容重合,可證福山敏男的推論是完全成立的。由此我們或可進一步認爲,《河南志》所未載而《唐會要》存録的 8 所洛陽寺宇亦當本於韋述之書,甚至有可能即是《兩京新記》佚文。

除《唐會要》外,《唐六典》卷七"工部郎中"所載長安及洛陽宫城、皇城、外郭城規制及各宫殿名,間叙沿革,相當一部分亦與《兩京新記》佚文及《長安志》《河南志》一致。考《唐六典》成書於開元二十

---

① 《唐會要》卷四八,第 990 頁。
② 《分門集注杜工部詩》卷八《同諸公登慈恩寺塔》注引《兩京新記》,第 156 頁下。

《兩京新記》新見佚文輯考　151

七年,韋述參預其事,並爲之撰定規制,①那麼對於《唐六典》中涉及長安與洛陽建置及各宫殿府署的部分,前此完成的《兩京新記》無疑是其重要的史料來源。而這部分文字與《兩京新記》佚文的重合亦可證明這一推論:

《唐六典》:大明宫在禁苑之東南,西接宫城之東北隅。龍朔二年,高宗以大内卑濕,乃於此置宫。南面五門:正南曰丹鳳門,東曰望仙門,次曰延政門,西曰建福門,次曰興安門。……丹鳳門内正殿曰含元殿。殿即龍首山之東趾也。階上高於平地四十餘尺,南去丹鳳門四百餘步,東西廣五百步。今元正、冬至於此聽朝也。夾殿兩閣,左曰翔鸞閣,右曰棲鳳閣。與殿飛廊相接夾殿,東有通乾門,西有觀象門。閣下即朝堂,肺石、登聞鼓,如奉天之制。②

《兩京新記》:大明宫南接京城之北面,西接京城之東北隅。初,高宗嘗患風痺,以宫内湫濕,屋宇擁蔽,乃於此置宫。③ 西京大明宫南面五門:正南丹鳳門,次東望仙、延政門,次西建福、興安門。④ 西京大明正中含元殿,殿東西翔鸞、棲鳳閣,下肺石、登聞鼓。⑤ 含元殿左右有砌道盤上,謂之龍尾道。殿陛上高於平地四十餘丈,南去丹鳳門四百步。⑥ 大明宫含元殿東西通乾、觀象門。⑦

《唐六典》:上陽宫在皇城之西南。苑之東垂也。南臨洛水,西拒穀水,東面即皇城右掖門之南。上元中營造,高宗晚年常居此宫以聽政焉。東面二

---

① 《新唐書》卷一三二《韋述傳》,第4530頁。
② 《唐六典》卷七《尚書工部》,第218頁。
③ 《太平御覽》卷一七三引《兩京記》,第848頁上。
④ 《太平御覽》卷一八三引《西京新記》,第890頁下。
⑤ 《太平御覽》卷一八四引《兩京記》,第895頁下。
⑥ 《玉海》卷一五九引《兩京記》,第3021頁下。
⑦ 《太平御覽》卷一八三引《西京新記》,第890頁下。

門：南曰提象門。即正衙門。北曰星躔門。提象門内曰觀風門……其西則有西上陽宫。兩宫夾穀水，虹橋以通往來。①

《兩京新記》：上陽宫在皇城西南，東苑〔之〕(前苑)東垂，南臨洛水，西亘穀水。上元中，韋機充使所造。列岸修廊連亘，掘地得銅器似盆而淺，中有隱起雙鯉之狀，魚間有四篆字曰"長宜子孫"，時人以爲李氏再興之符。高宗末年常居此宫以聽政也。② 上陽宫東〔面〕(西)二門，南曰提象門，北星躔門，内門曰觀風門。③ 上陽宫西有西上陽宫，兩宫夾穀水，虹橋架迥，以通往來。④

以上兩組《唐六典》和《兩京新記》佚文，雖間有去取之不同，但文字上都極爲近似，顯然同出一源。《唐六典》的這部分内容雖然載有開元十年以後制度，京城—皇城—宫城的叙述次第亦與《兩京新記》相反，但其文字與《兩京新記》佚文及《長安志》《河南志》的高度重合表明，這部分内容應是在《兩京新記》的基礎上改寫而成，甚至本身即可能出自韋述手筆。因此，它對於《兩京新記》宫城部分的復原有着重要的參證意義。

《兩京新記》所載録的坊市街巷之間、宫觀居宅背後的奇聞軼事、傳説掌故對於後世文士無疑有着巨大的吸引力，編入著作，輾轉引述，亦在情理之中。如福山敏男已指出的，《宋高僧傳》中的慧靈、道善、法成三傳，雖未標出書名，實際很可能即出自《兩京新記》。⑤ 相似的例子尚多，如上揭新見佚文第 24 條慧静纂集《續英華詩》事亦見於《大唐新語》；《兩京新記》佚文中化度寺無盡藏院及正月十五京城燈會事與宛委山堂本《説郛》卷一一七上所録宋曾忄予《靈異小録》中

---

① 《唐六典》卷七《尚書工部》，第 221 頁。
② 《太平御覽》卷一七三引《東京記》，第 848 頁上。
③ 《太平御覽》卷一八三引《西京記》，第 891 頁上。
④ 《太平御覽》卷一七三引《兩京記》，第 848 頁上。
⑤ 見福山敏男《兩京新記解説》，第 4—5 頁。

二事極爲近似;而卷三殘卷中所載徐德言與樂昌公主破鏡重圓的故事更爲晚唐孟棨《本事詩》所吸收,成爲千古佳話。① 實際上,《兩京新記》中所載録的掌故異聞正是筆記小説中最常見的内容,其在流傳過程中很可能不斷被揉入後世的筆記小説之中。如果對這些文獻細加梳理,或許可以發現更多《兩京新記》中這類故事的綫索。

結　語

韋述筆下的兩京與後世方志中的長安與洛陽有着本質的不同,他對於兩京的記述,歷史沿革之外,每一處建築物細節的描摹和它背後的故事,更是他所着意的地方。對韋述而言,長安是他祖祖輩輩歌哭於斯的故土,更是他出生成長的地方,故此《兩京新記》不僅僅是一部記録長安與洛陽城市沿革歷史的地理著作,更是唐代最初一百年間社會風情以及精神世界的鮮活記録。② 新見佚文中的相當一部分便記録了那些建築背後的故事,爲我們展示了更多盛唐時代的城市圖景和歷史細節,對於唐代長安社會文化和日常生活的研究有着重要的史料價值。

但是,《兩京新記》已經佚失,碎片狀的佚文無法使我們看到韋述對於唐代長安與洛陽更完整的記述,而北宋宋敏求以《兩京新記》爲藍本編成的《長安志》與《河南志》,爲今日復原《兩京新記》的整體結構提供了絕佳的依據。通過本文的考述可以看到,《長安志》以及承襲宋氏《河南志》的元《河南志》,從結構到文字都大量節抄《兩京新記》,只要釐清其抄録韋述原書的體例和文詞的改寫程度,便不難從中整體剝離出一個偏重於記述兩京城坊建築因革歷史的《兩京新記》的略出本。而《兩京新記》成書之後的風行也使其成爲後出文獻輾轉

---

① 陳尚君《破鏡重圓的原委與真相》,刊《新民晚報》2008年12月7日。
② 參榮新江《關於隋唐長安研究的幾點思考》,刊《唐研究》第9卷,第1—8頁。

抄襲的對象。部分文獻中雖未標明出處，却與《兩京新記》佚文高度近似的內容提示我們，其史料來源很可能即是《兩京新記》，如能對這一系列文獻細加甄別考訂，或能使其成爲重要的參證資料，爲復原《兩京新記》提供更多的綫索。

（原刊《唐研究》第九卷）

《雲溪友議》十二卷本考述
——以復旦大學圖書館所藏兩部鈔本爲中心

《雲溪友議》，晚唐范攄所撰，雜記開元至唐末咸通年間事，對當時重要人物之遺聞軼事及詩歌流傳多有記述，是瞭解唐代風俗典制、詩歌本事的重要筆記。《雲溪友議》的版本自宋以來即有三卷本與十二卷本兩個系統。三卷本見載於《崇文總目》《新唐書·藝文志》《郡齋讀書志》及《通志·藝文略》；而《直齋書錄解題》及《宋史·藝文志》著錄的則是十二卷本，[1]後世所通行的明清諸本皆源出於這兩個系統。明萬曆年間，商濬刻《稗海》，收入十二卷本，此後《稗海》本傳布甚廣，遂成爲十二卷本系統之代表，《四庫全書總目》即據《稗海》本論三卷本與十二卷本之異同優劣：

> 其書世有二本，一分上中下三卷，每條各以三字標題，前有攄自序；一爲商濬《稗海》所刻，作十二卷，而自序及標題則並佚之。……此爲季振宜家所藏三卷之本，較商氏所刻爲完善。[2]

則《四庫全書總目》認爲三卷本和十二卷本最大的不同在於卷首范攄自序、總目及每條前三字標題的有無，並據此認爲三卷本較十二

---

[1] 《宋史·藝文志》作"十一卷"，第5220頁，《四庫全書總目》卷一四〇認爲"刊本誤'二'爲'一'"，第1185頁。陳樂素《宋史藝文志考證》從之，廣東人民出版社，2002年，第224頁。

[2] 《四庫全書總目》卷一四〇，第1185頁。

卷本完善。現代學者論及《雲溪友議》的十二卷本系統,亦就《稗海》本立論,所述內容未超過《四庫全書總目》。①

那麼《稗海》本是否果然反映了《雲溪友議》十二卷本的面貌,在《稗海》本之外是否還有其他十二卷本的《雲溪友議》? 事實上,《中國古籍善本書目》所著録的十種《雲溪友議》版本中,屬於十二卷本系統的尚有復旦大學圖書館所藏兩個鈔本,它們分別是明嘉靖十四年(1535)王良棟抄本(下簡稱"王本")及褚德彝過録勞權校清鈔本(下簡稱"褚本")。其中王本的形成遠在《稗海》本之前,是《雲溪友議》十二卷本系統中現存最早的文本。而褚本雖抄成於清代,但十二卷本的原貌基本尚存。這兩種抄本最大的特點在於:二本卷首都有范攄原序、總目,每條之前的三字標題亦並未佚失,可見商濬在將十二卷本《雲溪友議》收入《稗海》之時,對原本作了改動,將卷首的序、總目及每條之前的三字標題盡行刪略,形成了《稗海》本無序、目及篇目的面貌。對原書單行本的面貌進行改動之後收入叢書,這在叢書的輯刻中並不少見,《四庫全書總目》僅據《稗海》本以論《雲溪友議》兩個版本系統之間的優劣異同,未能真正揭示二者之間的差異所在,而此後對於《雲溪友議》的整理、研究,十二卷本系統的利用亦僅限於《稗海》本,不能不說是《雲溪友議》研究中的一大遺憾。故筆者不揣淺陋,特表出復旦大學圖書館所藏的這兩個珍貴鈔本,以揭示《雲溪友議》十二卷本系統之面貌,並希望藉此對十二卷本系統的淵源與價值略作分析。

一、復旦大學圖書館藏《雲溪友議》十二卷鈔本述略

1. 王本

此本經傅增湘校跋,半頁十二行,行二十一字。全書六十六條,

---

① 如周勛初《唐代筆記小說敘録》,鳳凰出版社,2008年,第91頁。

每條標題與三卷本同，唯《雜嘲戲》一篇分爲上下，故較三卷本多出一條。卷首有范攄序及全書目録。每條前三字標目同三卷本。藏印有"莫堂之印""莫堂字楚生印""獨山莫氏銅井文房藏印"等。卷首范攄自序下有"右《雲溪友議》十二卷，館閣書（下缺）化至大中聞見及嘲謔篇什（下缺）"一行。考王子霖《古籍善本經眼録》載《雲溪友議》題跋一篇曰："序末有'右《雲溪友議》三卷，《館閣書目》云：唐范攄撰，載開元至大中聞見及嘲謔篇什。陳道人書籍鋪刊行'三行。本記内用鮑本校，似爲吴志忠手校。卷末有朱筆'弘治乙丑菊月既望，約齋俞洪録'一條，字迹似批校一手，或爲吴氏抄唐百川手校頁。首有'璜川吴氏藏書''唐百川手校''大關唐鴻學收集圖書'等章。"①則此本序後殘文當即王氏所録，惟"三卷"當係"十二卷"之誤記。

此本卷末有題記及跋文三段，依次寫録如下：

① 唐賢小説家若雲溪子《友議》最可觀者。攄子七歲能詩，世傳家學，見《郡閣雅譚》。兹本傳約齋俞先生家藏本。後〔袁〕（遠）九霞飛卿得宋刻本，止三卷，上中下編者，洞庭山人陸元大借校，因其訛舛，反戾於〔是？〕本。予將參校，未冀，嘉靖庚寅（1530）稍愈，因置二本，力疾重録一過。俞本爲佳，陸本次之，是知金銀魚魯，在宋已然，覽者自得之矣。東吴柳僉謹志。

② 嘉靖乙未（1535）仲冬吉庵王良棟録藏。

③ 丙辰八月以《稗海》本對勘一過，余别有舊抄三卷本，覆亦大同小異。昔人謂三卷本足於十二卷本，殆未可信也。江安傅增湘謹識。

王良棟，明嘉靖時人，除《雲溪友議》外還曾於嘉靖十一年寫録

---

① 收入《王子霖古籍版本學文集》第2册，上海古籍出版社，2006年，第66頁。

《儒學警悟》。① 柳僉跋語亦自王本所據底本過録，故頗有訛奪。僉，字大中，號安愚，別號茶味居士，正德、嘉靖間藏書家。跋文中所提到的約齋俞先生，即上引王子霖所録跋文中的俞洪。洪字容甫，號約齋，著《約齋詩話》傳於世。② 其子弁與柳僉特相友善，《藏書紀事詩》一詩同詠。③ 袁九霞飛卿，即袁翼，飛卿乃其字。陸元大者，當係陸師道。師道字子傳，初號元洲，更號曰五湖。五湖即太湖，有洞庭山，故柳僉以此名陸氏。袁、陸二人亦明中期蘇州著名藏書家。④ 據柳僉跋文，此本之底本乃俞洪所藏，柳僉與陸氏取宋刻三卷本與此本對勘，竟皆得出此本優於宋刻三卷本的結論，與今日較重三卷本系統之觀念迥異。

2. 褚本

此本原係嘉業堂舊藏，末頁粘嘉業堂藏書牌記一紙，有"褚禮堂過勞季言校及補校，有跋"題記一行，半頁九行，行二十三字，卷首范攄序、目録及每條前標目皆與王本同。有"吳興沈氏萬卷樓珍藏""吳興劉氏嘉業堂藏書記"等藏印。卷一、卷二、卷三末及全書末有題記或跋尾五段，依次爲：

① 道光丙午（1846）十月廿五日燈下校，據商氏《稗海》刊本。舜卿。

② 又校此卷並補脱文。

③ 廿六日下午校。

④ 此本乃勞季言據舊抄本以《稗海》校正者。書友柳蓉邨以舊抄本見示，上有松陵任蘋香印記（下簡稱"任本"），因留案玩，取校勞本，多有異同。如卷首多范攄自序一篇，《餞歌序》楊

---

① 見國家圖書館藏明抄本《儒學警悟》（書號：13493）目録頁後題記。
② 見俞弁《逸老堂詩話》卷下，收入《歷代詩話續編》，中華書局，1983年，第1320頁。
③ 《藏書紀事詩》卷二，北京燕山出版社，1999年，第151—152頁。
④ 見《藏書紀事詩》卷二，第150—151頁；卷三，第173—174頁。

知至詩後多封彥冲詩一首,《玉泉祠》荆州下多小注一段,《蜀僧遇》下多"生時不作榮華死"一詩,俱爲勞本所無。又文中凡引詩句皆接寫文中,唐代傳記皆紹此例,勞本詩章俱作提行,終後人傳寫所改。至書中文字兩本中各有謬誤,亦各有佳處。任本雖有訛誤,尚存舊文,誤書深思,可以知其是處,即全書不分作十二卷,亦尚存唐人舊第也。癸丑七月餘杭褚德彝校畢記。

⑤ 此袠在杭買之,嘉禾沈雙湖吏部家書也。以商本校此,誤不勝改,所賢於商本者,惟每條標目尚存耳。蟫隱。

⑥ 吳印臣輯《勞氏碎金》,中有《雲溪友議跋》,爲季言作,此本所無,特補録於此。

上録第①條題記中的"巽卿"及第⑤條題記中的"蟫隱"皆指勞權。權,字平甫,號巽卿,又號蟫隱。而第④條褚德彝跋中所提到的"季言"乃勞權之弟勞格之字。勞氏兄弟係清中期著名學者和校勘家,其所抄校的文本被稱爲"勞抄""勞校",往往被視作善本。此本原係勞權據《稗海》本校過,而褚德彝誤以爲係勞格所校。

⑤⑥兩則跋文字迹出於一手,第⑤條當爲嘉業堂主人劉承幹據《勞氏碎金》所錄勞權所作跋文,而劉氏亦誤以爲勞格所作。跋文中所謂"嘉禾沈雙湖吏部"指的是乾嘉時代嘉興藏書家沈叔埏。叔埏字植爲,又字劍舟,號雙湖,乾隆五十二年(1787)進士及第後,授吏部主事,乞歸,其藏書處曰"頤彩堂"。① 此本原即沈氏所藏。

此本頁間天頭地脚多有校記,而有兩種筆迹。一種與勞權題記筆迹相同,近於柳體,乃勞權校《稗海》本異文。而另一種則近顏體,應是褚德彝校任本異文。

---

① 參《文獻家通考》,第414頁。

二、《雲溪友議》十二卷本系統淵源試探兼論其版本價值

　　柳僉跋語謂十二卷本系統的王本勝於三卷本的宋刻，而褚氏則據三卷本系統的任本指出十二卷本系統的褚本諸多缺憾。明清兩代藏書家持論已截然相反，至《四部叢刊》收《雲溪友議》明刻三卷本，《雲溪友議》的整理研究多取三卷本系統，十二卷本系統的淵源與價值似未有更多討論，而更接近十二卷本系統祖本的王本與褚本的發現無疑爲我們瞭解十二卷本系統提供了更多的信息。下文筆者即對《雲溪友議》十二卷本系統淵源試作探討，並對其版本價值略作闡釋。

　　十二卷本與三卷本（本文所謂三卷本皆指《四部叢刊》影印明刻本）最明顯的差異在於：十二卷本篇中凡引詩句皆接寫正文，三卷本中引錄詩歌，皆提至篇末或叙事結束之後。如卷上"真詩解"條，三卷本全文如下：

　　　　慎氏者，毗陵〔廄〕（慶）亭儒家之女。三史嚴灌夫，因遊彼，遂結姻好，同載歸蘄春。經十餘秋，無胤嗣，灌夫乃拾其過而出妻，令歸二浙。慎氏慨然登舟，親戚臨流相送，妻乃爲詩以訣灌夫。灌夫覽詩悽感，遂爲夫婦如初。雲溪子曰："曹叔妻叙《東征》之賦，劉伶室作誡酒之辭。以女子之所能，實其罕矣。爰書薛媛之事，斯可附焉。"慎氏詩曰："當時心事已相關，雨散雲飛一餉間。便是孤帆從此去，不堪重過望夫山。"

　　而王本、褚本乃至《稗海》本"雲溪子"云云皆在"慎氏詩曰"一段之後。

　　這一顯著差異的存在爲我們探尋十二卷本的祖本提供了重要的綫索。我們來看卷上"襄陽傑"條叙戎昱事一節三卷本詩歌的位置：

初，有客自零陵來，稱戎昱使君席上有善歌者，襄陽公遽命召焉。戎使君豈敢違命，逾月而至。及至，令唱歌，乃戎使君送妓之什也。公曰："丈夫不能立功立業，爲異代之所稱；豈有奪人姬愛，爲己之嬉娱！以此觀之，誠可竄身於無人之地。"遂多以繒帛贐行，手書遜謝於零陵之守也。雲溪子曰："王敦驅女樂以給軍士，楊素歸徐德言妻，臨財莫貪，於色不怪者，罕矣！時人用爲雅譚。歷觀國朝挺特英雄，未有如襄陽公者也。"戎使君詩曰："寶鈿香蛾翡翠裙，妝成掩泣欲行雲。慇懃好取襄王意，莫向陽臺夢使君。"

在王本、褚本、《稗海》本三個十二卷本系統的版本中，"戎使君詩曰"云云一段皆在"公曰"云云之前。考《唐語林》卷四所錄詩歌位置在"公曰"之前，①與十二卷本系統同。《唐語林》，北宋中後期文士王讜編，采唐人小説五十種，其中節錄《雲溪友議》文字八條，所據文本不晚於北宋中期以前。考此條《太平廣記》卷一七七亦有引錄，詩歌位置與三卷本同，與《唐語林》所據顯非一本。由此我們可以認爲，北宋時代，《雲溪友議》至少流傳着兩個文本，一即《太平廣記》所錄者，亦即三卷本的祖本；而另一本則是《唐語林》所據之本，它是十二卷本系統的雛形，在它的基礎上最終形成了十二卷本系統。

證之《唐語林》所錄其他各篇，其在文字上多有與十二卷本一致而不同於三卷本者。試舉數例：

三卷本卷上《江都事》"凡是官族相快辛氏子之能忤誕"句，"官族"，王本、褚本、《稗海》本、《唐語林》卷四皆作"宜族"。

同卷《嚴黄門》"房太尉縉亦微有所誤"句，"誤"，王本、褚本、《稗海》本、《唐語林》卷四皆作"忤"。《蜀道難》中"一夫當門"，"當門"，

---

① 《唐語林校證》，中華書局，1987年，第335頁。《校證》以爲王讜據《雲溪友議》收入此篇，詩歌篇次有所改動，按《唐語林》錄諸家小説，字詞或有删改，然並不對原書篇内結構大作更動，當是王讜所據本與今三卷本不同，《校證》此説不確。

王本、褚本、《稗海》本、《唐語林》卷四皆作"當關"。

同卷《舞娥異》"不事農業",王本、褚本、《稗海》本、《唐語林》卷四皆作"不事農桑"。

上舉數例,《唐語林》與十二卷本系統的文字一致,且較三卷本系統優長,可知十二卷本系統亦出自北宋甚至唐代的古本。

由此我們可以推測,《雲溪友議》成書之後不久,可能即產生了兩種不同的文本,一種將篇中提到的詩歌置於全篇末尾,而另一種則在文中接寫詩歌。其後這兩種文本各自衍生出《雲溪友議》的三卷本和十二卷本兩個版本系統。

十二卷本系統既來源甚古,則其相對於三卷本的異文,亦有其重要價值,約略言之,可概括爲如下三點。

一則可補三卷本之脱文。如卷下《豔陽詞》篇末,王本、褚本、《稗海》本較三卷本系統多"與好事者共焉"六字。同卷《羑門遠》篇末,王本、褚本、《稗海》本較三卷本系統多"謾書此以警後人"七字。

次則可糾正三卷本注文正文混雜、錯位的問題。如卷中《三鄉略》"五言復睹三鄉題處留贈賈馳",王本、褚本、《稗海》本作"賈馳序云復睹三鄉留題處贈"。又如卷中《買山讖》"行泊《中興頌》所,俚俍不前"句下小注曰:"地名,在浯溪也。"王本、褚本、《稗海》本小注在"行泊《中興頌》所"下,是。

三則可糾訂三卷本中重要的史實錯誤。如卷上《嚴黄門》記嚴武父名定之,《稗海》本、《唐語林》卷四皆作"挺之"。按嚴挺之,傳見《舊唐書》卷一〇三、《新唐書》卷一二九。卷下《中山悔》"洛中白二十居易","白二十",王本、褚本、《稗海》本作"白二十二",是。[1] 上述兩個例子,皆以十二卷本系統爲是。

而王本、褚本作爲十二卷本系統更接近祖本面貌的文本,更可糾訂《稗海》本的一些問題。如卷上《舞娥異》"李尚書初守廬江"至篇

---

[1] 岑仲勉《唐人行第録》,上海古籍出版社,1978年,第22頁。

末,《稗海》本換行作另一篇,實際上三卷本、王本、褚本、《唐語林》卷四都合上文爲同一篇。又如卷中《吴門秀》"以吻翰之端",褚本、王本無異文,而《稗海》本改"吻"爲"文",蓋求其文從字順。同卷《弘農忿》"再謁則藍衫木簡","再謁",《稗海》本作"晉謁",而王本、褚本與三卷本同,考諸上下文,應以三卷本及王、褚二本爲是。又如卷中《中山悔》"則幽居之趣少安乎","乎",《稗海》本改"耳",王本、褚本與三卷本同,按范攄喜用"乎""耶"等疑問詞,《稗海》本雖似文意較長,實已失原書韻旨。如是之處,不一而足。通觀全書,《稗海》本較三卷本及王、褚二本更文從字順,但比對王、褚二本可以發現,實際上有相當部分出於明人臆改,並不能據之校改原文。

唐人筆記小説完本流傳至今者寥寥,有獨立單行文本傳世者更爲稀少,而如《雲溪友議》這樣有兩個淵源甚古的版本系統傳世者可謂絶無僅有。但也因爲存在着兩個版本系統,二者之間的優劣比較始終貫穿其整個流傳過程。清代以來,三卷本系統由於《四庫全書》與《四部叢刊》的收録占據了優勢地位,以致十二卷本系統漸趨式微。但上文的分析表明,十二卷本系統有其獨特的版本價值,而復旦大學所藏的兩個十二卷本系統的抄本更爲我們提供了這一版本系統更爲完整而優長的文本,因此在《雲溪友議》的整理與研究中,我們應更爲充分地利用這些珍貴的版本,以期對這部唐代重要筆記小説有更爲深入的認識。

(原刊《中國典籍與文化》2011年第4期)

《蒙求》作者新考

　　《蒙求》是唐代流傳甚廣且影響深遠的一部蒙書,在當時已遠播敦煌,①且出現了《唐蒙求》《續蒙求》等續書,②但歷來其作者即有"李瀚""李翰"二説。李匡文《資暇集》、《直齋書録解題》、《宋史·藝文志》及洪邁所見皆作"李翰",③而《崇文總目》《郡齋讀書志》則作"李瀚"。④《四庫全書總目》認爲《蒙求》係後晋李瀚所作。⑤ 自清末日本發現《蒙求》古鈔本後,其作者問題重又引起討論。楊守敬首先據《佚存叢書》本等日本古鈔本所附"天寶五年八月一日""饒州刺史李良"所上的《薦蒙求表》和李華《蒙求序》否定了《四庫全書總目》的結論,認爲《蒙求》係唐人所作。⑥ 余嘉錫進一步認爲"瀚、翰實即一人",即代宗朝翰林學士李翰。⑦ 而20世紀初敦煌出土的大約抄於晚唐五代的《蒙求》的三個殘卷(P.2710、敦研095、P.4877),⑧無疑證實了其書爲唐人所作的結論。邰惠莉《敦煌本〈李翰自注蒙求〉

---

① 20世紀初,敦煌出土有《蒙求》的兩個唐代鈔本,具體情況下文會作詳細討論。
② 《新唐書》卷五九《藝文志》載王範《續蒙求》三卷、白延翰《唐蒙求》三卷,第1537頁。
③ 明顧氏文房小説本《資暇集》卷上:"余宗人翰《蒙求》亦明言'蘇武持節,鄭衆不拜'。"《文淵閣四庫全書》本同;《直齋書録解題》卷一四,第424頁;《宋史》卷二〇七《藝文志》六"類事類",第5293頁;《宋史》卷二〇二《藝文志》一"小學類"載洪邁《次李翰〈蒙求〉》三卷,第5079頁。
④ 《崇文總目》卷三"類書類"上,《文淵閣四庫全書》本,第674册,第105頁下;孫猛《郡齋讀書志校證》卷一四,第672頁。
⑤ 《四庫全書總目》卷一三五,第1144頁。
⑥ 楊守敬《日本訪書志》,遼寧教育出版社,2003年,第183頁。
⑦ 余嘉錫《四庫提要辨證》,中華書局,2004年,第960—962頁。
⑧ 參鄭阿財《敦煌蒙書研究》,甘肅教育出版社,2002年,第231頁。

初探》、鄭阿財《敦煌蒙書研究》都據 P.2710、敦研 095 兩個殘卷中所保存的李良《薦表》和李華《序》再次肯定了余嘉錫的結論。①《蒙求》的作者問題至此似乎已成定論。

但《佚存叢書》本的李良《薦表》却有着幾處明顯的矛盾,余嘉錫當日在《四庫提要辨證》中已經指出:

> 獨是李良之表,有甚可疑者……若謂爲江南西道之饒州,則天寶元年已改爲鄱陽郡,表上於五載,不當有饒州刺史,其可疑一也。唐玄宗天寶三年改年爲載,此表仍署天寶五年,不用當時制度,其可疑二也。……天寶五載,(李)華尚未登朝,而李良《表》中有"司封員外郎李華,當代文宗"之語,與《新》《舊史》皆不合,其可疑三也。②

實際上除了上述三點矛盾以外,初置於乾元元年(758)的信州,③與上表時間也是一個矛盾。天寶五載(746),信州尚未建置,《蒙求》作者如何可能成爲"前信州司倉參軍"?④

對於以上扞格之處,余嘉錫的解釋是傳抄者以意妄改的結果。⑤對此,傅璇琮提出了不同意見。他認爲《蒙求》最早的文本——敦煌鈔本 P.2710、敦研 095 等都記作者爲"李瀚",故《蒙求》應爲李瀚所作。同時,他注意到 P.2710 本僅署"月日,饒州刺史李良上表",而無"天寶五年八月一日"的具體時間,故認爲《表》與《序》應作於李華任司封員外郎的肅宗上元年間。另外,他又從李華及李瀚的生平行

---

① 邱惠莉《敦煌本〈李瀚自注蒙求〉初探》,收入《敦煌研究文集》,甘肅民族出版社,2000年,第440頁;鄭阿財《敦煌蒙書研究》,第243—247頁。
② 余嘉錫《四庫提要辨證》,第963—964頁。
③ 見《新唐書》卷四一《地理志》,第1070頁;《元和郡縣圖志》卷二九,中華書局,1983年,第678頁。
④ 李良《薦蒙求表》有"竊見臣境內寄住客前信州司倉參軍李瀚"(此據敦研095)語,據此,上表之前,《蒙求》作者曾任信州司倉參軍。
⑤ 余嘉錫《四庫提要辨證》,第965頁。

事出發,認爲天寶五載前,李華不可能爲《序》中自署的"司封員外郎",而李翰可能剛剛登第,更不可能任《薦表》中所提到的"前信州司倉參軍",從而否定了余嘉錫的結論。①

傅先生以李華任司封員外郎的時間來推斷《蒙求序》的撰作時間無疑爲這一問題的解決提供了新思路,但其認爲兩個敦煌本都將《蒙求》作者題爲"李瀚"則並不確切,而對於李華任職時間的考證也有未洽之處。筆者即擬在傅文基礎上進一步考訂李華任司封員外郎之時間、地點,進而討論《蒙求》的作者問題。

首先,我們有必要再次審視《蒙求》最早的文本——敦煌本對作者的記録。

鄭阿財、邰惠莉都曾對保存了李良《薦蒙求表》和李華《蒙求序》部分内容的 P.2710 與敦研 095 殘卷加以録文,②然草創未周,仍存微瑕。現以 P.2710 圖版爲底本,參校敦研 095 圖版,③將李良《薦蒙求表》與李華《蒙求序》迻録於此。原卷闕略部分據《佚存叢書》本補入,以【】表示,誤字據敦研 095 及《佚存叢書》本以〔〕改正,以( )存録原文。

【臣良言:臣聞建官擇賢,其來有素;抗表薦士,義或可稱。爰自宗周,逮兹炎漢,競徵懋異,咸重儒術。竊見臣境内寄住客,前信州司〔倉〕(馬)參軍李瀚(敦研 095 作"翰"),學藝淹通,理識精究,撰古人狀迹,編成音韻,屬對類事,無非典實,名曰《蒙求》,約三千言,注下轉相敷演,有(敦研 095 作"向")萬餘事。瀚(敦研 095 作"翰")家兒童三數歲者,皆善諷誦(敦研 095 作

---

① 傅璇琮《〈蒙求〉流傳與作者新考》,原載《尋根》2004 年第 6 期,收入《唐翰林學士傳論》,遼海出版社,2005 年,第 143—153 頁。
② 鄭阿財《敦煌蒙書研究》,第 232—233 頁;邰惠莉《敦煌本〈李翰自注蒙求〉初探》,第 439 頁。
③ P.2710 圖版刊《法藏敦煌西域文獻》第 17 册,第 322—323 頁;敦研 095 圖版刊《甘肅藏敦煌文獻》第 1 卷,甘肅人民出版社,1999 年,第 100 頁。

"讀"),談古策事,無減鴻儒,非素(敦研095作"素不")諳知,必(敦研095作"謂")疑神遇。司封員外郎(敦研095無此字)李華,當代文宗,名望夙著,與作《序》云:"不出戶(敦研095作"卷")而知天下,豈(敦研095無此字)其《蒙求》哉?"漢朝王子淵製《洞簫賦》,漢帝美其文,令宮人誦習;近代周興嗣撰《千字文》,亦頒行天下,豈若《蒙求》之(敦研095作"哉")錯綜經史,隨便訓釋。】童子則故(敦研095作"固")多弘益,老成亦頗覺起予。【臣屬忝】宗枝,職備蕃(敦研095作"藩")翰,每遠視廣聽,采異訪奇,未嘗(敦研095作"曾")遺一才,蔽片善,有可甄錄,不敢不具狀聞奏(敦研095作"奏聞")。陛下察臣丹誠,廣達(敦研095作"遠")聰(敦研095作"聽")之義,念翰志學,開獎善之門。伏願依資量授一職,微【示】勸戒(敦研095作"誡"),以將□□(敦研095無四字)。臣良誠惶誠恐,頓首頓首。謹言。月日饒州【刺史】李良上表。

良令國子司業陸善經造表,表未行而良授替,事因寢矣。

《蒙求序》　趙郡李華撰

安平李瀚著《蒙求》一篇,列古之人言行善惡,參之聲律,以授童幼,隨而繹之,比其終篇,則經史百家之要奧,十得其四五矣。推而引之,源而流之,易於諷習,形於章句,不出卷而之天下,其《蒙求》哉(敦研095無"謹言"以下至此)!《周易》(敦研095多"曰"字)有童蒙來(敦研095無此字)求我之義。李公(敦研095作"子")【以其文】碎,不敢傳諸(敦研095作"輕傳")達識,所務訓【蒙而已,因(敦研095作"故")以】"蒙求"爲(敦研095作"名")【題】。其每(敦研095多"行"字)注兩句,人名【考證(敦研095無二字)外,設其(敦研095無二字)傳中有(敦研095無此字)別】事可(敦研095多"紀"字)記者,亦此附叙(敦研095作"之"),雖不配上【文不符,錄之亦可以(敦研095"文"以下七字作"所")資廣】博。從〔《切韻》〕(韻切)"東"字起韻

（敦研095無此字），每韻四字。

《蒙求》一篇，安平李瀚製并序（敦研095作"翰撰并注"）。

從上述録文可以看到，P.2710一卷之中李良表書作"翰"，而李華序則書作"瀚"，敦研095更是通篇作"翰"。因此，敦煌本記録此書作者仍有"李翰""李瀚"之異。

其次，李華官司封員外郎在德宗廣德元年（763）七月以後，廣德二年九月之前。約在廣德二年夏天，他曾途經饒州，很可能在那裏，他見到了《蒙求》的作者，並爲之作序，而李良的《薦表》也應撰於同時，其說如下：

作於李華生前的獨孤及《李公中集序》述華生平曰："二京既復，坐謫杭州司功參軍……無何，詔復授左補闕，又加尚書司封員外郎。璽書連徵……公……移疾請告。故相國梁公（李）峴之領選江南也，表爲從事，加檢校吏部郎中。"①顯然，李華任司封員外郎在詔復左補闕之後，爲李峴從事之前。其具體時間則可據李華詩文考出：

李華《臨淄縣令廳壁記》末題"寶應二年七月甲辰，左補闕李華記"，②本年七月改元廣德，故此篇實作於廣德元年七月初三，此時李華尚官左補闕，未加司封員外郎。五個月後所作的《故中岳越禪師塔記》篇末題"弟子司封員外郎趙郡李華，泣望雙林，敬表仁旨。時廣德二年正月六日"，③則廣德二年正月，李華已官司封員外郎。李峴爲吏部尚書、領選江南在廣德二年九月，時李華應已辭官，隨即入其幕中。因此，李華任司封員外郎在廣德元年七月以後，廣德二年九月之前。

又廣德二年夏，李華曾途經饒州。《盧郎中齋居記》稱"尚書左司郎中嗣漁陽公盧振字子厚……處于九江南郭荒榛之下……尋陽僑

---

① 獨孤及《毗陵集》卷一三，《四部叢刊初編》本，第3—4頁。
② 李華《李遐叔文集》卷三，《文淵閣四庫全書》本，第1072册，第407頁。
③ 李華《李遐叔文集》卷三，第408頁。

舊,推仁人焉",末題"廣德二年四月五日趙郡李華"。① 知其時李華在江州潯陽。又卷四《寄趙七侍御》序云"自餘干,溪行經弋陽,至上饒,山川幽麗,思與雲卿同遊,邈不可得,因叙疇年之素,寄懷於篇云"。② 詩中自注稱"華承恩累遷尚書郎",即指"司封員外郎"。又詩中所叙"雨濯萬木鮮,霞照千山濃。草閑長餘緑,花静落幽紅",顯然是盛夏景致。餘干,饒州屬縣。李華自四月在潯陽之後,經饒州於五六月間至信州之上饒,其間極可能經過饒州治所鄱陽,而與饒州刺史李良及作爲"境内寄住客"的《蒙求》作者見面,並爲其作序。

《表》《序》的撰作時間既明,上述四個矛盾也隨之冰釋。那麽,《蒙求》作者是否可能是余嘉錫所認爲的代宗朝翰林學士李翰呢？筆者認爲並不可能。

首先,廣德二年以前,李翰不可能任信州司倉參軍。李翰《殷太師比干碑》云"天寶十祀,余尉〔于〕(子)衛",③則天寶十載(751)翰官衛縣尉。《新唐書·文藝傳》稱天寶末,房琯、韋陟薦翰爲史官,不果,④是時李翰應已離任,隨即遊越。⑤ 安史之亂爆發後,李翰"從友人張巡客宋州",⑥至德二載(757)十月,睢陽城破,張巡遇害。⑦ 後有薄張巡者,⑧李翰作《進〈張巡中丞傳〉表》,⑨爲張巡等辯白。李翰表中自稱爲"臣",此時應已署官職。《舊唐書·文苑傳》稱李翰"上元中爲衛縣尉,入朝爲侍御史",⑩此時李翰應即在侍御史任上。⑪ 又

---

① 李華《李遐叔文集》卷三,第 408 頁。
② 李華《李遐叔文集》卷四,第 437—438 頁。
③ 《唐文粹》卷五三,《四部叢刊初編》本,第 11—13 頁。
④ 《新唐書》卷二〇三《文藝傳》下,第 5777 頁。
⑤ 劉長卿有《喜李翰至便適越》一詩,見儲仲君《劉長卿詩編年箋注》,中華書局,1996 年,第 128 頁。陳冠明《李翰行年稽實》考證爲天寶十四載至十五載所作,今從其説。文載《煙臺師範學院學報》,1995 年第 4 期。
⑥ 《舊唐書》卷一九〇下《文苑傳》下,第 5049 頁。
⑦ 《舊唐書》卷一〇《肅宗紀》,第 247 頁。
⑧ 《舊唐書》卷一九〇下《文苑傳》下,第 5049 頁。
⑨ 《唐文粹》卷二五,第 11—13 頁。
⑩ 《舊唐書》卷一九〇下《文苑傳》下,第 5049 頁。
⑪ 參上揭陳冠明《李翰行年稽實》。

《表》中稱肅宗爲"光天文武大聖孝〔感〕皇帝",據《舊唐書·肅宗紀》,至德三載(758),即乾元元年,正月,"上皇御宣政殿,册皇帝尊號曰光天文武大聖孝感皇帝",乾元二年(759)正月,"上御含元殿,受尊號曰乾元大聖光天文武孝感皇帝"。① 則此表作於乾元元年,本年李翰爲從六品上的侍御史。考信州位居中州,信州司倉參軍,正八品下。以一般情況論,李翰不可能在數年以後任品秩較低的外州司倉。

其次,從李良《薦表》來看,《蒙求》作者此前除了擔任過信州司倉參軍以外似乎別無建樹,李華的《序》也並未對其仕履事跡作更多表述。但從李翰的行事來看,其早年高第,又曾受房琯、韋陟等名士推薦,更以上《張巡傳》而名動一時,這些事跡,李華與李良都隻字未提,相較於梁肅爲李翰撰寫的《補闕李君前集序》之備敘生平,不啻天淵。②

再次,《蒙求》作者與李華並非同宗。兩《唐書》的《文苑傳》和《文藝傳》俱稱李翰爲李華宗子,且附傳於李華之後,③其至少應與李華同屬趙郡李氏。然《蒙求序》起首即云"安平李瀚",而自署"趙郡李華",顯然不以爲宗人。安平,唐屬深州。隋李德林及其子李百藥即安平人。《新唐書·宰相世系表》雖以李德林等所在的一支歸爲趙郡李氏之漢中房,④但《隋書》及兩《唐書》皆稱李德林及李百藥爲安平人,⑤與稱李華爲趙郡人迥異,⑥顯然當時並不以其爲同宗,《古今姓氏書辯證》即將李德林等所出之漢中李氏與趙郡李氏分列。⑦《蒙

---

① 《舊唐書》卷一〇《肅宗紀》,第 251、254 頁。
② 《文苑英華》卷七〇三,第 3626 頁。
③ 《舊唐書》卷一九〇下《文苑傳》下,第 5049 頁;《新唐書》卷二〇三《文藝傳》下,第 5775 頁。
④ 《新唐書》卷七二上《宰相世系表》二上,第 2599 頁。
⑤ 見《隋書》卷四二《李德林傳》,中華書局,1973 年,第 1193 頁;《舊唐書》卷七二《李百藥傳》,第 2571 頁。
⑥ 《舊唐書》卷一九〇下《文苑傳》下,第 5047 頁;《新唐書》卷二〇三《文藝傳》下,第 5775 頁。
⑦ 王力平點校《古今姓氏書辯證》卷二一,江西人民出版社,2006 年,第 322 頁。

求》作者雖不能肯定是否即李德林及李百藥之後,但顯然並非李華宗子。

綜上所述,《蒙求》作者並非代宗朝翰林學士李翰。

實際上,余嘉錫先生認爲《蒙求》作者爲代宗朝翰林學士李翰的結論只是出於《蒙求》必成於名人之手的假設。敦煌本"翰""瀚"的莫衷一是,表明了實際上即使在唐代,《蒙求》的作者已有歧異,除了二字互通、易於混淆以外,其中或許還包含着《蒙求》作者並非一時顯宦、名士,抄寫者本身也不能確定其作者的潛在信息。證之《薦表》和《序》,李良和李華雖親見其人其書,但都未提供此人更多的生平行事。《資暇集》雖稱書爲宗人李翰所作,但李匡文爲唐鄭惠王元懿五世孫,[①]與安平李氏了無關涉,實際上也表明了李匡文對此人並不真正瞭解。因此,在別無新材料的情況下,筆者認爲《蒙求》的作者即是"前信州司倉參軍"李瀚或李翰,而不必附會爲當時之名人。

(原刊《中國典籍與文化》2008年第3期)

附記:

李軍在《敦煌學輯刊》2018年第3期發表《〈蒙求〉作者李瀚生平事迹考實》仍同意余嘉錫之說,認爲李瀚即代宗朝翰林學士,文中對拙作提出質疑,認爲李瀚作《進〈張巡中丞傳〉表》時已官侍御史之觀點無直接證據,縱使曾官侍御史,亦可能在數年後貶官信州司倉參軍,故考證認爲上元二年(761)李瀚官侍御史,隨後即貶官信州。按上元元年距廣德二年(764)李華作序之時僅僅三年,而唐代中下層地方官員三年任滿守選,從時間上而言,過於匆促。又侍御史爲敕授官,即使貶官,是否仍需重新待選,值得懷疑。而以李瀚重名,停任以

---

① 見《新唐書》卷七〇下《宗室世系表》下,第2058頁。參余嘉錫《四庫提要辨證》,第868頁。

後如李華一樣受辟使府更爲合理,似不必因李良爲《薦表》以求速官。而李良《薦表》的目的乃希望《蒙求》作者能因此"量授一職",與今日推薦信無異。如李瀚前已作《進〈張巡中丞傳〉表》,且曾任侍御史,則李良《薦表》中必應有所表達,而不能僅以"境內寄住客"稱之。以書序體例,序文應對作者生平進行介紹,而李華《序》僅稱其"安平李瀚",而對其事迹毫無介紹,似不可想象。職是之故,筆者仍持舊説,附記原委於此。

日本漢文古類書《秘府略》
文獻價值研究

  《秘府略》是日本淳和天皇時期所編的大型漢籍類書,始編於天長八年(831),係當時著名學者滋野貞主奉敕"與諸儒撰集古今文書,以類相從"編纂而成。①天長八年當唐文宗大和五年,因此,《秘府略》的價值與今僅存的幾部唐代類書等。其書原本一千卷,今殘存第六百八十四卷"百穀部"和第六百八十六卷"布帛部"兩卷,在日本存有數個抄本,分別保存於成簣堂文庫、尊經閣文庫、德川豬一郎氏,今皆已影印出版。② 又清末羅振玉取明和七年(1770)抄本影入《吉石庵叢書》第三輯,自此,中國學者對此書的文獻價值已有充分認識,余嘉錫、楊明照、王利器、黃暉、石光瑛等皆利用《秘府略》補輯佚文或校證文本,③童嶺則自《秘府略》中輯出六條《東觀漢記》文字,並以此校補今本之訛奪;④郭萬清則關注《秘府略》中的《國語》,取其所引兩段

---

  ① 見《吉石庵叢書》本《秘府略》卷末紀宗直所作跋尾。
  ② 《秘府略:卷第八百六十四》,古典保存會,1929年;《秘府略》,成簣堂文庫刊行會編,主婦の友社,1986年;《秘府略"卷六百六十八附卷八百六十四"》,收入《尊經閣善本影印集成》第13冊,八木書店,1997年。
  ③ 見余嘉錫《世説新語箋疏》,中華書局,2007年,第321—322頁;王利器《風俗通義校注》,中書書局,1981年,第90頁;楊明照《抱朴子外篇校箋》,中華書局,1991年,第296頁;黃暉《論衡校釋》,中華書局,1990年,第249頁;石光瑛《新序校釋》,中華書局,2009年,第831頁。
  ④ 童嶺《舊鈔本古類書〈秘府略〉殘卷中所見〈東觀漢記〉佚文輯考》,刊《古典文獻研究》第13輯,鳳凰出版社,2010年,後收入氏著《六朝隋唐漢籍舊抄本研究》,中華書局,2017年,第389—399頁。

《國語》文字校正今本。① 而有關此書文獻價值以及史料來源的論述，除尊經閣文庫所附解説作兩卷引書索引外，似未有更多討論。因此，筆者即擬通過對其所保存文獻的展示來揭示其在唐前文獻的輯佚中無可替代的價值。另一方面，古代類書多有所因襲，如《太平御覽》承襲自《修文殿御覽》，而尊經閣文庫本所附解説亦揭示了《秘府略》可能參考過《修文殿御覽》《華林遍略》《藝文類聚》《初學記》等前代類書，②但是否能更爲確切地揭示其藍本以及其在此基礎上所作的編輯工作呢？這一問題不僅關係到《秘府略》的編纂過程，同樣也關係到我們對於其所據藍本以及唐末時東傳漢籍等一系列重大問題的認識。因此，本文即擬對《秘府略》上述兩方面的問題展開討論。

需要説明的是，《吉石庵叢書》本自民國以來流傳雖廣，但錯訛實多，更關鍵的是其旁所校文字往往據所引文獻今傳本或其他常見文獻校改，轉失其真，故本文所據《秘府略》原文以尊經閣文庫影印本爲底本，參校古典保存會影印本及《吉石庵叢書》本，本文所標《秘府略》頁碼皆爲尊經閣本，下不一一注明。

一、《秘府略》引用文獻及珍密文獻舉要

《秘府略》引書甚富，據筆者統計，兩卷引書達到一百二十八種，詩文三十篇，除《初學記》《翰苑》以外，皆是唐前舊籍，保存了大量今已不傳的文獻。現將其中所引用的書籍、文章依四部稍作區分，編成目録，使讀者略觀其引書之規模：

歸藏、**京房易**、尚書、**尚書大傳**、毛詩、**韓詩**、儀禮、禮記、周禮、左

---

① 郭萬清《日漢文寫本類書殘卷〈秘府略〉引〈國語〉校證》，刊《齊魯文化研究》第13輯，泰山出版社，2013年，第242—250頁。
② 《尊經閣善本影印集成》第13册附《解説》，第4頁。

傳、公羊傳、穀梁傳、論語、**春秋潛潭巴**、春秋繁露、**春秋佐助期**、**春秋說題辭**、**春秋元命苞**、**龍魚河圖**、**河圖說徵示**、**洛書說禾**、爾雅、説文、釋名、廣雅。

史記、漢書、東觀漢記、謝承後漢書、范曄後漢書、三國志、紀年、國語、周書、戰國策、吳越春秋、**魏文記**、**魏書**、**魏略**、**吳書**、**環氏吳紀**、**王隱晉書**、**四王起事**、**晉中興書**、**晉東宮故事**、**晉諸公贊**、**宋元嘉起居注**、**齊春秋**、**十六國春秋**、**趙書**、**伏氏古今注**、**漢官儀**、**漢舊儀**、**魏武帝令**、**晉令**、**桂陽先賢畫贊**、**長沙耆舊傳**、**益部耆舊傳**、**漢武內傳**、**華陽國志**、**江表傳**、**益州記**、**鄴中記**、**丹陽記**、**陳留風俗傳**、穆天子傳、神仙傳、**列女後傳**、**先賢行狀**、**應翊像贊**、**桓階別傳**、**別錄**、**帝系**。

墨子、莊子、管子、商君書、晏子春秋、**尸子**、**范子計然**、**孔叢子**、孫卿子、**韓子**、**呂氏春秋**、**賈誼書**、**鹽鐵論**、**鄒子**、淮南子、法言、説苑、白虎通、論衡、潛夫論、風俗通、列子、抱朴子、**郭子**、**苻子**、**物理論**、**在窮記**、**廣志**、**崔豹古今注**、**六韜**、**氾勝之書**、**四民月令**、**本草經**、**神農本草經**、**吳氏本草**、**養生要集**、**易林**、**師況占**、**神光占**、**戒經**、**夢書**、**山海經**、**異物志**、博物志、**述異記**、**拾遺錄**、西京雜記、**世語**、世説、**語林**、初學記、**翰苑**。

楚辭、**諸葛亮集**、**夏侯湛集**。

鄧楨《魯都賦》、盧毓《冀州論》、溫嶠《表》、嵇含《孤黍賦》、鄭氏《婚禮謁文贊》、劉〔楨〕(禎)《魯都賦》、魏武《謠俗辭》、晁錯上書、張奐《報崔子玉書》，左思《魏都賦》、傅休《弈雉賦》、崔駰《七依》、謝玄《與姊書》、夏侯弼《吳都賦》、班固詩、張衡《四愁詩》、阮籍《達莊論》、慕容晃《與顧和書》、班固《與竇將軍箋》、揚雄《蜀都賦》、左思《蜀都賦》、張溫《表》、魏武帝《與楊彪書》、荀勗《為晉文王與孫皓書》、苻大《答謝二公書》、古詩、回文詩、梁皇太子《謝敕賚魏國所獻錦等啟》、梁元帝《為妾夏王風謝東宮賚錦啟》、梁元帝《謝官賚辟耶師子錦白褊等啟》。

以上加粗標示者皆是已經失傳的文獻，它們絕大多數始載於《隋書‧經籍志》，至《宋史‧藝文志》著録之時絶大多數已經散佚，縱有所存亦殘缺不全，此後更完全歸於湮滅，我們僅僅在其他文獻的引用中略窺其面貌而已，而僅存兩卷的《秘府略》所引用的文獻大半皆是中土已佚之秘笈，其珍貴價值於此已可略見一斑。

由於《秘府略》是日人所編撰的類書，在近代以前中國從未得見其真實面目，因而清代學者没有機會利用其中的材料進行輯佚，故其引用的佚書，雖大多有清人輯本，但亦往往漏收《秘府略》所保存的内容，更有一些佚書的文字可能爲此書所獨有，現將其不見於其他傳世載籍及輯本之文句擇要列出，以見《秘府略》獨特的文獻價值。

1. 無輯本，其他相關文獻亦未見有相同字句，或所引較本書簡略者：

《百穀部‧粟》引《帝系》："漢武元狩六年，粟六錢，斗米一錢。"（第 92 頁）《帝系》無輯本，《藝文類聚》《初學記》《太平御覽》等亦無與此相同文字。

《布帛部‧錦》引《先賢行狀》："蜀郡趙温字軟，爲巴郡太守，刺史劉雋貪暴，責求諸郡具千萬，温距不聽，自以家錦百端爲郡解負。"（第 36 頁）《先賢行狀》無輯本，《藝文類聚》《初學記》《太平御覽》等亦無與此相同文字。

《百穀部‧黍》引《養生要集》："秋米未酸黍。"（第 80 頁）《養生要集》無輯本，《藝文類聚》《初學記》《太平御覽》等亦無與此相同文字。

《百穀部‧粟》引《神光占》："卯酉生，命屬文曲星，白帝子，爲人多知，好文章，爲道，食麥、粟。"又："寅戌生，命屬禄存星，白帝子，爲人廉，好酒食，有信，食粟、大豆。戌食粟，寅食豆。"（第 101 頁）《神光占》無輯本，《藝文類聚》《初學記》《太平御覽》等亦無與此相同文字。

《布帛部‧繡》引《戒經》卅《六禽變》曰："寅，爲衣裳文繡。<u>五音爲車匿，爲系評，爲五綵，爲弓窮，五音班犬虎</u>。"（第 18 頁）《戒經》無輯本，《太平御覽》卷八一五引有此節而無劃綫字（第3632頁）。

《布帛部·錦》引《魏文詔群臣》曰："前後每得蜀錦，殊不相比，適可互市而鮮卑尚復不受也，自五所織如意虎頭連璧錦亦有金鏤，來至洛邑，皆下惡。洛中欲用物更却之耳，是爲下土之物皆有虛名。名實之不違，唯城中京師耳。"（第29頁）此節《太平御覽》卷八一五有而無劃綫字（第3622頁）。《全上古三代秦漢三國六朝文》無此篇。①

《百穀部·稷》引《鄭氏婚禮謁文贊》："稷爲天官，詩著豐年，蒸民以粒，深盛以報。如穀之孳，祚延豐年。盧毓《冀州論》曰：真定好稷。"（第83頁）《太平御覽》卷四〇惟"稷爲天官"四字（第3753頁）。《全上古三代秦漢三國六朝文》未收。

《百穀部·粱》引溫嶠《表》："被州旁尚書敕市祠祭黄白粱深黍禾。"（第107頁）《全上古三代秦漢三國六朝文》未收。

《百穀部·粱》引謝玄《與姊書》："奉白糧穀十斛。"（第107頁）《全上古三代秦漢三國六朝文》未收。

2. 有輯本而未輯錄本書所引文字者：

《百穀部·黍》引《四王起事》："惠帝征成都王，戰則住黍禾中。"（第76頁）黄奭輯本無此條。②

《百穀部·黍》引盧毓《冀州論》："麻麥黍稷，稼穡之盛，不待肴茹。"（第80頁）《全上古三代秦漢三國六朝文》收此篇而無此句。③

《布帛部·錦》引《晉諸公贊》："高令表毅，在事貪濁，遺略寶。左僕射盧欽及山濤、息詠等等一得毅細錦各數端。王恂密啓，世祖下詔推之，收毅治罪。"（第30頁）黄奭輯本無此節。④

《布帛部·錦》引《宋元嘉（十年）起居注》："河西王〔沮〕（旦）渠蒙遜表獻塞外緋地絲錦五端。"（第30頁）《元嘉起居注》僅有一百二

---

① 嚴可均《全上古三代秦漢三國六朝文》，中華書局，1965年。
② 題《晉四王遺事》，收入《黄氏逸書考》第79册，民國二十三年朱長圻補刻本。
③ 《全上古三代秦漢三國六朝文》，第1250頁。
④ 《晉諸公贊》，收入《黄氏逸書考》第79册。

十卷《説郛》本,無此節。①

《布帛部·錦》引田融《趙書》:"召家麾用緋地明光熟錦。"(第28頁)湯球與王仁俊輯本皆無此節。②

《布帛部·錦》引《江表傳》:"陸遜攻劉備於夷陵,備捨船步走,燒皮鎧以斷道,使兵以錦挽檻車走入白帝。"(第36頁)又見《御覽》卷八一五(第3622頁),王仁俊輯本無此節。③

《布帛部·錦》引《陳留風俗〔傳〕》:"襄邑縣南有漢水,北有睢水。《傳》曰:睢漢之間出文章,故其黼黻藻錦,日月華蟲以奉天子宗廟御服焉。"(第39頁)又見《御覽》卷八一五(第3624頁),王仁俊輯本無此節。④

《百穀部·稷》引《廣志》:"破減稷、逼麥稷,此二者以四月熟。"(第81頁)馬國翰輯本無此節。⑤

《百穀部·粟》引《四民月令》:"二日冬可糴粟。"(第100頁)王仁俊輯本無此節。⑥

《百穀部·粟》引《在窮記》:"遭亂後趙太龍送粟十斛,給車牛,從載博作幕。去秋所種粟豆,值疾病,無後鋤治者,收各數十斛,並以自供,雖飢餓,不乃之絶也。"(第102頁)《在窮記》惟有一百二十卷《説郛》本,⑦無此節。

《布帛部·錦》引《苻子》:"苻子流乎楚,安異而不忕,衣錦而晝行。楚人相顧而指之曰:'吾聞之,衣錦晝行者,其唯故卿乎?斯〔士〕(土)也,飄流矣而不衰,別類矣而無感,何士之無心也。'苻子乃撫駟而聽之,言〔輟〕(掇)而召之曰:'爾獨不知安伐音乎?夫嘗適者

---

① 陶珽《説郛》卷五九,收入《説郛三種》,上海古籍出版社,1988年,第2733頁。
② 湯球《三十國春秋輯本》,《叢書集成初編》第3821册,第23—27頁。王仁俊輯《趙書》僅一條,收入《玉函山房輯佚書續編》,上海古籍出版社1989年影印本,第278頁。
③ 王仁俊輯《江表傳》,收入《玉函山房輯佚書續編》,第309頁。
④ 王仁俊輯《陳留風俗傳》,收入《玉函山房輯佚書續編》,第311頁。
⑤ 馬國翰輯《廣志》,收入《玉函山房輯佚書》卷七四,長沙嫏嬛館刊本。
⑥ 王仁俊輯《四民月令》,收入《玉函山房輯佚書續編》,第194—195頁。
⑦ 陶珽《説郛》卷六〇,收入《説郛三種》,第2777頁。

未嘗不適,不適者未嘗有適,所故衣錦晝行未嘗有適,故終平而抱戚。子之滯名教久矣,奚足以語大方而論至極哉?'"(第33頁)馬國翰輯本、《全上古三代秦漢三國六朝文》皆無此節。①

《百穀部·粟》引張奐《報崔子玉書》:"今〔月〕(日)三日,舉家來居,此本非所〔規〕(視),貧其成居。宅寬大,粟石卅,米則倍之。"(第102頁)《全上古三代秦漢三國六朝文》所收《報崔子玉書》,引《類聚》卷八〇作"今月三日,舉家來居,此本非所規,貪突賊陣",缺末句。

又唐張楚金所編類書《翰苑》在《秘府略》中有較多保存,《翰苑》舊惟有日本古抄殘卷,《遼海叢書》中有收錄,②無《秘府略》所引者,文煩不錄。

又《秘府略》所引緯書七種,大多未經前人輯錄,今安居香山、中村璋八皆據以錄入所編《緯書集成》,故不復贅述。

3. 輯本已有相同文字而本書所引尚有可補者:

《百穀部·粟》引《歸藏》:"剥,良人得其粟。<u>其玉亦瘢,其粟亦沙</u>。"(第87頁)《太平御覽》卷八四〇作"剥,良人得其玉,小人得其粟",無劃綫字(第3753頁)。馬國翰輯本據《御覽》引,無劃綫字。③

《布帛部·錦》引《尚書大傳》:"古之帝王者必有命民,民能敬長憐孤,取捨好讓,舉事力者舍於其君,命,然後得乘飾車駢馬,衣文錦。<small>飾,漆之也。駢,併也。庶人木車、單馬、衣帛。《禮志》曰:居士錦帶</small>。<u>未有命者不得衣,不得乘,乘衣者有罰</u>。"(第25頁)《御覽》卷八一五有此節,無劃綫字(第3622頁)。董豐恒輯本、陳壽祺輯本、盧文弨輯本據《御覽》收錄,④皆無劃綫字,又有正文注文錯雜者,應以《秘府略》所錄爲是。又此節原注曰"《韓詩外傳》又載",知此節二書共錄。

---

① 馬國翰輯《廣志》,收入《玉函山房輯佚書》卷七一;嚴可均《全上古三代秦漢三國六朝文》,第2335—2338頁。
② 《翰苑》收入《遼海叢書》第八集,遼瀋書社,1983年。
③ 馬國翰輯《歸藏》,收入《玉函山房輯佚書》卷一。
④ 董豐恒輯本有乾隆槐古齋刻本,陳壽祺輯本收入《左海全集》,盧文弨輯本收入《榕園叢書》甲集。

《布帛部·錦》又引《尚書大傳》："君子衣錦尚絅，惡其文著。絅讀有納反，單衣也。絅或爲褧。"（第26頁）諸輯本亦皆不錄注。

《百穀部·黍》引《（伏氏）古今注》："宣帝元康四年，長安雨黑黍。和帝元興元年，黑黍穗一禾二實，或三四實生，任城得粟三斗八升，以薦宗廟。"（第76頁）此節《太平御覽》卷八四二同，然引作崔豹《古今注》（第3764頁），誤。① 茆泮林輯本無劃綫字。

《布帛部·錦》引王隱《晋書》："袁甫字公胄，全椒人。少稱言語，與華譚齊名。甫稱所知于領軍何勖。勖曰：'君稱其好人則多所宜，何以唯欲使宰民，不可爲臺閣職乎？'甫曰：'人各有能有不能，此人雖好，好莫過錦，錦不可以爲稻。美莫過稻，稻不可以爲齏。'"（第28頁）《御覽》卷八一五同。湯球輯本（《九家舊晋書》）引《北堂書鈔》無劃綫字，其餘部分作"甫詣何勖言能爲劇縣。勖曰：'不爲臺閣何也？'甫曰（下同）"，② 較本書爲略。然而《北堂書鈔》卷一四六引王隱《晋書》僅"袁甫曰'好莫過錦，錦不可以爲稻。美莫過稻，稻不可以爲齏'"一段。③

《布帛部·錦》引《趙書》："前石死，高平陵就。辛巳，具〔告〕（吉）凶，大駕鹵簿溫凉車駕，募調大臣子弟六十人爲挽郎，引錦一百匹。弘嗣子辭梓宮於殿內。"（第28頁）王仁俊輯本無此節，④湯球輯本據《御覽》卷八一五引作"前石死，調大臣子弟六十人爲挽郎，引錦一匹"。⑤

《布帛部·錦》引《漢官儀》："虎賁中郎將，古官，衣沙素單衣、虎文錦袴，餘郎亦然。官有左右陛長、僕射，銅印墨綬。又中郎秩比六

---

① 《古今注》有二，一爲伏無忌所撰，《隋志》列於史部雜史類，一爲崔豹所撰，在子部雜家類。伏書體例編年記事，茆泮林輯本（收入《十種古逸書》）分帝號、陵寢、漢制、天文、郡國、災異諸門，頗似後世會要體，崔書則解釋名物，雜以典故，兩書體例全異。《太平御覽》引伏書一般稱"古今注"，引崔書則稱"崔豹古今注"，《秘府略》亦同，惟此條《御覽》卷八四二誤作"崔豹古今注"，故輯本失收（前一句據他書錄入），而《秘府略》不誤。
② 湯球《九家舊晋書》，收入《叢書集成初編》第3808冊，第291頁。
③ 《北堂書鈔》卷一四六《齊》，孔氏三十三萬卷堂影鈔本。
④ 王仁俊輯《趙書》僅一條，收入《玉函山房輯佚書續編》，第278頁。
⑤ 《太平御覽》卷八一五，第3622頁；湯球輯《三十國春秋》，《叢書集成初編》第3821冊，第25頁。

百石,侍郎比四百石,〔郎〕(節從)中比三百石,胝事卅年,〔父〕(文)死子繼,若死王事,亦如之。"(第29頁)《御覽》無劃綫字,孫星衍輯本據《御覽》輯入,亦無劃綫字。①

《布帛部·錦》引《漢武内傳》:"帝又見王母巾器中有一卷小書,黄,盛以紫錦之囊。帝問:'此書是官方耶? 不審其自,可得瞻眠不?'王母出以示之:'此五兵真形圖也,昨青城諸仙就我請求,當過付之,乃三天太上所出,文秘禁重,豈汝穢質所宜佩!'王母即命女宋靈賓更取一圖以與武帝。靈賓探懷中,得一卷,盛以雲錦之囊,形盡精明,俱如向巾器中者。王母起立,手以付帝。"(第34頁)錢熙祚輯本無劃綫字。②

《百穀部·粟》引《説苑》:"高平王遣使者從魏文侯貸粟,文侯曰:'須吾租收,邑粟至,乃得。'使者曰:'臣初來時,見瀆中有魚張口謂臣曰:"吾窮水之魚,命在呼吸,可得灌乎?"臣謂之曰:"待吾南見河堤之君,決江淮之水灌汝口。"魚曰:"爲命在須臾,乃須決江淮之水,比至君還,必求吾於枯魚之肆。"今高平貧窮,故遣臣從君貸粟,乃須租收粟至。比至者,大王必求臣死人之墓。蓋魚窮歸淵,土窮歸人。夫振貧救厄,君子以爲上也。'文侯大感,以粟萬斛而送之。"(第97頁)又見《太平御覽》卷八四〇,無劃綫字,③《説苑校證》據之輯録。④

《布帛部·錦》引張温《表》:"送使蜀所得物:熟〔錦〕五匹,生錦十匹。劉禪送臣温熟錦五端,諸葛亮送臣温熟錦二匹,李劉送臣温〔熟〕(濕)凡錦廿匹,乞付藏。"(第29、43頁)又見《御覽》卷八一五(第3624頁),《全上古三代秦漢三國六朝文》據《御覽》卷八一五引,無劃綫字。⑤

---

① 孫星衍輯本收入《漢官六種》,中華書局,2008,第131頁。
② 錢熙祚輯本收入《守山閣叢書》,見《叢書集成初編》第3436册,《漢武帝内傳》第9頁。
③ 《太平御覽》卷八四〇,第3756頁。
④ 向宗魯《説苑校證》,中華書局,2000年,第551頁。
⑤ 《全上古三代秦漢三國六朝文》,第1412頁。

4. 所引文獻可證輯本之誤者：

《百穀部·黍》引《韓詩》："《黍離》，百邦作也。彼黍離離，彼稷之苗。薛君注曰：詩人求己兄不得，憂不識物，視彼黍乃以爲稷也。"（第77頁）馬國翰所輯《韓詩故》："《黍離》，伯封作，昔尹吉甫信後妻之讒而殺孝子伯奇，其弟伯封求而不得，作《黍離》之詩。彼黍離離，彼稷之苗。離離，黍貌。詩人求亡不得，憂懣不識於物，視彼黍離離然。憂甚之時，又以爲稷之苗，乃自知憂之甚也。"①按《秘府略》，"彼稷之苗"下爲薛君注文。又輯本前既言詩爲伯封求兄不得而作，後所言"求亡不得"則無所指，而《秘府略》作"求己兄不得"，是。

二、《秘府略》與《修文殿御覽》

《秘府略》所依據的藍本，上揭尊經閣本《解説》雖有討論，却仍嫌籠統，不過稍後宋初所編的《太平御覽》與《秘府略》在引書體例上完全一致，而《太平御覽》在太宗下詔編修之初即令"以前代《修文殿御覽》、《藝文類聚》、《文思博要》及諸書參詳條次，分定門目"，②因此《修文殿御覽》毫無疑問是《御覽》最重要的藍本之一。那麽《太平御覽》是否能作爲《秘府略》的一個參照物，藉此來推測後者的史源呢？順着這個思路，筆者分取《秘府略》兩卷中内容較多的《粟》及《錦》二門，與《御覽》中相同門目作了逐條比對（見附表1、2），发现兩者之間有着極爲緊密的聯繫。

首先，二書相同門目下所引文獻的重合比例相當高。在《粟》中，《秘府略》引書85條，去掉一條重出的《晏子春秋》，總84條；《御覽》引書86條，二者重合的條目共63條，占比接近百分之七十五。而在《錦》中，《秘府略》引書103條，去掉一條重出的張溫《表》，總102

---

① 馬國翰輯《韓詩故》，收入《玉函山房輯佚書》卷一三。
② 《太平御覽》卷首，第3頁。

條；《御覽》引書87條，二者重合的條目是59條，占比在六成以上。

其次，二者在引書的排列次序上也有相當大的重合。從《粟》一門來看，《御覽》中起首的是《歸藏》《河圖》，而這兩條在《秘府略》中在第17和第77條，緊接着77條《河圖》的是《洛書》，顯然《秘府略》的排列更爲合理，而《御覽》則可能因爲《歸藏》《河圖》與《易》有關，二者傳說中的成書時間亦極早，故被有意提到最前面。而此後從《説文》至謝承《後漢書》，二書雖然各有獨有的條目，但基本而言皆遵循小學、《書》、《詩》、《周禮》、《禮記》、三傳（《御覽》將《公羊傳》《穀梁傳》與緯書位置對調）、《史記》、《漢書》、《後漢書》、謝承《後漢書》的排列順序。《錦》一門中的排列順序也大致如此，所異者，《秘府略》中小學類書籍一如既往排在起首，而《御覽》則在《論語》之後，而《粟》門中未出現的《尚書大傳》則作爲傳之一種，被排在了《左傳》之後。正史以下，二者分歧稍大，但剔除掉各自獨有的條目之後，可以發現，至子部、集部文獻，二書引文的排列又漸趨同。

再次，在文字上，二者互見的文字，多數情況下，基本沒有本質的差別，從附表我們可以看到，《粟》門和《錦》門各自重合的文字中分別有39條及17條的文字基本相同（表中"秘府略"一欄爲文字而"備注"欄爲空白者，統計不考慮各自錯訛的情況）。

以上三點表明，僅僅《粟》《錦》兩個門類，《秘府略》與《御覽》的引錄文獻無論從數量上還是在排列上以及文字的相似性來講，都有着極大的重合度，對於兩種確定不可能互相參考的類書來說，這樣的一致性顯然不可能用巧合來解釋，唯一的可能就是，兩部書都以同一部類書爲藍本，並且直接抄錄了藍本的絕大多數内容，僅僅作了少量的增補和改編。

那麽二者共同的藍本是否即是《御覽》的藍本之一《修文殿御覽》呢？從理論上來說應該是這樣的，不過《御覽》編訂之初，《藝文類聚》《初學記》等其他類書亦在修撰參考的範圍内，因此《御覽》對於《修文殿御覽》的利用程度尚需進一步衡量。所幸劉安志《〈修文殿御覽》佚文輯校》一文爲我們提供了大量可靠的《修文殿御覽》文字，而這些文字多數見諸於《太平御覽》的同一門目中。① 更重要的是，與《秘府略》一樣，這些文字中較爲完整的部分，其引文的排列順序以及引文的内容也與《太平御覽》基本一致。

以文中所列《香要鈔》中 19 條《修文殿御覽》文字爲例，《鷄舌香》門四條引文分別爲應劭《漢官儀》、《吳時外國傳》、《續搜神記》和《南州異物志》，而《太平御覽》卷九八一《鷄舌》門引文分別爲應劭《漢官儀》、《吳時外國傳》、《抱朴子》、《續搜神記》、《廣志》、《南州異物志》，可以發現《御覽》僅多《抱朴子》《廣志》兩種文獻，且與《修文殿御覽》相合的四條文字，前兩種在排序上是一致的，而所有這幾條引文在文字上亦基本相同，唯有《修文殿御覽》引《漢官儀》"僚友求服其故僚藥，存出口香"，及《南州異物志》"鷄舌香出杜薄州"兩句，《御覽》分別作"僚友求眂其藥，出在口香"及"鷄舌香出在蘇州"。《修文殿御覽》所引《漢官儀》"僚友求服其故僚藥"雖亦不甚可解，但"存出口香"謂迺存吐出口香，而招致僚友的嘲笑，因此全句的意思還是清楚的，但《御覽》所引的前半句雖已改通順，但後半句則顯示了抄錄者未解文意而妄改原文，致全句不可卒讀。"鷄舌香出杜薄州"句亦是如此，"杜薄州"在字形上與《御覽》所引"在蘇州"有相似處，其地今未可詳考，按《初學記》卷三〇引《南方異物志》曰："鸚鵡有三種……交州巴南盡有之。及五色出杜薄州。"②因此杜薄州顯係南方地名，大抵《御覽》抄錄者不明"杜薄州"所在而妄改爲"在蘇州"。因此從這 4 條來看，《御覽》顯然抄襲了《修文殿御覽》。

同樣，《芸香》門的 15 條亦復如此，《修文殿御覽》引文分別是：1.《大戴禮》、2.《禮記·月令》、3.《説文》《淮南説》、4.《雜字解詁》、5.《魏略》、6.《博物志》、7.《承集禮圖》、8.《洛陽宮殿簿》、

---

① 劉安志《〈修文殿御覽〉佚文輯校》，刊《魏晋南北朝隋唐史資料》第 28 輯，第 281—302 頁。
② 《初學記》卷三〇，中華書局，2004 年，第 737 頁。

9.《晉宮閣名》、10.《廣志》、11.《吳氏本草》、12. 曹植《芸香賦》、13. 傅玄《芸香賦序》、14. 成公綏《芸香賦》、15. 傅咸《芸香賦》。《御覽》所引《説文》《淮南説》《雜字解詁》在《大戴禮》前,《淮南説》作"淮南子";無《博物志》;《承集禮圖》作"禮圖",在《魏略》前,其餘排列皆同,文字亦基本相同。而從文獻分類來説,《修文殿御覽》分類依從了六經—小學—雜史—故事—雜家—醫方—集部的排序,除《博物志》原應和《廣志》同屬雜家,①稍有錯亂外,餘皆極爲規整,反觀《御覽》分類則顯然多有錯雜,其原因可能是原據文本錯亂或編纂過程中有意無意的淆亂。

通過以上的比對,我們可以有把握地説,《御覽》的確直接抄錄了《修文殿御覽》的大部分內容,因此,其主體部分我們可以徑視爲《修文殿御覽》本身,即使其中有些許的淆亂之處。而由此,我們也可以推論,與《御覽》的引文大面積重合的《秘府略》,其編纂之時也直接承襲了《修文殿御覽》。

不過如果我們進一步比對《秘府略》和《御覽》的話,就會發現《秘府略》相對於《御覽》也許更接近於《修文殿御覽》的面貌。

首先,《秘府略》中的文獻分類更爲規整,也更接近於《香藥鈔·芸香》一門的分類,唯一的差別在於《秘府略》各門皆將小學類文獻提至六經前,這或許出於外邦編撰者對於小學文獻的特別重視,但除此之外,它的分類體系較《御覽》更爲合理一些。例如《粟》門中的《河圖》《洛書》,《秘府略》皆列於《京房易妖占》《師況占》《神光占》之後,顯然將二者與占書一樣視作方術類文獻,雖然與《隋志》統一置於緯書類不同,②但仍有其合理性,而《御覽》則將《河圖》與《歸藏》一起置於卷首,就頗爲不倫。

其次,從附表中可以看到,二書的條目相差不遠,但仍有三分之

---

① 見《隋書》卷三四《經籍志》三,第 1007 頁。
② 見《隋書》卷三二《經籍志》一,第 940 頁。

一的條目不相重合,《御覽》顯然填入了不少《修文殿御覽》成書之後方有的文獻。如《粟》門從《後魏書》到《漢實錄》諸條目;《錦》門《晉書》《南史》以及從《後魏書》到《唐書》諸條目。同時它也刪略了部分《修文殿御覽》中既有的條目。如《秘府略·粟》開篇兩條《爾雅》,《御覽》僅有一條,緊接其後的《廣志》條則不見於《御覽》。又《東觀漢記》、王隱《晉書》等史部書,《秘府略·錦》中《毛詩·君子至正》《周禮·純帛》《周禮·盛姬之喪》《周官》皆不見於《御覽》對應門目,這些文獻《御覽》其他門目極為常見,這裏的闕如應該是編纂者在纂輯之時刪去的結果。

再次,從附表中可以看到,在絕大多數情況下,同一條引文在《秘府略》中比在《御覽》中要詳細得多,且敘事較為完整,而《御覽》則往往截取其中與門目直接相關的詞句,而將其他徑行刪略,如《粟》門所引《史記》,《秘府略》作:

伯夷、叔齊聞西伯善養老,往歸焉。武王東伐紂,扣馬諫。左右欲兵之。太公曰:"此義人也。"扶而去之。<u>武王平殷亂,天下〔宗〕(宋),周伯夷、叔齊恥之,義不食周粟餓死。</u>(第88頁)

《御覽》則僅有劃綫字。

有時候《御覽》甚至將兩條直接合併,如《錦》門所引《神仙傳》,《秘府略》共兩條,全文如下:

<u>左慈字元放,廬江人也。</u>少有神道,嘗在魏武坐,魏武曰:"今日高會,所少吳〔菘〕(菘)江鱸魚耳。"放曰:"可得也。"因求銅槃貯水,以竹竿餌釣於藻槃中,須臾引一鱸魚出。操大拊笑曰:"更可得不乎?"放乃更餌〔釣〕(魡)沉之,須臾復引出,皆長三尺餘。

又曰:"恨無蜀中生薑耳。"放曰:"〔旦〕(日一)可得也。"因曰:"吾前遣人到蜀置錦,可過敕使者,增市二端。"語頃,即得薑

還,并獲使報。後蜀使反,驗問增錦之狀,若符契焉。

《御覽》卷八一五則僅有劃綫字,與上引《史記》一樣,邏輯皆在於務求簡潔。

當然《秘府略》在承襲《修文殿御覽》的同時也增入了部分文獻,如唐代張楚金的《翰苑》以及《初學記》等文獻顯然是後增入的,但如果剔除掉這些唐代文獻,它仍舊比較忠實地保留了《修文殿御覽》的面貌,甚至將其視爲接近於完整版的《修文殿御覽》亦無不可。更關鍵的是,結合附表以及上文《香藥鈔》與《御覽》的比較來看,去除南北朝後期到唐五代文獻的《太平御覽》實際上可以視爲一部稍有淆亂的略本《修文殿御覽》,而這一規律在一定程度上亦可以運用到全部的《御覽》。因此兩卷《秘府略》已足以作爲一個標尺,讓我們可以從《太平御覽》中比定出更爲完整的《修文殿御覽》。從這個角度而言,《修文殿御覽》雖已亡佚,而我們仍舊能夠通過《御覽》大致了解其面貌,並進一步了解南北朝後期圖書存佚以及圖書分類之狀況,與此同時,《太平御覽》的價值以及北宋初年唐前文獻的保存狀況也因此有了更清晰的定位。職是之故,《秘府略》在保存已佚文獻之外更有着作爲比定《修文殿御覽》標尺的重要意義。

附表1:《秘府略》《太平御覽》粟門引用文獻對照表

凡例:√表示對照文獻所引篇目相同;×表示對照文獻未引此書;各自引書篇目一欄中的數字表示與對照組相同的文獻在本書中的排列位序,如《御覽·粟》第1條《歸藏》,《秘府略·粟》列在第17條;備注欄主要標出二者差異,如無說明則表示兩者無本質差異;無論《秘府略》抑或《御覽》,一頁中皆容納數條引文,爲避繁冗,本表僅在某頁第一條注出該頁頁碼,以下各條皆默認見於該頁,如《御覽·粟》第1條《歸藏》見《御覽》第3753頁,以下至第22條《周書》皆屬該頁。附表2同。

序號	《秘府略·百穀部·粟》引書篇目	序號	《御覽》卷八四〇《粟》引書篇目	備 注
	17	1	歸藏（第 3753 頁）	《御覽》少"其玉亦瘠,其粟亦沙"一句。
	77	2	河圖·説〔徵〕（微）	
1	説文（第 84 頁）	3	√	《秘府略》多"孔子曰"三字。
2	爾雅	4	√	"苞",《御覽》作"芑",多"蘖音門,芑音起"一句。
3	又曰		×	
4	廣志		×	
5	尚書·仲虺之誥	5	√	"簸揚",《御覽》作"傷之"。
	×	6	毛詩	
6	毛詩·小菀（第 85 頁）	7	√	
7	周禮·地官下	8	√	
8	禮記·曲禮上	9	√	
	×	10	禮記·祭法	
9	左傳·僖上	11	√	
10	襄元	12	√	
11	襄六	13	√	
12	昭六	14	√	《御覽》無注文"簡子,趙鞅"以及"具戍人曰:'明年將納王。'内王於王城也。宋樂大心曰:'我不輸粟,我於周爲客,二王後爲賓客也。若之何使客?'晋士伯曰:'自踐土以來,宋何役不會,何盟不同,同恤王

續　表

序號	《秘府略·百穀部·粟》引書篇目	序號	《御覽》卷八四○《粟》引書篇目	備　注
				室,子焉避之?'右師〔不〕敢對,受牒而退。右師,樂大心也"一段。
	20	15	春秋佐助期	
	18	16	說題辭·高而平者	《御覽》少"下而平者爲隰"及"下者隰,故宜麥"兩句。
	19	17	說題辭·粟助陽扶性	《御覽》無"人以養魄外禀精,助陽扶性含天德,以養其精魄,以生者以粟。故粟之爲言續,續,陽生長也。禾者衝滋液。衝滋液以生,故以和軟爲名也。神靈接期相屬續。神靈,猶陰陰也。陽員故粟嫥嫥有年。甲尾蟠龍,有秖秭,故粟垂有莖葉,精連樹著。嫥嫥,團貌"數句。
	21	18	春秋潛潭巴	《御覽》無注。
13	公羊傳·僖上(第86頁)	19	√	
14	穀梁傳·莊公	20	√	
15	論語·子華使於齊	21	√	《御覽》合15、16二條爲一,無注文,無"子曰:'赤之適齊也,乘肥馬衣輕裘,吾聞之也。君子周急不繼富。'"句。
16	又曰			
17	歸藏(第87頁)	1		《御覽》少"其玉亦瘝,其粟亦沙"一句。
18	春秋說題辭·高而平者	16		《御覽》少"下而平者爲隰"及"下者隰,故宜麥"兩句。

續　表

序號	《秘府略·百穀部·粟》引書篇目	序號	《御覽》卷八四〇《粟》引書篇目	備　注
19	春秋説題辭·粟五變	17		《御覽》無"人以養魄外稟精，助陽扶性含天德，以養其精魄，以生者以粟。故粟之爲言續，續，陽生長也。禾者衝滋液。衝滋液以生，故以和軟爲名也。神靈接期相屬續。神靈，猶陰陰也。陽員故粟嫥嫥有年。甲尾蟠龍，有枝秭，故粟垂有莖葉，精連樹著。嫥嫥，圜貌"數句。
20	佐助期（第88頁）	15		
21	潛潭巴	18		《御覽》無注。
22	繁露	×		
23	周書	22	√	
24	史記·伯夷叔齊	23	√（第3754頁）	《御覽》前半無"伯夷、叔齊聞西伯善養老，往歸焉。武王東伐紂，扣馬諫。左右欲兵之。太公曰：'此義人也。'扶而去之"一段。
25	史記·任氏	24	√	
26	史記·漢興七十年（第89頁）	25	√	《御覽》中段無"都鄙廩庾皆滿，而府庫餘貨財。京師之錢〔累〕（里）百巨萬，韋昭曰：'巨萬，今萬萬也。'貫朽而不可校。如淳曰：'校，數也。'"
27	史記·文帝徙淮南王	26	√	

續　表

序號	《秘府略·百穀部·粟》引書篇目	序號	《御覽》卷八四〇《粟》引書篇目	備　注
28	史記·大將軍青	27	28	兩條《御覽》與《秘府略》位置顛倒。
29	史記·汲黯傳	28	27	
30	漢書·酈食其（第90頁）	29	√	
	×	30	漢書·公孫弘	
	×	31	漢書·主父偃	
31	漢書·秦將王離	32	√	
	×	33	漢書·神農之教	
32	漢書·東方朔傳	34	√	
33	漢書·武帝忽胡越之害		×	
34	漢書·賈捐之	35	√	《御覽》無後半"王莽使諷諸羌云：五穀成熟，一粟〔三〕（一二）米，乞內屬"。
35	謝承後漢書·丹陽高儲	36	√	
	72	37	後漢書·王符潛夫論	
	×	38	後漢書·任城王雲	
	×	39	又曰·世祖引高允	
	×	40	又曰·韋朏	
	×	41	後周書	
	×	42	唐書	

續　表

序號	《秘府略·百穀部·粟》引書篇目	序號	《御覽》卷八四〇《粟》引書篇目	備　注
	×	43	晉史	
	×	44	漢實錄(第3755頁)	
	55	45	孔叢子·子思居貧	《御覽》無最末"或者擔其酒脯以歸"一句。
	56	46	孔叢子·季桓子	《秘府略》末誤衍"子思居貧"部分内容。
	×	47	管子·桓公觀於野	
36	東觀漢記·外戚(第91頁)		×	
37	王隱晉書		×	
38	晉陽秋		×	
39	魏武謡俗		×	
40	古今注		79	《秘府略》多"三日出根葉如豆,時天清明"一句。
41	吕氏春秋·飯之美者(第92頁)		54	《御覽》多"玄山之禾"、"陽山之穄、南海之秬"及小注。
42	晏子春秋·北郭騷	48	√	
	47	49	晏子春秋·寸之管	
	×	50	曾子	
43	帝系		×	
	49	51	墨子·貴義	
44	莊子	52	√	《御覽》無"三百金"及"我得升水活耳,如子言之"兩句。

續 表

序號	《秘府略·百穀部·粟》引書篇目	序號	《御覽》卷八四〇《粟》引書篇目	備 注
45	管子·桀女樂(第93頁)		×	
	×	53	吕氏春秋·伍子胥諫吴王	
	41	54	吕氏春秋·飯之美者	《御覽》多"玄山之禾"、"陽山之穄、南海之秬"及小注。
	69	55	商君書	
	48	56	荀卿子	
	50	57	淮南子·鷪棺者	
	51	58	淮南子·黄帝治天下	
	52	59	淮南子·倉頡作書	
	53	60	淮南子·量而舂	
	54	61	淮南子·馬不食脂(第3756頁)	
	×	62	淮南子·未嘗稼穡	
	×	63	淮南子·粟得水	
	×	64	淮南子·闔盧伐楚	
	81	65	六韜	《秘府略》曰："乙亥之日,發鐘鉅橋之粟,散鹿臺之金錢以與殷民。"《御覽》僅作："武王入殷,發鉅橋之粟以與殷民。"
	63	66	説苑·十粟爲一分	《秘府略》多"十寸爲尺,十尺一丈"。

續 表

序號	《秘府略·百穀部·粟》引書篇目	序號	《御覽》卷八四〇《粟》引書篇目	備 注
	65	67	説苑·墨語·禽滑釐問	《御覽》僅概括大意,而《秘府略》極詳。
	64	68	説苑·高平王遣使者從魏文侯貸粟	
	62	69	風俗通	
	67	70	賈誼書	
	68	71	晁錯書	《御覽》無後半"溢取有餘以給塞下之食,則富有爵而貧民〔益損〕(蓋挺)於賦矣。此以有餘補不足而貧富之民各得其願也。臣竊以爲除倍償之令而異爵粟便"。
46	晏子春秋·北郭騷	48		《秘府略》重出稍簡。
47	晏子春秋·寸之管	49		
48	荀卿子	56		
49	墨子·語二·貴義(第94頁)	51		
50	淮南子·鸑棺者	57		
51	淮南子·黄帝治天下	58		
52	淮南子·倉頡作書	59		
53	淮南子·量而舂	60		
54	淮南子·馬不食脂(第95頁)	61		
55	孔叢子·子思居貧	45		《御覽》無最末"或者擔其酒脯以歸"一句。

續　表

序號	《秘府略·百穀部·粟》引書篇目	序號	《御覽》卷八四〇《粟》引書篇目	備　注
56	孔叢子·季桓子	46		《秘府略》末誤衍"子思居貧"部分内容。
57	鄒子·董仲舒（第96頁）	77		
	70	72	氾勝之書	
	60	73	桓階別傳	
58	桂陽先賢畫贊	74	√	
59	長沙耆舊傳		×	
60	桓階別傳	73		
61	山海經		×	
62	風俗通（第97頁）	69		
63	説苑·十粟爲一分	66		《秘府略》多"十寸爲尺，十尺一丈"。
64	説苑·高平王遣使者從魏文侯貸粟	68		
65	説苑·禽滑氂問（第98頁）	67		《御覽》僅概括大意，而《秘府略》極詳。
66	説苑·莊周往貸於魏文侯		×	
67	賈誼書（第99頁）	70		
68	晁錯書	71		《御覽》無後半"溢取有餘以給塞下之食，則富有爵而貧民〔益損〕（蓋挺）於賦矣。此以有餘補不足而貧富之民各得其願也。臣竊以爲除倍償之令而異爵粟便"。

續 表

序號	《秘府略·百穀部·粟》引書篇目	序號	《御覽》卷八四〇《粟》引書篇目	備 注
69	商君書	55		
70	氾勝之書（第100頁）	72		
71	崔寔四民月令	×		
72	王符潛夫論	37		
73	京房易妖占	78		
74	師况占	×		
75	神光占（第101頁）	×		
76	神光占	×		
77	河圖·説徵禾	2		
78	洛書·説禾	×		
79	神農本草經	×		
80	吳氏本草	80		
81	六韜（第102頁）	65		《秘府略》曰："乙亥之日，發鐘鉅橋之粟，散鹿臺之金錢以與殷民。"《御覽》僅作："武王入殷，發鉅橋之粟以與殷民。"
82	應翊像贊序	86		
83	孔舒元在窮記	×		
84	張奐報崔子玉書	×		
85	張楚金翰苑（第102—105頁）	×		
	×	75	王子年拾遺記	
	×	76	博物志	

續 表

序號	《秘府略・百穀部・粟》引書篇目	序號	《御覽》卷八四〇《粟》引書篇目	備 注
	57	77	鄒子	
	73	78	京房易妖占	
	40	79	古今注	《秘府略》多"三日出根葉如豆,時天清明"一句。
	80	80	吳氏本草	
	×	81	杜寶大業拾遺記	
	×	82	任昉述異記・光武興	
	×	83	任昉述異記・晋末荆州久雨粟（第3757頁）	
	×	84	任昉述異記・宋高祖	
	×	85	任昉述異記・淮南諸山	
	82	86	應翊像贊序	

附表2：《秘府略》《太平御覽》錦門引用文獻對照表

序號	《秘府略・布帛部・錦》引書篇目	序號	《御覽》卷八一五《錦》引書篇目	備 注
1	説文（第20頁）	1	√（第3621頁）	《秘府略》多"從金帛聲"一句。
2	釋名	2	√	
3	爾雅		20	

續　表

序號	《秘府略·布帛部·錦》引書篇目	序號	《御覽》卷八一五《錦》引書篇目	備　注
	×	3	禮記·王制	
13		4	禮記·玉藻·童子之節	
14		5	禮記·玉藻·君衣狐白裘	《御覽》無注。
15		6	禮記·居士錦帶	
16		7	禮記·中庸	
17		8	左傳·閔公	《御覽》無注,首曰:"衛遷于曹,齊桓公歸夫人。"《秘府略》首曰:"〔狄〕(犾)滅衛,齊侯使公子無虧戍曹,歸公乘馬祭服五稱,歸夫人魚軒。"
18		9	左傳·襄三	《秘府略》中多"賜之三命之服,軍尉、司馬、司空、輿尉候奄皆受一命之服"及"乘馬壽夢之鼎"兩句。
19		10	左傳·襄五	《秘府略》末多:"以玉爲錦,馬之先也。曰:'君之妾棄使〔某〕(其)獻左師。'改命曰'君夫人',而後再拜稽首受之。傳言宋公閹,左師〔諛〕(諫),大子所無罪而死之也。"
20		11	左傳·襄六	《秘府略》多"不吾叛也"、"不可"、"君果行此,必有所害"三句及部分注釋。
21		12	左傳·昭四·晋合諸侯	《御覽》起首多"晋合諸侯,次于衛地"一句。

續　表

序號	《秘府略·布帛部·錦》引書篇目	序號	《御覽》卷八一五《錦》引書篇目	備　注
	22	13	左傳·昭四·平丘之會	《御覽》起首多"平丘之會,公不與盟"一句,少"蒙,襄也"一注。
	23	14	左傳·昭六	《秘府略》注釋少於《御覽》。
	×	15	左傳·哀上	
4	毛詩·丰		×	
5	毛詩·碩人（第21頁）	16	毛詩·淇澳·碩人	《秘府略》無"淇澳"章名,餘同。
6	毛詩·角枕粲兮	17	毛詩·蟋蟀	《秘府略》無"蟋蟀"篇名,末多"余美亡此,誰與獨旦"一句。
7	毛詩·巷伯	18	√	
8	毛詩·君子至正		×	
9	周官		×	
10	周禮·純帛（第22頁）		×	
11	周禮·盛姬之喪		×	
12	禮記·王制		×	
13	禮記·玉藻·童子之節	4		
14	禮記·玉藻·君衣狐白裘	5		《御覽》無注。
15	禮記·玉藻·居士錦帶	6		

續　表

序號	《秘府略·布帛部·錦》引書篇目	序號	《御覽》卷八一五《錦》引書篇目	備　注
16	禮記·中庸	7		
17	左傳·閔公（第23頁）	8		《御覽》無注，首曰："衛遷于曹，齊桓公歸夫人。"《秘府略》首曰："〔狄〕（扶）滅衛，齊侯使公子無虧戍曹，歸公乘馬祭服五稱，歸夫人魚軒。"
18	左傳·襄三	9		《秘府略》中多"賜之三命之服，軍尉、司馬、司空、輿尉候奄皆受一命之服"及"乘馬壽夢之鼎"兩句。
19	左傳·襄公	10		《秘府略》末多："以玉爲錦，馬之先也。曰：'君之妾棄使〔某〕（其）獻左師。'改命曰'君夫人'，而後再拜稽首受之。傳言宋公閽，左師〔詌〕（諫），大子所無罪而死之也。"
20	左傳·襄六（第24頁）	11		《秘府略》多"不吾叛也"、"不可"、"君果行此，必有所害"三句及部分注釋。
21	左傳·昭四	12		《御覽》起首多"晋合諸侯，次于衛地"一句。
22	左傳·昭四（第25頁）	13		《御覽》起首多"平丘之會，公不與盟"一句，少"蒙，襄也"一注。
23	左傳·昭六	14		《秘府略》無注。
24	尚書大傳·古之帝王者	21		《御覽》無注，且少"未有命者不得衣，不得乘，乘衣者有罰"句。

續　表

序號	《秘府略·布帛部·錦》引書篇目	序號	《御覽》卷八一五《錦》引書篇目	備　注
25	尚書大傳·君子衣錦(第26頁)		×	
	×	19	論語	
	3	20	爾雅(第3622頁)	
	24	21	尚書大傳·古之帝王者	《御覽》無注,且少"未有命者不得衣,不得乘,乘者有罰"句。
26	漢書·韓生	22	√	《秘府略》曰:"韓生説項曰:'關中阻山河,四塞地,服肥饒,可都以伯。'項羽見秦皆已燒殘破,又懷思東歸,曰:'富貴不歸故鄉,如衣錦夜行。'韓生曰:'人〔皆〕(曰)謂楚人沐猴而冠,果然!'"《御覽》僅有劃綫字。
27	漢書·宣帝時		×	
28	漢書·孝文六年		×	
	×	23	漢書·景帝二年	
29	漢書·爵非公乘以上(第27頁)	24	漢書·賈人毋得衣錦	《秘府略》曰:"爵非公乘以上毋得冠劉氏冠。文穎曰:'即竹皮冠,後以促代之。'賈人毋得衣錦、衣繡綺縠絺絡紵罽、操兵、乘騎馬。"《御覽》僅有劃綫字。
30	謝承後漢書	25	√	
31	東觀漢記		×	

續　表

序號	《秘府略·布帛部·錦》引書篇目	序號	《御覽》卷八一五《錦》引書篇目	備　注
	39	26	漢官儀	《秘府略》末多"官有左右陛長、僕射，銅印墨綬。又中郎秩比六百石，侍郎比四百石，〔郎〕（節從）中比三百石，胝事卅年，〔父〕（文）死子繼，若死王事，亦如之"一段。
	40	27	漢官典職	《秘府略》多"青縑白綾裸布被"一句。
32	魏志	28	√	
	41	29	魏文帝詔	《秘府略》多"洛中欲用物，更却之耳"及"名實之不違，唯城中京師耳"兩句。
	×	30	典略	
33	吳志	31	√	
34	吳書（第28頁）	32	吳志	實爲同條，《三國志》卷五五注引作《吳書》，《秘府略》是。
	×	33	吳志·諸葛融父兄	
	42	34	環氏吳紀	
	67	35	江表傳	
35	蜀志	36	√	
36	王隱晉書	37	√	《秘府略》多"全椒人，少稱言語，與華譚齊名"，"有不能"，"美莫過稻，稻不可以爲齎"三處。

續　表

序號	《秘府略·布帛部·錦》引書篇目	序號	《御覽》卷八一五《錦》引書篇目	備　注
	×	38	王隱晉書	
	×	39	晉書	
	×	40	南史	
	×	41	齊書	
37	田融趙書		×	《秘府略》接寫於上條"王隱晉書"末。
38	趙書	42	√	《秘府略》："前石死,高平陵就。辛巳,具〔告〕(吉)凶,大駕鹵簿溫涼車駕,募調大臣子弟六十人爲挽郎,引錦一百匹。弘嗣子辭梓宫於殿内。"《御覽》僅有劃綫字。
	×	43	後魏書·甄琛爲定州刺史	
	×	44	後魏書·孝武至彭城	
	×	45	北史(第3623頁)	
	×	46	後周書	
	×	47	唐書·王方慶	
	×	48	唐書·大曆初	
	×	49	唐書·大曆中	
	×	50	唐書·張萬福	
	×	51	唐書·大和中	

續　表

序號	《秘府略·布帛部·錦》引書篇目	序號	《御覽》卷八一五《錦》引書篇目	備　注
39	漢官儀（第29頁）	26		《秘府略》末多"官有左右陛長、僕射，銅印墨綬。又中郎秩比六百石，侍郎比四百石，〔郎〕（節從）中比三百石，胝事卅年，〔父〕（文）死子繼，若死王事，亦如之"一段。
40	漢官典職	27		《秘府略》多"青縑白綾裸布被"一句。
41	魏文詔群臣	29		《秘府略》多"洛中欲用物，更却之耳"及"名實之不違，唯城中京師耳"兩句。
42	環氏吳紀	34		
43	張溫表	86		此條《秘府略》接寫在上條《環氏吳紀》後，又與第94條重出。
44	晋令（第30頁）	×		
45	晋諸公贊	×		
46	宋元嘉十年起居注	×		
47	吕氏春秋	×		
48	吴均齊春秋（第31頁）	×		
56		52	范子計然	《秘府略》末多"上價匹五千，中二千，下千二百"一句。

續 表

序號	《秘府略·布帛部·錦》引書篇目	序號	《御覽》卷八一五《錦》引書篇目	備 注
49	列子	53	√	《秘府略》："商丘開窘於飢寒,范子華之門徒皆狎侮。<u>范氏之藏〔火〕(大)。子華曰:'若能入火取得錦者,從所多少賞。'商開入火往還而身〔不〕燒。</u>范氏黨訪焉曰:'吾無道不知故耳。'自此,范氏門徒路見乞兒馬醫,弗敢輕也。"《御覽》僅有劃綫字。
50	尸子(第32頁)	54	√	
×		55	子思子	
51	墨子	×		
52	淮南子·泛論	×		
×		56	淮南子·管仲	
54		57	抱朴子·籍孺	《秘府略》："仲尼似喪家之狗,公旦類朴斷之〔材〕(樸),咎繇面如蒙箕,伊尹形如熇骸,至於龍陽、宋朝,猶土偶之冠夜光,<u>藉孺、董、鄧,猶錦紈之裹塵埃。</u>"《御覽》僅有劃綫字。
×		58	抱朴子·寸錦	
55		59	抱朴子·寸裂	《秘府略》："無當之玉琬,不如全用之埏埴;<u>寸裂之錦黻,未〔若〕(答)堅完之〔韋〕(褻)布。</u>"《御覽》僅有劃綫字。

續　表

序號	《秘府略·布帛部·錦》引書篇目	序號	《御覽》卷八一五《錦》引書篇目	備　注
53	抱朴子·小人文雖巧	60	√	《秘府略》末多"不問得匹束之賈"一句。
54	抱朴子·博喻	57		《秘府略》："仲尼似喪家之狗,公旦類朴斷之〔材〕〔樸〕,咎繇面如蒙箕,伊尹形如熇骸,至於龍陽、宋朝,猶土偶之冠夜光,藉孺、董、鄧,猶錦紈之裹塵埃。"《御覽》僅有劃綫字。
55	抱朴子·廣譬(第33頁)	59		《秘府略》："無當之玉琬,不如全用之埏埴;寸裂之錦黻,未〔若〕〔答〕堅完之〔韋〕〔婁〕布。"《御覽》僅有劃綫字。
56	范子計然	52		《秘府略》末多"上價匹五千,中二千,下千二百"一句。
57	郭子	×		
58	苻子·苻子流乎楚	×		
	60	61	穆天子傳·吉日	《御覽》引郭璞注少"《周禮》曰'白純帛,帛不過五兩'"一句。
59	穆天子傳·盛姬之喪(第34頁)	62	√	《秘府略》末多:"的衣九領,女主叔姓,贈用茵佢。茵,蓐也。叔姓,穆王女也。"
60	穆天子傳·吉日	61		《御覽》引郭璞注少"《周禮》曰'白純帛,帛不過五兩'"一句。

續　表

序號	《秘府略·布帛部·錦》引書篇目	序號	《御覽》卷八一五《錦》引書篇目	備　注
61	漢武内傳	63	√	《秘府略》多"昨青城諸仙就我請求,當過付之,乃三天太上所出"、"形盡精明,俱如向巾器中者"兩句。
79		64	説苑·魏文侯(第3624頁)	《秘府略》末多"子方曰:'臣以君之賊心爲之足矣,今慈甚。君之寵此子也,又且以此誰之〔父〕(文)煞之乎?'自是後兵革不用"一段。
	×	65	潛夫論	
	×	66	郭子横洞冥記	
	×	67	西京雜記	
	×	68	王子年拾遺記·員矯之山	
	×	69	王子年拾遺記·周成王時	
	×	70	王子年拾遺記·周靈王	
	×	71	王子年拾遺記·吴趙逵之妹	
62	神仙傳·淮南王(第35頁)	72	√	
63	神仙傳·左慈致吴〔菘〕(菘)鱸魚	73	神仙傳·左慈致蜀錦及薑	《御覽》合兩條爲一,無致吴〔菘〕(菘)鱸魚事,末少"後蜀使反,驗問增錦之狀,若符契焉"一句。
64	神仙傳·左慈致蜀錦及薑			

續　表

序號	《秘府略·布帛部·錦》引書篇目	序號	《御覽》卷八一五《錦》引書篇目	備　注
65	太上黃庭經		×	《秘府略》接寫前條《神仙傳》後。
66	先賢行狀（第36頁）		×	
67	江表傳		35	
68	華陽國志	74	√	《秘府略》末多"其兒童謠歌曰：'闔君賦政，既明且昶。蠋苛去碎，動以禮讓。'還蜀郡屬〔囚〕（因），吏民涕泣送之，以千數也"一段。
69	博物志（第37頁）		×	
	77	75	陳留風俗傳	
70	異物志	76	√	《秘府略》末多"形微大於雉，其雌特有文章五色，甚可愛，雄漫罾觀也"一句。
71	西京雜記		×	
72	洞冥記		×	《秘府略》接寫《西京雜記》後。
73	益州記		×	
74	石虎鄴中記·石虎冬月（第38頁）	77	√	《秘府略》多"或用清絲大光明錦，或用緋絲登高文錦，或用黃絲博山文錦"、"絮以房子錦百廿斤，白縑爲裏"兩句。

續　表

序號	《秘府略·布帛部·錦》引書篇目	序號	《御覽》卷八一五《錦》引書篇目	備　注
75	石虎鄴中記·織錦署	78	√	《秘府略》多"御府中巧工署皆數百人"、"或青綈,或白綈,或黄綈,或緑綈,或紫綈,或蜀綈,其蜀名巴頭文錦蜀、麗于蜀、花蜀,其官内及掖廷織錦及作織成,皆女人千數,工巧百數,不可盡名"兩句。
76	丹楊記(第39頁)	79	√	《秘府略》末多"蜀顧世無復錦,唯出關西氐羌檀土,致之難,至是始乃有之。昔齊俗華靡,善製純麗,麗物號爲冠衣,天下令則,唯京師矣"一段。
77	陳留風俗	75		
78	説苑·禽滑氂	×		
79	説苑·魏文侯	64		《秘府略》末多"子方曰:'臣以君之賊心爲之足矣,今慈甚。君之寵此子也,又且以此誰之〔父〕(文)煞之乎?'自是後兵革不用"一段。
	81	80	語林	
80	世説(第40頁)	81	√	
81	語林	80		
82	述異記	×		
83	論衡·孟子(第41頁)	×		

續　表

序號	《秘府略·布帛部·錦》引書篇目	序號	《御覽》卷八一五《錦》引書篇目	備注
84	鹽鐵論·古者		×	
85	鹽鐵論·驅貂		×	
86	鹽鐵論·今徒奴僕妾（第42頁）		×	
87	太公·六韜		×	
88	拾遺録·環丘		×	
	92	82	左思·蜀都賦	
	×	83	古詩	
89	夏侯湛集·羊太常辛夫人傳	84	√	《御覽》引作《夏侯孝若集》，按夏侯湛，字孝若。
90	諸葛亮集（第43頁）	85	√	《秘府略》多"若南方大種夷侯來詣闕，及吴王求錦者，乃承詔出之，其小種夷及市買，一切不宜用錦"一句。
91	楊雄蜀都賦		×	
92	左思蜀都賦	82		
93	張衡四愁詩		×	
94	張温表	86	√	《秘府略》上文重出張温《表》，原接於《環氏吴紀》後，見43。又《秘府略》："送使蜀所得物：熟〔錦〕五匹，生錦十匹。劉禪送臣温熟錦五端，諸葛亮送臣温熟錦二匹，李劉送臣温〔熟〕（濕）凡錦廿匹，乞付藏。"《御覽》僅有劃綫字。

續　表

序號	《秘府略·布帛部·錦》引書篇目	序號	《御覽》卷八一五《錦》引書篇目	備　注
95	魏武與楊彪書	87	√	
96	荀勖爲晉文王與孫皓書		×	
97	苻大答謝二公書（第44頁）		×	
98	張楚金翰苑		×	
99	古詩（第45頁）		×	
100	蘇氏織錦回文詩		×	
101	梁皇太子謝敕賚魏國所獻錦等啓		×	
102	梁元帝爲妾夏王風謝東宮賚錦啓（第46頁）		×	
103	梁元帝謝官賚辟耶師子錦白褋等啓		×	

（本文原刊《古籍整理研究學刊》2004年第5期，收入本書時作了大幅修改）

《太平御覽》引"唐書"再檢討

一、從新材料看《太平御覽》引"唐書"的性質

清代岑建功自《太平御覽》中輯出"舊唐書"佚文十二卷,由此引起了學界對《御覽》所引"唐書"的關注。成書於北宋太平興國八年(983)的《太平御覽》引録"唐書"共計2335條,①這一大批文獻顯然不是九十餘年後,嘉祐五年(1060)方才成書的《新唐書》中的内容,故岑建功認爲《御覽》所引"唐書"即後晋劉昫監修之《舊唐書》,其不見於今本的文字乃《舊唐書》在流傳過程中闕損的佚文。

這一觀點在20世紀30年代受到了岑仲勉的質疑,他在《〈舊唐書逸文〉辨》一文中提示唐代吴兢、韋述等所編纂的唐國史在當時及宋初亦被稱爲"唐書",並認爲"《御覽》所謂'唐書',其必包韋書在内"。②

吴玉貴先生在其《唐書輯校》前言中對《太平御覽》所引"唐書"究竟爲何種文獻再一次提出了新的看法。他據《玉海》卷四三"咸平三年十月,校《三國志》《晋書》《唐書》,五年畢"的記載,認爲我們"今天所見到的《舊唐書》,就是咸平三年作了大量修訂工作後的《舊唐書》",而"《太平御覽》引用的《唐書》……就是劉昫領銜修撰的

---

① 參吴玉貴《唐書輯校》前言,中華書局,2008年,第13頁。
② 岑仲勉《〈舊唐書逸文〉辨》,原載《歷史語言研究所集刊》第十二本,收入《岑仲勉史學論文集》,中華書局,2004年,第595頁。

《舊唐書》",是《舊唐書》早期的面貌。① 隨後,汪桂海先生對此表達了不同的看法,他認爲與校《三國志》《晉書》一樣,咸平三年只是對《舊唐書》進行了校勘,而並非"修訂",因而不可能對《舊唐書》做大幅度的删改,《御覽》引"唐書"中不見於今本的文字乃唐代吴兢、韋述等所編之"唐書"。② 後來,吴玉貴先生重申了自己的觀點,並且認爲《御覽》引"唐書"有大量代宗朝之後的内容,不可能是下限僅及代宗朝的吴兢等所編唐國史。③ 至此,對於《太平御覽》引"唐書"究竟爲何書的討論,似乎陷入了僵持,對這批文獻更進一步的認識需要《御覽》之外其他材料的支持。

而北宋名臣晏殊所編類書《類要》中則保存了大量唐實録遺文,三十七卷中總計引録高祖至文宗實録一百零六條,近萬字,除武后、睿宗兩朝外,涉及唐代所修十五朝實録中的十三種,遠遠超過存世唐實録佚文的總合。這部分佚文絶大多數未經他書引録,並有近四成的内容注明了所出卷數,可以肯定係從原書録出。這些珍貴的第一手資料對於唐代相關文獻的研究有着重要價值,也爲《御覽》引"唐書"問題的討論提供了新材料。

這些實録佚文中有六條與《太平御覽》引"唐書"内容一致,文詞近似,而其中四條則不見於《舊唐書》,現將這些條目抄録如下,並與《御覽》引"唐書"相關内容加以比對,以見二者之異同。録文中《類要》以《四庫全書存目叢書》影印陝本爲底本,參校北大本、社科院本,擇善而從,《太平御覽》據中華書局1960年影印静嘉堂本,文中所標頁數即指此二本,誤字隨文改正,以〔〕標出,以()存録原文。

---

① 吴玉貴《唐書輯校》前言,第11—12頁。
② 汪桂海《談〈太平御覽〉所引〈唐書〉》,刊《點校本二十四史及〈清史稿〉修訂工程辦公室簡報》第37期,第11—15頁。
③ 吴玉貴《也談〈太平御覽〉引〈唐書〉》,刊《點校本二十四史及〈清史稿〉修訂工程辦公室簡報》第41期,第9—18頁。

臧希讓爲金吾大將軍，骯髒好談時政，屢以理體上于公卿，詔令集賢院待制。希讓無學術，及處近地，從容公卿間，強引文言以自賢，而所聞知多道途得之，發必差謬，頗爲士子所笑。(《御覽》卷二三七引《唐書》，第1124頁上)

節度使臧希讓，河西人，有武略，善騎射，骯髒好談時政。(《類要》卷二二《志氣》引《代宗實錄》，子167—67頁下)

元和中，京兆尹李鄘奏："三原、高陵、涇陽、興平等四縣共管烽二十八所，每年差烽子烽師九百七十五人，今遠近無虞，畿內烽燧請停。"從之。(《御覽》卷三三五引《唐書》，第1540頁下)

元和二年中，京兆尹李鄘奏："三原、高陵、涇陽、興平之四縣共管其烽〔二〕(土)有一十八所，每年定差其烽子烽師共有九百七十五人，今所以遠近無虞，畿內烽燧請停。"(而)從之。(《類要》卷三六《邊寇》引《憲宗實錄》，子167—373頁上)

韓〔思〕(恩)復，則天朝爲太常博士，定南郊儀注，〔去〕(云)太妃鼓吹。排群邪，守大體，國家賴之。睿宗朝爲給事，活嚴善思於雷霆之下，拒武三思於陷附之中。玄宗御筆題碑云："有唐忠孝韓長公之墓。"(《御覽》卷五五八引《唐書》，第2523頁上)

桂管觀察使〔韓〕(薛)〔佽〕(似)，曾王父長山公思復，則天朝爲太常博士，排群邪，守大〔體〕，睿宗朝爲給事中，活嚴善思於雷霆之下，扼武三思於諂附之中，玄宗御筆題碑云："有唐忠孝韓長山之墓。"(《類要》卷九《賜御札》引《文宗實錄》三一，子166—495頁下；卷一八《極諫》引《文宗實錄》三一，子166—672頁下)

牛僧孺可爲大夫。宰臣鄭覃曰："頃爲中丞，未嘗搏擊，恐無

風望。"上曰:"不然,鸞鳳與鷹隼事異。"(《御覽》卷二二六引《唐書》,第1073頁上)

上曰:"牛僧孺可爲大夫。"鄭〔覃〕(單)曰:"〔頃〕(夏)爲中丞,未嘗彈擊,恐無風望。"上曰:"鸞隼事異。"(《類要》卷一六《御史中丞》引《文宗實錄》,子166—648頁下)

北宋初年,秘閣所存唐代吳兢、韋述等遞修的《唐書》一百三十卷,主體部分止於肅宗乾元年間。①

雖有部分紀傳下及肅代年間,②但數量有限,而上文所錄四條《御覽》引文,兩條及於憲宗、文宗朝事,③顯非一百三十卷《唐書》中文字。將《御覽》引文與《類要》所引唐實錄加以比對可以發現,二組文字雖有詳略之不同,但關鍵性內容及文詞表述皆高度一致,由此可以證明上述《御覽》所引"唐書"實皆係唐實錄。

《太平御覽》所引"唐書"可能包括唐實錄,這一點,岑仲勉在《〈舊唐書逸文〉辨》文末已有提示:

唐人所著唐史,自高祖以下至武宗,共《實錄》二十四種……南宋猶存……此外如柳芳《唐曆》四十卷、韋澳等《續唐曆》二十二卷,焦璐《唐朝年代紀》十卷,與前舉《實錄》,司馬氏修《通鑑》,皆累見徵引,而《御覽》獨未見其名,豈修《御覽》諸臣,竟以此爲無足徵乎? 余由是疑之,以爲《御覽圖書綱目》云"唐書"者,並韋、柳兩書言之也,"舊唐書"者,指歷朝實錄等言之也,惟卷內引文又統稱曰"唐書",則直猶通名之唐史矣。④

---

① 《舊唐書》卷一四九《柳登傳》,第4030頁。
② 《崇文總目》卷二,《文淵閣四庫全書》本,第674册,第29頁。
③ 據《舊唐書》卷一一《代宗紀》,臧希讓卒於代宗大曆十一年,第305頁。
④ 岑仲勉《〈舊唐書逸文〉辨》,第597頁。

雖然岑氏未給出更多證據，但筆者上文對於《御覽》引"唐書"與新見唐實錄佚文的比對已可證實岑氏當年關於《御覽》引"唐書"中包含唐實錄的推測。

那麼是否《太平御覽》引"唐書"僅僅包含了《舊唐書》、吳兢等所撰《唐書》及唐實錄呢？答案是否定的。據《崇文總目》，吳兢等所撰《唐書》下限到肅代之時，唐實錄修至文宗朝，武、宣、懿、昭及哀帝各朝實錄或未及修撰或唐末以後即告亡佚。如果《太平御覽》引"唐書"僅僅包含了《舊唐書》、吳兢等所撰《唐書》及唐實錄的話，那麼其中所有武宗至哀帝時期的事迹應皆出於《舊唐書》，而不當有溢出其外的文字。但事實上《御覽》引"唐書"中武宗以後事亦有6條不見於《舊唐書》，現將這幾條文字參酌吳玉貴先生《唐書輯校》，逐錄如下：

大中二年，以起居郎駙馬都尉鄭顥尚萬壽公主。詔曰："女人之德，雅合慎修，嚴奉舅姑，夙夜勤事，此婦之節也。先王制禮，貴賤同遵，既已下嫁臣僚，儀則須依古典，萬壽公主婦禮宜依士庶。"（卷一五四，第750頁下）

會昌三年敕："禮部所放進士及第人數目，今後但據才堪者即與，不要限人數，每年止於十人五人總得。"（卷六二九，第2819頁上）

會昌四年，中書門下奏："朝廷設文學之科以求髦俊，臺閣清選莫不由茲。近緣覈實不在於鄉閭，超名頗雜於非類，致有跋扈之地，請計交通。將澄化源，在舉明憲，臣等商量，今日以後，舉人於禮部納家狀後，望依前五人自相保。其衣冠則以親姻故舊，久同遊處者；其江湖之士則以封壤接近，素所諳知者爲保。如有缺孝悌之行，資朋黨之勢，迹由邪徑，言涉多端者，並不在就試之限。如容情故，自相隱蔽，有人糾舉，其同保人並三年不得赴舉，仍委禮部明爲戒勵，編入舉格。"敕旨依奏。（卷六二九，第2819

頁上下)

　　大中初,禮部侍郎魏扶放及第二十三人,續奏:"堪放及第三人:封彥卿、崔涿、鄭延休等皆以文藝爲衆所知,其父皆在重任,不敢選取,其所試詩賦並封奉進止。"令翰林學士、戶部侍郎知制誥韋琮等考,盡合程度。其月二十三日,奉進止:"並付所司放及第。有司考試,只合在公,如涉徇私,自有刑典,從今已後,但依常例取捨,不得別有奏聞。"(卷六二九,第2819頁下)

　　大中十年,禮部侍郎鄭顥進諸家《科目記》十三卷。敕付翰林,自今放榜後,仰寫及第人姓名及所試詩賦題目進入,仍令所司逐年編次。(卷六二九,第2819頁下)

　　大中十二年,中書舍人李潘知舉,放博學宏辭科陳琬等三人。及進詩、賦、論等,召潘謂曰:"所試詩中重用字何如?"潘曰:"錢起《湘靈鼓瑟》詩有重用字,乃是庶幾。"上曰:"此詩似不及起。"乃落下。(卷六二九,第2819頁下)

　　以上六條,第一條見於《唐會要》卷六,餘五條皆見《唐會要》卷七六,除個別文字略有差異外,基本一致。考建隆二年(961),王溥進《唐會要》一百卷,①《御覽》編纂之時,完全可以利用其內容。但《唐會要》之材料來源亦係實錄、詔敕等唐代官方檔案文獻,所以《御覽》引"唐書"中與《唐會要》一致的内容,究竟直接錄自《會要》本書,還是與《會要》有着共同的來源,限於史料,無法作進一步判斷,但可以肯定的是,在"唐書"這一後世作爲專名的詞彙下,其所涵蓋的文獻遠遠超過了我們的想象。這一複雜的文獻集合,其組成究竟如何,史闕有間,我們今日已無法徹底明瞭,但成書年代稍晚、内容性質近似的《册府元龜》或可爲我們提供一個參照系。《册府》編纂之時,刻意摒

---

① 《續資治通鑑長編》卷二,第39頁。

棄野史小説而唯取正史,其唐代部分,自武德至哀帝,囊括整個唐代,遠遠超出《舊唐書》、韋氏國史以及唐實錄之内容,其來源除上述諸書外很可能還包括當時尚存之唐代官方檔案以及《武宗實錄》《唐年補録》等唐末五代人續補唐史的文獻,①與《御覽》引"唐書"所包含的文獻性質與範圍應是一致的。

二、唐宋人關於"唐書"的觀念

從以上對《御覽》引"唐書"的分析,可以確證岑仲勉八九十年前的推測,即所謂"唐書"即是唐史。《太平御覽》引"唐書"究竟爲何種文獻,這一問題之所以成爲問題,其原因在於宋以後的人們囿於"唐書"爲專名的成見,忽略了在我們今天所謂《唐書》成書之前,這一稱謂有着不同於後世的内涵。實則唐宋人所謂"唐書",其涵義隨時代發展而不斷變化,其所指稱内容也遠較後世豐富。

在唐人的觀念裏,"唐書"首先指吴兢、韋述等唐代史官所編修的紀傳體唐國史。《新唐書·藝文志》及上文所引《崇文總目》皆著録吴兢等所撰一百三十卷本"唐書",這一名稱並非是宋人所改,實際上在盛唐時代,參與撰修國史的劉知幾和韋述即已經將唐初以來所修紀傳體國史稱爲"唐書":

> 長壽中,春官侍郎牛鳳及又斷自武德,終於弘道,撰爲《唐書》百有十卷。……長安中,余與正諫大夫朱敬則、司封郎中徐堅、左拾遺吴兢奉詔更撰《唐書》,勒成八十卷。②

---

① 《五代會要》卷一八:"(天福六年二月)起居郎賈緯奏曰:伏以唐高祖至代宗已有紀傳,德宗至文宗亦存實録,武宗至濟陰廢帝凡六代,唯有《武宗實録》一卷,餘皆闕略。臣今搜訪遺文及耆舊傳説,編成六十五卷,目爲《唐朝補遺録》,以備將來史官條述。"第298頁。

② 《史通·古今正史》,上海古籍出版社,1978年,第373—374頁。

史館舊有令狐德棻所撰國史及《唐書》,皆爲紀傳之體,令狐斷至貞觀,牛鳳及迄於永淳。及吳長垣在史職,又別撰《唐書》一百一十卷,下至開元之初。韋述綴緝二部,益以垂拱後事,別欲勒成紀傳之書。①

德宗建中初,沈既濟爲史館修撰,其上奏亦將吳兢等所撰國史稱爲"唐書":

既濟以吳兢撰國史,以則天事立本紀,奏議非之曰:"……今安得以周氏年曆而列爲《唐書》帝紀?……"②

可見唐人稱本朝所編紀傳體國史爲"唐書",自劉知幾、韋述時代已然,其後亦延續了這一傳統。

但是安史之亂後,紀傳體國史的修撰傳統即逐漸式微,至肅宗、代宗時期雖有零星增補,却已不成氣候,其後即不再續纂,③而實録的編纂,迄於唐末,綿延不絶,並在唐中後期已取代前者成爲唐代國史惟一的形式。此時的宰相監修國史,主要指監修實録而言,《唐會要》對此有詳細的記載:

大和五年,中書侍郎、監修國史路隨奏曰:"臣昨面奉聖旨,以《順宗實録》頗非詳實,委臣等重加刊正。"④

長慶三年六月,中書侍郎、平章事、監修國史杜元穎奏:"臣去年奉詔,命各據見在史官,分修《憲宗實録》。今緣沈傳師改官,若更求人,選擇非易……其沈傳師一分,伏望勒就湖南修畢,

---

① 《玉海》卷四六引《集賢注記》,第 917 頁。
② 《舊唐書》卷一四九《沈傳師傳》,第 4034—4035 頁。
③ 參謝保成《隋唐五代史學史》,商務印書館,2007 年,第 129 頁。
④ 《唐會要》卷六四,第 1313 頁。

先送史館,與諸史官參詳,然後聞奏。"①

據此可知,唐中後期,實錄的刊修由皇帝詔命監修國史之宰相總其事。在修撰的過程中,監修國史者需親臨主持、分派任務,且需爲實錄提供必要的材料,並保證其進度不受人事變動的影響,當然實錄成書後,也是由監修領銜進上的。

惟其如此,當時士人對於"唐書"的觀念已不僅僅局限於久已不再增輯的紀傳體國史,而是擴展到編年體的實錄。梁肅《唐丞相鄴侯李泌文集序》稱李泌"載直筆以修唐書",②這裏顯然指的是貞元三年(787)李泌拜相並監修國史。③ 而此時監修國史的主要任務便是修實錄:

> 貞元中,李泌輔政,召拜右庶子、史館修撰。……初(令狐)峘坐李泌貶,監修國史奏,峘所撰《實錄》一分,請於貶所畢功。④

據此,令狐峘爲李泌拔擢爲史館修撰後,主要工作即修撰《代宗實錄》。不久,令狐峘受李泌牽連外貶,《代宗實錄》的撰寫面臨中輟的危險,此時,繼任的監修國史者奏請令狐峘携稿"於貶所畢功",原因即在於,任何一位監修國史者都需對實錄的進展負責,故需保證實錄書寫的連續性。

反觀梁肅的序文,其"唐書"内涵即等同於國史。因此可以説在中唐時代,"唐書"的觀念已然發生改變,其指稱對象由紀傳體國史擴大到了實錄。

晚唐至宋初,"唐書"一詞的涵義仍舊混亂而模糊,雖然後晉修成

---

① 《唐會要》卷六三,第1297—1298頁。
② 《文苑英華》卷七〇三,第3624頁。
③ 《舊唐書》卷一二《德宗紀》,第357頁;卷一三〇《李泌傳》,第3622頁。
④ 《舊唐書》卷一四九《令狐峘傳》,第4013—4014頁。

了二百卷本《唐書》,但"唐書"二字並非是它的專名。這一時期稱引"唐書"而文不見於《舊唐書》者比比皆是,試迻錄數則:

唐書云:天授元年,有進三足烏,天后以爲周室嘉瑞。睿宗云:"烏前足僞。"天后不悦。須臾,一足墜地。①

韓滉,德宗朝宰相……按唐書:公天縱聰明,神幹正直,出入顯重,周旋令猷,出律嚴肅,萬里無虞。然嘗以公退之外,雅愛丹青,調高格逸,在僧繇、子雲之上。②

唐末,尚書蘇循諂媚苟且,梁太祖鄙之。他日至并州謁晋王,時張承業方以匡復爲意,而循忽獻晋王畫敕筆一對,承業愈鄙薄之。③

唐書曰:常魯使西蕃,烹茶帳中,謂蕃人曰:"滌煩療渴,所謂茶也。"蕃人曰:"我此亦有。"命取以出,指曰:"此壽州者,此顧渚者,此蘄門者。"④

唐書會要:員外郎官,神龍以後有之,開元除去,唯皇親戰功之外不復除授。今則貶責者,然後以員外官處之。永徽五年,蔣孝彰除尚藥奉御,員外特置,仍同正員。⑤

以上所涉各書,撰成多在《新唐書》之前,而《職官分紀》乃因宋初楊侃《職林》增入宋代事迹,⑥故上錄各條所引"唐書",顯非歐《書》,而其文字復不見於《舊唐書》,則所謂"唐書",究竟指何種文

---

① 段成式撰,許逸民校箋《酉陽雜俎校箋》續集卷四,中華書局,2015年,第1709頁。
② 朱景玄《唐朝名畫錄》,收入《畫品叢書》,上海人民美術出版社,1982年,第82頁。
③ 《太平廣記》卷二三九引《唐書》,中華書局,1961年,第1847頁。
④ 吴淑《事類賦》卷一七引《唐書》,中華書局,1989年,第347頁。
⑤ 《職官分紀》卷四九,《文淵閣四庫全書》本,第923册,第875頁。
⑥ 秦觀《職官分紀序》:"咸平中,華陰楊侃始采諸家之書,次爲《職林》,凡廿卷,號稱精博,而斷自五代以前,不及本朝之事。元豐中……富春孫彦同雅意斯事,間因暇日,取《職林》而廣之,具載新制,而又增門目之亡缺,補事實之遺漏,凡五十卷,號《職官分紀》。"《文淵閣四庫全書》本,第923册,第2頁。

獻，筆者在此試作推測：

《酉陽雜俎》所引三足烏事及《事類賦》所引代宗之詔，分別見《冊府元龜》卷四六、卷六四及卷五〇四。考《冊府元龜》中包含大量唐實錄文字，這兩段文字與《冊府》相合，可能亦出自實錄。

《職官分紀》所引文字又見《唐會要》卷六七，而題作"唐書會要"，表明編者徑將《會要》視作"唐書"之一部分。

上述諸條中尤其值得注意的是《事類賦》所引"唐書"。此條"唐書"所載西蕃茶事亦見《太平御覽》卷八一五，實出自《唐國史補》卷下。《唐國史補》，記唐時掌故及公卿軼事，《崇文總目》《新唐書·藝文志》列之於雜史，《資治通鑑考異》引之考史，《新唐書》亦多取其事，[1]蓋北宋人將其視同可徵信之史書。檢《事類賦》中引"唐書"二十三處，所引文字性質皆與《太平御覽》引"唐書"相類，而其中相當一部分文字同樣不見於《舊唐書》。《事類賦》作者吳淑仕南唐爲校書郎直內史，入宋授大理評事，預修《太平御覽》《太平廣記》《文苑英華》。[2] 預修《御覽》者，《玉海》卷五四引《太宗實錄》備列其名，分別爲翰林學士李昉、扈蒙，左補闕知制誥李穆，太子少詹事湯悅，太子率更令徐鉉，太子中允張洎，左補闕李克勤，右拾遺宋白，太子中允陳鄂，光禄寺丞徐用賓，太府寺丞吳淑，國子寺丞舒雅，少府監丞吕文仲、阮思道等。名單中除李昉、徐鉉、宋白等當時的著名學者外，吳淑可謂其中翹楚，其在《御覽》編纂中的作用不容低估。《事類賦》與《御覽》引"唐書"的同質性表明，宋代初年，在吳淑爲代表的《御覽》編纂者的心目中，"唐書"並非是指《舊唐書》等某一種專書，而是各類唐史著述之通名。

通過對上述各條的分析，我們可以看到，唐宋人所謂"唐書"實際上是一個寬泛的概念，所指稱的是包括吳兢等所撰國史及唐歷朝實

---

[1] 《學林》卷五："《國史補》雖唐人小説，然其記事多不實，修《唐史》者一概取而分級入諸列傳，曾不核其是否。"中華書局，1988年，第169頁。

[2] 參《宋史》卷四四一《吳淑傳》，第13040頁。

錄、《唐會要》甚至後世廁身於筆記小說的《唐國史補》之類的雜史等一系列文獻,岑仲勉所謂"通名之唐史",乃是的解。

通過新材料與《太平御覽》所引"唐書"的比定和對唐宋人所謂"唐書"概念的考察,我們或許可以認爲,《御覽》所引"唐書"並不是某一部書的專名,而是包括劉昫《唐書》、吳兢等所編一百三十卷本《唐書》及歷朝實錄在内的各類史料文獻的通名。編修者將這一系列史料統一引錄作"唐書",正體現了唐至宋初的士人對"唐書"這一概念的認識。

(原刊《史林》2010 年第 4 期)

附記:

溫志拔作《〈太平御覽〉引"唐書"之性質考論》(刊《史學史研究》2010 年第 2 期),亦認爲《太平御覽》引《唐書》係《舊唐書》、《國史》、實錄等一系列文獻的合稱,與拙作可謂不謀而合,然其新近發表之《〈太平御覽〉引"唐書"爲國史〈唐書〉考論》(刊《中國典籍與文化》2020 年第 3 期)又推翻其本人此前結論,認爲所謂"唐書"僅指紀傳體《國史》,針對這一觀點,筆者將另文討論,今不贅述。

除此之外,羅亮新近所刊《〈太平御覽〉中的"唐書"考辨》(《中山大學學報》社會科學版 2022 年第 4 期)又揭出《太平御覽》所引"唐書"實則爲《通典》《隋唐嘉話》《唐會要》等唐代文獻,支持了筆者所謂"唐書"是唐代文獻集合概念的觀點,同時將筆者所認爲的官方文獻擴充到了包括筆記在内的各類文獻。

又孟彦弘在《唐研究》第 16 卷所刊《〈太平御覽〉所引"唐書"的輯校與研究——評吴玉貴〈唐書輯校〉》一文提出所謂"唐書"可能是未經著錄的某部紀傳體"唐書",又在附記中對溫文與拙作觀點提出異議,理由大致有三。一是編修者在抄綴材料的過程中,不應將原來各各不同的書名統一爲"唐書"。二是類書引書往往錯亂,"《御覽》標明爲'唐書'者,並不能肯定所有内容都準確無誤地出自《唐書》。同理,標作其他書名的書,也未必就完全排除原本出自《唐書》"。三是"溫、唐二氏主要是選擇若干條來比對……無法排除它們分别出自於同一史源,或遞修沿續的可能性",並且認爲同樣可能出自吴玉貴先生所認爲的被改編的《舊唐書》。這三點中的後兩點其實並不能成立,因爲拿出來討論的這些條目都已明確皆是《舊唐書》本身所没有的内容,它們可能的確是《舊唐書》本身的史源性材料,但却不是《舊唐書》本身。而咸平年間對《舊唐書》的校勘,溫氏文中已解釋得非常明白:這些校勘改動的幅度極小,如校訂《漢書》僅"增七百四十一字,損二百一十二字,改正一千三百三字"。而《舊唐書》在校勘以後仍舊不盡如人意,所以朝廷乾脆廢棄改修,新校勘的《舊唐書》也失去了刊版的機會。因此,《舊唐書》並没有經過大幅度的删改,這些溢出《舊唐書》的文字並不屬於《舊唐書》。而類書引書的混亂反而能證明"《御覽》標明爲'唐書'者,並不能肯定所有内容都準確無誤地出自《唐書》",而是可能出於其他文獻。孟氏所提出的第一點是最值得重視的,的確,將原本不同文獻全部統一到"唐書"之下,的確不符合正常的編纂思路。但是如果我們回到尚處於寫本時代晚期的宋初這一歷史場景中,從書籍史的角度去考慮這一問題,也許就會理解《御覽》編輯者爲何會以"唐書"這一書名覆蓋實録等其他文獻。事實上,編纂者們要面對的唐代史料是非常紛繁的。僅就《唐書》而言,既有五代所編《唐書》,又有唐代所編紀傳體《唐書》。而就實録而言,他們所看到的也許遠比我們今天所知道的要複雜。比如《順宗實録》,司馬光在《通鑑考異》中即明確當時"《順宗實録》有七本,皆五卷,題曰'韓愈等撰'。五本略而二本詳",如果仔細分别,當如何標注? 這僅僅是我們知道的《順宗實録》的情况,又唐五代各類實録,前後反復修撰,各有繁簡不同。而寫本時代各類書籍未必皆以完本流傳,民間或許流傳大量各取所需的節録本。而《太平御覽》編訂之時,北宋立國未久，其圖書亦未經整比，編纂者面對着無論從内容上而言，還是從形式上而言，都可能是繁雜多歧的近代史料，要對引書作精確的分辨其實是非常困難的。事實上，編纂者並非没有進行過努力，例如《御覽》卷二八即引過《唐玄宗實録》，卷八四〇、卷九四五、卷九五〇皆引過《漢實録》，顯然《御覽》的編纂者用到了唐五代大量的實録，但最終可能因爲逐一分辨過於繁複，遂在"唐書"這一框架下裝入了所有實録、國史等相對可靠的文獻。

晏殊《類要》文本及其
學術價值考述

  清代輯佚之學大盛，類書成爲輯録古佚書的淵藪，南宋之前的類書，更因其保存了大量今天多半已經亡佚的宋前文獻而歷來爲學者所重視。然而就在以四大書爲代表的北宋類書廣爲學者所取資利用的同時，成書僅較《太平御覽》諸書晚五十餘年，篇幅達百卷，保存了大量宋前佚籍的一部大型類書，却由於流布稀少而長期未進入學者的視野，這就是由北宋名相晏殊窮一生心力編纂而成的《類要》。

  晏殊（991—1055），字同叔，撫州臨川人，幼以神童召試，仁宗慶曆二年（1042）拜相。晏殊的詞歷來爲人所稱道，其實他的成就遠不止於此。晏殊幼年入仕，歷任秘書省正字、集賢校理、翰林學士、資政殿學士等。他一生勤學不倦，曾奉詔參與撰修《真宗實録》《天和殿御覽》等朝廷大製作，生平著作計有《臨川集》《三州集》《二府別集》《紫微集》《北海新編》《廬山四遊詩》《平臺集》《珠玉詞》《類要》《集選》等多種。① 《類要》便是其平日讀書之時，分門別類摘録各種書籍，編撰而成的一部大型類書。葉夢得《避暑録話》記晏殊當日讀書積累素材之情形曰：

    晏元憲平居書簡及公家文牒，未嘗棄一紙，皆積以傳書，雖封皮亦十百爲遴，暇時手自持熨斗，貯火於旁，炙香匙親熨之。

---

① 參夏承燾《唐宋詞人年譜》，上海古典文學出版社，1955年，第267頁。

以鐵界尺鎮案上,每讀得一故事,則書以一封皮,後批門類,授書吏傳録,蓋今《類要》也。①

可見《類要》非如其他類書之剿襲前人,而是晏殊在讀書之時隨得隨録,薈萃而成的筆記與心得,是晏殊學力的最好體現,故曾鞏《類要序》極稱其書之博:

> 公所爲《類要》上中下帙總七十四篇,凡若干門,皆公所手抄,乃知公於六藝、太史、百家之言,騷人墨客之文章,至於地志、族譜、佛老、方伎之衆説,旁及九州之外,蠻夷荒忽詭變奇迹之序録,皆披尋紬繹,而於三才萬物、變化情僞、是非興壞之理,顯隱細鉅之委曲,莫不究盡。②

然而這一部凝聚了晏殊半生心血的原創性類書在其編成後始終未曾付梓,而是以鈔本形式流傳於世,其存佚每在晦明之間,故歷來關注者甚少,至清修《四庫全書》,浙江奉旨開局徵書,天一閣及吴玉墀瓶花齋鈔本因是采進,《四庫全書總目》方第一次全面而準確地介紹了《類要》的體例、編撰情況、版本源流及其所見版本。③ 然而由於《類要》傳本錯訛過多,難以校定,四庫館臣在進行了一部分工作以後終告放棄,僅將其列入存目。其後傅增湘、余嘉錫等皆曾注意到《類要》,並對其加以評述或利用,④但總體而言,《類要》一書仍處於湮没無聞的狀態。2000 年陳尚君師發表《晏殊〈類要〉研究》一文,對《類要》的著録流傳、編纂體例作了全面的考察,並總括性地揭示了其所

---

① 《避暑録話》卷二,上海書店 1990 年影宛委堂本,第 9 頁右欄。
② 曾鞏《類要序》,收入《曾鞏集》卷一三,第 210 頁。
③ 《四庫全書總目》卷一三七《類書類存目》一,第 1160—1161 頁。
④ 見傅增湘《藏園群書經眼録》,第 823 頁;《余嘉錫論學雜著》,中華書局,1977 年,第 656—657 頁。

引録文獻的重要價值，①至是《類要》方才漸漸爲學界所認識。本文即在陳師文章的基礎上對《類要》本身的一系列問題及其文獻、史料價值作進一步的闡述。

一、今本《類要》考實

《類要》在晏殊去世之後尚未完全定稿，其原書的卷數，諸家記載多有不同：曾鞏《序》稱其書七十四篇，晁公武《郡齋讀書志》著録其書六十五卷，②應有缺佚。《中興書目》則著録七十七卷，③陳振孫《直齋書録解題》著録七十六卷，但陳氏頗疑《中興書目》所多一卷爲目録，④所言近是，然與曾鞏所述七十四篇仍有出入。考《玉海》卷五四稱"晏殊《類要》七十四篇，開禧二年正月晏袤上之，勒成一百卷，列爲二千六十一門"，⑤則晏袤所進本乃據七十四篇重編爲一百卷。按諸今所存各本，注明晏袤補缺的各門類，除地理一類之外並未增入晏殊之後的文獻及制度沿革，可知晏袤的增補並未改變原書格局，故不可能增加二十餘卷的篇幅，所謂一百卷者，主要應是重新析卷的結果。因此《類要》初本應即是七十四篇，分爲七十六卷，或本有目録一卷，《中興書目》及《直齋書録解題》所載近是。晏殊去世一百五十一年後，南宋開禧二年（1206），由晏袤增補重編的一百卷本《類要》奏進朝廷，之後，此本似即成爲《類要》傳布的主流。

清代以來，《類要》有三個文本流傳於世。進入四庫館者二：其一爲天一閣本，存五十六卷，闕四十四卷，卷次頗存晏袤百卷本原貌；⑥其

---

① 收入《陳尚君自選集》，第 298—322 頁。
② 孫猛《郡齋讀書志校證》卷一四，第 663 頁。
③ 《直齋書録解題》卷一四引《中興書目》，第 426 頁。
④ 《直齋書録解題》卷一四，第 426 頁。
⑤ 《玉海》卷五四，第 1082 頁。
⑥ 《浙江采輯遺書總録》庚集曰："此書流傳久闕，他本皆三十七卷，今本全載序目，中缺四十四卷。"北京圖書館出版社，2006 年，第 434 頁。

二爲瓶花齋本三十七卷,原爲吴焯(1676—1733)舊藏,其中十六卷爲天一閣本所無。① 此外尚有傅增湘《藏園群書經眼錄》卷一〇提到的蔣汝藻密韻樓所藏本,亦三十七卷,首載曾鞏《序》,原係徐釚(1636—1708)舊藏,有胡惠孚(道光時人)藏印。② 天一閣本與瓶花齋本後皆流出四庫館,天一閣本下落不明,瓶花齋本曾爲李盛鐸所得,後入藏北大圖書館。1925 年,蔣氏密韻樓書散出後,第三個本子亦失其蹤迹。

《類要》現存有三種抄本與縮微卷一種,其中兩種抄本見於《中國古籍善本書目》著錄,分別爲西安文物管理委員會藏三十七卷抄本(下簡稱"陝本")和北京大學圖書館藏十六卷抄本(下簡稱"北大本")。另一種爲中國社科院文學研究所圖書館藏三十七卷抄本(下簡稱"社科院本")。縮微卷藏北京圖書館,翻拍自美國藏本,僅見周天游先生《八家後漢書輯注》引述,具體情況不詳,今不贅述,下文將着重考述《類要》三種抄本的面貌與特質。

陝本三十七卷,影印收入《四庫全書存目叢書》,係今日最易見到的《類要》文本。此本半葉九行,行十八字,無序跋,無藏印,非清代所傳三本之一。該本抄寫字體不一,殆當時不同書手合力鈔成,職是之故,此本訛奪衍倒,尤爲嚴重,但因未經校改,尚存舊本面貌。

北大本十六卷,或即是瓶花齋三十七卷本中截出的不見於天一閣本的十六卷,③原爲李盛鐸木樨軒舊藏,④半葉九行,行十八字,卷三十六闕首頁。卷首有曾鞏《序》及三十七卷總目,又有武英殿粘簽一頁,填有"晏公類要十九卷","武英殿於三月丙午日發出","交謄錄張敬宸寫成"三行,可知四庫館臣當日原擬以此本爲底本整理。該本原卷多存館臣校改之迹,卷數亦經改寫,應係館臣據天一閣本原目

---

① 見《浙江采輯遺書總錄》庚集,第 434 頁。
② 見傅增湘《藏園群書經眼錄》,第 823 頁。
③ 參陳尚君《晏殊〈類要〉研究》,收入《陳尚君自選集》,第 302 頁。
④ 見《木樨軒藏書題記及書錄》,北京大學出版社,1985 年,第 216 頁。

改動，頗可見晏袤百卷本原次。① 其具體改動如下：原卷一改爲卷二〇，卷二改爲卷二一，卷三改爲卷一六，卷四改爲卷一七，卷五改爲卷一一，卷六改爲卷一八，卷七改爲卷一九，卷八改爲卷二二，卷一八改爲卷四〇，卷一九改爲卷四一，卷二〇改爲卷四二，卷二二改爲卷七〇，卷二六改爲卷六九，卷三五改爲卷七一，卷三六改爲九五，卷三七改爲卷九六，下文稱述"原次"者即指此據天一閣本改動過的卷次。

社科院本三十七卷，十二册，半葉十二行，行十九字，有"鹽城孫人和蜀丞珍藏"白文長方印。② 卷首有曾鞏《序》，正文及目録有朱筆校字，遍及全書，間有溢出於其他二本之文字，有避"桓"字者，所據本或源出宋本。卷一另有北大教授高步瀛藍筆批校，據《太平寰宇記》《輿地紀勝》等校補闕漏。

上述諸本，皆源自晏袤增補之一百卷本，天一閣本之外，餘皆三十七卷，從今存的三個鈔本來看，其門類雖錯亂顛倒，編次不倫，然總目却首尾連寫，並無缺佚，似不能僅以佚存之殘本視之。筆者以爲，在晏袤百卷本傳布之後的南宋時代，《類要》散佚嚴重，而殘本又經過了一次整理：

據上引《玉海》，百卷本《類要》原編二千六十一門，今檢三十七卷本僅得九百八十三門，約當《玉海》所載門類之半。據《輿地紀勝》《紀纂淵海》《錦繡萬花谷》《永樂大典》等文獻所引《類要》佚文，不見於今本之門類約在七十種左右，除今本已有之地理、職官、人事等內容外，另得時令、鳥獸、草木、釋教諸部，可見《類要》原本與此前大多數官修類書一樣，所涉部類遍及天、地、人、事、物各部。然其篇帙繁重，又未經刊版，故在流傳過程中漸次散佚。從四庫館臣據目所改的卷次來看，原本一卷與今本一卷相當，並無合併的痕迹，因此，今存三十七卷本乃百卷本佚失六十三卷後之劫餘。

---

① 參陳尚君《晏殊〈類要〉研究》，收入《陳尚君自選集》，第 302、321 頁。
② 孫人和（約 1898—1967），字蜀丞，江蘇鹽城人，"鹽城孫人和蜀丞珍藏"即其藏書印之一。見《文獻家通考》，中華書局，1999 年，第 1665 頁。

這一劫餘的本子在南宋時期經過了一次重編：在今本中，南宋都城臨安所在的江南路、兩浙路爲卷一，福建路等南方各路則置於卷二，而這兩卷在原次中分別是卷二〇與卷二一。而原次卷一六的總序地理被置於卷三；原次爲卷一七，包括汴京周邊各州之京西路、京東路則置於卷四。這顯然體現了南宋人的地理觀念，不過晏殊的原編次序也因此完全被打亂了。

南宋的重編本流布之後，大有取代百卷本之勢。今可考南宋至清代的各種類書、地志中《類要》之佚文雖多至七十門，但溢出今本者甚罕。這一現象提示我們，或許由於《類要》原書篇帙過重，南宋重編本很可能在《類要》的流傳中扮演了重要的角色。考諸今日最易得見的陝本，可以發現，此本宋徽宗諱"桓"字或闕筆，或作"淵聖御名"，其祖本顯爲宋本。而部分卷中明光宗朱常洛之諱"常"亦改作"嘗"字，可證其至少在明末有過一次傳抄。又第七、九、一四、一五四卷，卷首目次與正文連寫，"玄""弦"等字闕末筆，"丘"寫作雍正四年方確立的諱字"邱"，與其他各卷不避清諱、目次與正文不連的體例不合，這一部分可能抄於雍正初年以後。陝本諱字的複雜多樣顯示，三十七卷本在南宋中期至清前期五六百年的時間內屢經傳抄，最終使此重編本壓倒《類要》百卷原本，留存至今。

二、《類要》所引已佚文獻史料價值舉隅

曾鞏《序》中稱《類要》所引遍及四部，無所不包，今三十七卷本雖係殘佚重編，然仍可見其篇幅之巨大，引書之廣博。陝本《類要》全本字數超過百萬，引書在七百種以上，其中今已散佚不存的文獻約占其半，陳尚君師已有全面的論列，大致而言包括唐實錄、地志、類書、總集、唐人別集、碑刻等幾大類，涉及《輿地志》、《括地志》、《郡國志》、《十道志》、《方輿記》、《兩京新記》、《吳興雜錄》、《圖經》、《麟角》、《百葉書抄》、《文房百衲》、《群書麗藻》、《歲時廣記》、《圖書會

粹》、《古今詩苑英華》、《玉臺後集》、《續文選》、《搜玉小集》、《唐詩類選》、《麗則集》、《南薰集》、《遺風碑集》、《貽則集》、《類文》、《類表》、《李白別集》、《李商隱集》、《常袞集》、《長慶小集》、《玉堂集》、《楊烱集》，薛居正《五代史》、《大和野史》、《柳氏家學錄》、《會要》、《續會要》、《唐錄政要》、《狄梁公家傳》、《鄴侯家傳》、《十代興亡論》等一系列久已亡佚的珍貴文獻，實爲輯佚之淵藪，考訂之新材。下文即在此基礎上對這一系列文獻的史料價值作進一步的抉發。

1.《類要》中的唐實錄

兼有編年與紀傳兩種體式的實錄是歷代國史的重要材料來源，有唐一代共修得自高祖至文宗十五朝四百餘卷實錄，篇幅略等於兩《唐書》之總和，其編年紀事的體例和本於起居注等檔案材料的特質，使其較其他後出史料更爲可靠和詳密。然而除韓愈所撰之《順宗實錄》保存至今外，唐代的其他歷朝實錄皆已亡佚，爲唐史研究留下了不少遺憾。自清代起，學者對唐實錄即已有所關注，趙翼對實錄的撰修情況作了初步的考訂，並指出《舊唐書》多本於唐實錄。① 近人岑仲勉亦據《册府元龜》注文明確了《册府》中武宗以前事多有采自唐實錄者。② 嗣後學界對唐實錄多有關注，陳光崇對唐代所修自高祖至文宗共計十五朝實錄的纂修過程進行了全面的考述，③但由於材料的局限，更深入的研究多僅依據《順宗實錄》展開。

《類要》中保存了大量唐實錄佚文，總計一百零六條，近萬字，始自高祖，終於文宗，闕武后、睿宗兩朝，涉及唐代所修十五朝實錄中的十三種。這部分佚文絕大多數未經他書引錄，並有近四成的内容注明了所出卷數，可以肯定係從原書錄出，無疑是唐實錄研究極爲可貴的第一手資料。

將這部分材料與《唐會要》《册府元龜》《太平御覽》《舊唐書》等

---

① 王樹民《廿二史劄記校證》，中華書局，1984 年，第 342—350 頁。
② 岑仲勉《唐史餘瀋》，第 243 頁。
③ 陳光崇《唐實錄纂修考》，收入氏著《中國史學史論叢》，第 73—114 頁。

文獻中的相關內容進行比勘，可以發現，《類要》的引文多能在其中找到對應，從二者文字的接近程度可以肯定唐實錄正是傳世文獻中這些文字的史源。由此，《唐會要》《册府元龜》中抄錄自唐實錄的部分可據此得到準確的甄別。

另《太平御覽》中所引《唐書》究竟爲何種文獻，自清代以來即有分歧，岑建功將其視爲劉昫《舊唐書》本文的佚文，①岑仲勉則認爲其大端爲吳兢、韋述等所撰唐國史，而唐實錄等亦可能包含其中，②吳玉貴認爲《御覽》所引《唐書》乃未經宋人刪削之《舊唐書》原本，③考《太平御覽》中所引《唐書》有六條文字與《類要》所引唐實錄一致，其中四條溢出《舊唐書》之外，其中兩條所載爲憲宗、文宗朝事，顯非出自僅增輯至肅、代之際的唐國史，而更有可能出自唐實錄。因此《太平御覽》中所引錄的"唐書"應即是唐史之通名，實錄亦一併包括在内。④

另外，實錄佚文與《册府元龜》及《舊唐書》中相關內容的比勘，亦可提示我們二書對實錄的利用方式。唐實錄中不同部分的文字出現在《册府元龜》同一段引文之中，這一現象提示我們，作爲類書的《册府元龜》打破了一般類書僅摘錄文獻之某一片段的慣例，將不同來源的兩段文獻整合在一起，以體現其編纂主旨。而《舊唐書》列傳對於唐實錄中人物傳記的利用前人已有論述，《類要》所引唐實錄存人物傳記十八篇，涉及高宗、中宗、玄宗、代宗、德宗、憲宗、穆宗、敬宗、文宗九朝實錄，除五人外《舊唐書》皆爲立傳，這無疑爲研究實錄與《舊唐書》列傳之間的關係提供了更多的材料。比勘二者可以發現，《舊唐書》完全吸收了實錄本傳，並整合了大量其他材料，方成如今所見之規模。

---

① 岑建功《舊唐書佚文》自序，《續修四庫全書》本，第 285 册，第 2002 頁。
② 岑仲勉《〈舊唐書佚文〉辨》，收入《岑仲勉史學論文集》，第 597 頁。
③ 吳玉貴《唐書輯校》前言，第 11—12 頁。
④ 詳細考證參拙作《〈太平御覽〉引"唐書"再檢討》，見本書。

2.《類要》中的集部文獻

《類要》引錄了大量今已不復可見的漢唐總集及唐人別集,這些佚文對於瞭解漢唐作品的編集情況有着重要作用。

以《類要》所引"李白集"爲例,三十七卷中共引"李白集"十一條,所標卷數自第二至第二十,其中兩條分別引作《李白翰林集》和《李白別集》。考李白詩文在晏殊至和二年(1055)辭世之前共有過三次結集。其中唐代兩次,第一次爲肅宗上元末(約761年),李白在世之時魏顥所編二卷本,①另一次係李白逝世後李陽冰所編《草堂集》十卷。② 入宋之後,咸平元年(998),樂史又對李白文集進行了增訂。他在十卷本《草堂集》的基礎上,又別收歌詩十卷,合原集爲二十卷,號《李翰林集》,另於三館中得李白賦序表贊書頌等文章,又編爲十卷,號《李翰林別集》。③

《類要》所引"李白集",筆者認爲當爲樂史本《李翰林集》。首先,全書所引"李白集"十一條,有標卷二〇者,顯非唐代所編的二卷本與十卷本。其次,所引之中,兩條分別引作《李白翰林集》和《李白別集》,即樂史所編之本。最後,《李翰林集》二十卷與《李白別集》十卷皆著錄於《崇文總目》,④而《崇文總目》爲宋初秘閣實際藏書,晏殊曾任集賢校理、翰林學士,並預修《真宗實錄》等著作,⑤必然可以接觸到秘閣藏書,其中也包括樂史所編《李翰林集》及《別集》。因此《類要》所引"李白集"應即是樂史所編二十卷本《李翰林集》及十卷本《別集》。

李白集之宋本流傳至今者有宋蜀刻本《李太白文集》及南宋咸淳

---

① 瞿蜕園、朱金城《李白集校注》附錄魏顥《李翰林集序》,上海古籍出版社,1980年,第1790頁。
② 瞿蜕園、朱金城《李白集校注》附錄李陽冰《草堂集序》,第1789頁。
③ 瞿蜕園、朱金城《李白集校注》附錄樂史《李翰林别集序》,第1791頁。
④ 《崇文總目》卷一二,《文淵閣四庫全書》本,第674册,第133頁。
⑤ 參夏承燾《唐宋詞人年譜》,第267頁。

己巳(1269)天台戴覺民重刻本三十卷《李翰林集》。① 前者源出於熙寧元年(1068)宋敏求所編本,非晏殊所能見,故《類要》所引各條"李白集"目次與今傳宋蜀刻本《李太白文集》全不相合。後者前二十卷詩,後十卷文,萬曼認爲即淵源於樂史本。② 取《類要》所引"李白集"所標卷數與光緒影宋咸淳本相較,十篇之中七篇與影咸淳本卷次一致,因此咸淳本確如萬曼所言,係淵源於樂史所編《李翰林集》,並在一定程度上保留了原集的編次,而非如劉世衍以爲分類篇次"漫以意定"。③

而《類要》所引錄的另一些佚文則涉及文學史上一些重要問題,如《文選》的編纂與何遜之關係、《玉臺新詠》的編者、王梵志詩歌在當時的影響等。

關於《文選》編纂的參預者,清水凱夫《〈文選〉編輯的周圍》,曹道衡、沈玉成《有關〈文選〉編纂中的幾個問題的擬測》,④傅剛《〈昭明文選〉研究》⑤等都作了詳細的考證。一般認爲,《文選》編於普通三年(522)以後,時何遜早已亡故,故不可能參加《文選》的編纂。但在《類要》所引元積父元寬所撰《百葉書抄》中却有一條引文叙及《文選》與何遜的關係。卷二一《總叙文》引《百葉書抄》四:

《文選》,梁昭明太子與文儒何遜、劉孝綽選集《風》《雅》以降文章善者,體格精自文逸簡□,古今莫儔,故世□貴之。⑥

類似的記載又見《玉海》卷五四引《中興書目》。⑦ 學界普遍認爲

---

① 蜀刻本今有1987年巴蜀書社影印本。咸淳本有光緒三十四年貴池劉世衍玉海堂影刻本,2004年黄山書社據光緒影刻本影印。
② 萬曼《唐集叙錄》,中華書局,1982年,第82頁。
③ 見劉世衍影刻咸淳第八册附《李集劄記》。
④ 二文皆收入《中外學者文選學論集》,中華書局,1998年,第973—974頁,第338—340頁。
⑤ 傅剛《〈昭明文選〉研究》,中國社會科學出版社,2000年,第153—156頁。
⑥ 《類要》卷二一,《四庫全書存目叢書》子部第167册,第32頁。
⑦ 《玉海》卷五四,第1017頁。

《中興書目》的記載不知所據，故多持否定態度，①而由《百葉書抄》此條可知，《中興書目》所載本於唐人舊說。再對照《類要》卷三一《詩》所引竇常《南薰集序》："梁昭明太子撰《文選》，以何水部在世不錄；鐘參軍著《詩評》，稱其人既往，斯文克定。"②是亦認爲蕭統編撰《文選》之時，何遜尚在人間。竇常中唐時人，元積父元寬生活時代亦與之相近，其編《百葉書抄》約在大曆年間，③故中唐以前確有何遜參預《文選》修撰的傳說。

又關於《玉臺新詠》撰者及編撰時間，在章培恒提出陳後主妃張麗華爲《玉臺新詠》編者的新見之前，一般皆認爲係徐陵仕梁時所編。④而《類要》卷三一《詩》引李康成《玉臺後集序》之佚文爲傳統的觀點提供了有力的證據：

　　太清之後以迄今朝，雖未直置簡我古人，而凝豔過之遠矣。⑤

李康成，天寶時人，編《玉臺後集》以續徐陵所編《玉臺新詠》，收入"梁蕭子範迄唐張赴二百九人所著樂府歌詩六百七十首"。⑥太清爲梁武帝最後一個年號，李康成評論"太清之後以迄今朝"之詩，實際已闡明了《玉臺後集》所選詩歌的起迄時代，即自梁武帝末年至唐代。結合晁公武在《玉臺新詠》解題中所引《玉臺後集序》"昔陵在梁世，父子俱事東朝，特見優遇。時承平好文，雅尚宮體，故采西漢以來詞

---

① 見傅剛《〈昭明文選〉研究》，第154頁。
② 《類要》卷三一，《四庫全書存目叢書》子部第167册，第252頁。
③ 《元積集》卷五七所載《元君墓誌銘》(中華書局，1982年，第605頁)，乃元積兄之墓誌，元積兄卒於元和十四年(819)，享年六十七，則生於天寶十一載(752)，此人係元寬之次子，則752年寬應不小於二十歲，寬之生年當在開元二十年(732)前後。《墓誌》又載元寬編成是書，是子爲其過錄謄清，則此時其子不當小於十五歲，若以其子十五歲計，其書撰成大抵在大曆初年，所載傳聞，則前於此。
④ 見章培恒《〈玉臺新詠〉爲張麗華所撰錄考》，《文學評論》2004年第2期。
⑤ 《類要》卷三一，《四庫全書存目叢書》子部第167册，第252頁。
⑥ 孫猛《郡齋讀書志校證》卷二，第97頁。

人所著樂府豔詩以備諷覽,且爲之序"的論述,①可以肯定,《玉臺新詠》續書的作者李康成明確認爲,《玉臺新詠》作於梁武帝末年,其選詩也是以梁末爲上限的。

王梵志詩自敦煌寫本發現以來一直是學界的熱點之一。王梵志其人其詩的時代,以及其詩對當時及後人的影響都是研究中非常重要的課題。學界一般認爲王梵志大抵爲隋唐之際僧人,時代最早的三卷本《王梵志詩集》中的詩歌主要創作於初唐,特別是武則天時期。② 其詩在當時遠播敦煌,唐人文集中也往往有與其風格相類的詩歌,但並沒有直接證據確證這種獨特的白話詩對當時的文人產生了影響。而《類要》卷三〇引盧照鄰《營新龕窟室戲學王梵志》佚詩一首爲以上三個問題提供了直接的證據。③ 盧照鄰卒年約在武后垂拱年間(685—688),④其主要的創作時期在高宗時代。盧照鄰此詩的發現表明王梵志確爲隋唐之際人,其詩在高宗朝已經相當流行,並對當時著名詩人產生了直接的影響。

作爲少年時代即踏入仕途,自少及長參預了十數次朝廷各類撰修活動的一代名相,晏殊有無數機會接觸到秘閣中前代林林總總的文獻,《類要》作爲其讀書時的筆記摘抄,保存了大量的珍異文獻亦理之當然,故其書雖僅殘編零册,却仍存録五百餘种今日已經亡佚之文獻,本文所及,僅其一隅。相信在《類要》進一步爲學界所認識之後,其所保存的珍貴文獻必將爲文史研究提供更多有價值的綫索和材料,以推動各類問題的解决。

(原刊《傳統中國研究集刊》第 8 輯)

---

① 孫猛《郡齋讀書志校證》卷二,第 97 頁。
② 參項楚《王梵志詩論》,《文史》第 31 輯,中華書局,1988 年。
③ 《類要》卷三〇,《四庫全書存目叢書》子部第 167 册,第 234 頁。
④ 盧照鄰生卒年學界多有討論,此取《唐才子傳校箋》説,中華書局,1987 年,第 1 册,第 53 頁。

附記：

　　《類要》中有關唐職員令、自成系統的七卷地理文獻以及唐人佚詩佚文，筆者已有專文討論，皆收入本書，故原文中相關內容徑行刪略。

《類要》地理部分文獻再考索

　　《類要》作爲北宋名臣晏殊始於少年時代的讀書摘抄,其保存已佚珍秘文獻之功,筆者昔年已在《晏殊〈類要〉研究》一書中作過表達,其自成體系的地理部分,筆者已揭出其編成時間介於《太平寰宇記》(以下簡稱《寰宇記》)與《元豐九域志》(以下簡稱《九域志》)之間,[①]然其具體反映了北宋哪一時期之政區沿革,是否有所承襲,是否反映了不同於前後地志的地理觀念,這些都值得進一步探討,故此本文擬對這一部分重作考索,以期揭示其更多價值。

一、《類要》地理部分文獻的年代斷限

　　今本《類要》之地理部分(下稱"《類要》地部文獻"或"地部文獻")爲卷一至卷四、卷六至卷八,共七卷,卷數雖不滿全部三十七卷之五分之一,然每卷分量頗重,篇幅幾乎倍於他卷,故就篇幅而論則略當於全書三分之一。除地理總論外,《類要》以北宋諸路及各路所轄州級行政單位立目,總述路、州沿革之後,在每一州下分縣載錄各縣沿革、人物、古迹。今本《類要》地部存京西路、京東路、陝西路、河東路、淮南路、江南路、兩浙路、福建路、荆湖南路、荆湖北路、河北路(缺二州并路名)、梓州路、夔州路、益州路、利州路共十五路二百五十

---

① 參拙著《晏殊〈類要〉研究》,第29頁。

六個州級行政單位,如果算上已經佚失的廣南東、西二路,①則所涉政區範圍遍及北宋全域,體例略近於《寰宇記》《九域志》等地理總志,與《類要》其他部分迥然不同,自成體系。② 南宋人重編《類要》將原處於卷一六至卷二二的地理部分置於卷首③——無論這一處理是出於重編者對於類要地部文獻價值的清醒認識,抑或僅僅是《類要》在常規類書體系內本應置於卷首的"天"部幾乎悉數亡佚後的自然結果,都使其具有了不同於其他各部分的獨特地位。

晏殊生活的北宋前期,④政區屢經變易,即使在太平興國四年(979)平北漢,所轄疆域基本穩定下來之後,內部政區也經歷過幾次大的調整。僅僅就路這一層級而言,比較重要的變化如至道三年(997)分天下爲十五路;⑤咸平四年(1001)又析川峽轉運使爲益、梓、利、夔四路,⑥遂爲十七路;天禧四年(1020),分江南路爲東西二路,爲十八路;⑦元豐年間又析爲二十三路。⑧ 完成於雍熙、端拱(984—989)間的《寰宇記》主要以太平興國四年滅北漢後的簿籍爲主要根

---

① 據《輿地紀勝》卷八九《廣南東路》(浙江古籍出版社,2013年,第2178頁)、卷一〇七《廣南西路》引《類要》(第2549頁),原書還當包括廣南東路、廣南西路二路。
② 事實上南宋方志中往往將《類要》地理部分視作獨立的方志,甚至將其引作"晏殊輿地志"、"晏元獻公輿地志",參拙著《晏殊〈類要〉研究》,第68頁。
③ 今本《類要》係南宋人重編本,參拙著《晏殊〈類要〉研究》,第83頁。又《類要》原爲一百卷,晏殊五世孫晏袤於南宋開禧二年(1206)奏進。故《類要》至清代存兩本,一爲以天一閣本爲代表的百卷本系統,一爲流傳較廣的南宋人重編三十七卷本系統,四庫館臣將三十七卷本中天一閣本所無的十六卷截出,錄天一閣本目次於其上,此本後入北京大學圖書館,故十六卷尚可見其在百卷本中的目次。參拙著《晏殊〈類要〉研究》,第72—74頁。
④ 晏殊卒於至和二年(1055)。《續資治通鑑長編》卷一七八,中華書局,2004年,第4305頁。
⑤ 《續資治通鑑長編》卷四二,第901頁。
⑥ 《續資治通鑑長編》卷四二,第1052頁。
⑦ 析江南路爲東西兩路時間諸書記載不同,《續資治通鑑長編》卷九五(第2188頁)、《宋史》卷八《真宗紀》(第168頁)、四庫本《元豐九域志》卷六(《文淵閣四庫全書》本,第471册,第133頁)皆繫於天禧四年(1020)。點校本《元豐九域志》(中華書局,1984年,第239頁)繫於天禧二年(1018)。《中國行政區劃通史·宋西夏卷》取天禧四年説(復旦大學出版社,2007年,第181頁)。蓋《續資治通鑑長編》、《宋史》本紀出於官修文獻,史源爲原始的逐日記録,而點校本《元豐九域志》底本爲金陵書局本,容或有誤,今取天禧四年説。
⑧ 《宋史》卷八五《地理志》一,第2094頁。

據，又補充了部分雍熙、端拱時期的政區建置，而不及至道以後的變化，僅僅在州縣的層面上反映了北宋初年的政區情況。①《九域志》主體成書於元豐三年（1080），此後續有增補，②反映的是元豐分天下爲二十三路之後的制度。而北宋端拱至元豐之間數次政區變革，雖然當時曾編纂過不少方志輿圖，③但無一保存下來，因此對於這些重要的沿革變化除了零星而多歧的記載外，我們無法知道更多細節，更没有完整的總志可資參證，那麽恰恰編成於《寰宇記》和《九域志》之間的方志缺失期，又幾乎具有地理總志一切特質的《類要》地部文獻是否能填補這兩部著作之間的空白呢？這是本文所要討論的問題之一。

要解答這個問題，首先我們需要進一步明確《類要》所載錄政區的年代斷限。此前筆者定其所載爲天禧二年以前沿革，④實際上這一結論僅僅是根據江南路昇州的沿革作出的判斷，是否能涵蓋地部所有内容，仍需進一步討論。

《類要》地部所載政區，涵蓋了路、州（軍、監）、縣三級，從路一級來説，加上已經亡佚的廣南東西二路，一共是十七路，有益、梓、利、夔四路而江南路未分東西。如上文所述，川峽轉運使分益、梓、利、夔在咸平四年，而江南路分爲東西二路則在天禧四年，因此從《類要》地部所載路這一級政區來看，其時間上下限是咸平四年至天禧四年。不過鑒於《類要》本身係類書，地部文獻雖成系統，但是否和傳統地理志一樣有一個單一的時間點，仍舊是一個問題，因此還需要從涵蓋更爲廣泛的州縣年代斷限進行判斷。

《類要》地部所載州一級政區，除了河北路缺大名府和定州二州

---

① 點校本《太平寰宇記》前言，第2頁。
② 點校本《元豐九域志》前言，第2頁。
③ 大中祥符年間，北宋朝廷曾編纂過《十道圖》《九域圖》《祥符圖經》等，甚至晏殊本人也在仁宗年間奏上過根據天聖以後新制繪製的輿圖。《合璧本玉海》卷一四《地理》，中文出版社，1995年，第307—309頁。
④ 《晏殊〈類要〉研究》，第29頁。

府外,其他各路州(軍)俱全,共計二百五十六個州級行政單位,再加上獨立的東京、西京、南京,共二百五十九個州級政區,考察這些政區的沿革,無疑會獲得更爲精確的年代斷限。不過考慮到這二百五十九個州級政區多數沿襲了唐五代舊制,其沿革已見諸《寰宇記》,如終北宋一代再無變動者,本文不再討論,僅將《寰宇記》之後迄北宋末在等級、名號等方面有所變化的州(軍)列表,考其沿革,以觀《類要》地部所載州(軍)存續的時間段(見表1)。

表1 《類要》地部州(軍)名的沿革變化

《類要》地部州(軍)名	沿 革	《類要》地部州(軍)存續時間段
南京	(大中祥符七年正月)丙辰升應天府爲南京。(《續資治通鑑長編》卷八二,第1864頁)	大中祥符七年—(1014—)
鄭州滎陽郡防禦	鄭州滎陽郡,奉寧軍節度。景祐元年升奉寧軍節度。(《九域志》卷一,第31頁)	—景祐元年(—1034)
望許州許昌郡忠武軍節度	皇朝元豐三年升潁昌府。(《九域志》卷一,第30頁)	—元豐三年(—1080)
緊蔡州〔汝〕南郡防禦	景祐二年升淮康軍節度。(《九域志》卷一,第33頁)	—景祐二年(—1035)
光化軍	熙寧五年廢軍爲光化縣。(《九域志》卷一〇,第473頁)	—熙寧五年(—1072)
廣濟軍	皇朝太平興國三年以定陶鎮置廣濟軍,熙寧四年軍廢,屬曹州,元祐元年復置。(《輿地廣記》卷七,四川大學出版社,2003年,第156頁)	太平興國三年至熙寧四年;元祐元年—(978—1071;1086—)
望貝州清河郡永清軍節度	唐貝州,晉永清軍節度,周降防禦,皇朝建隆元年復爲永清軍節度,慶曆八年改恩州,降軍事。(《九域志》卷二,第72頁)	—慶曆八年(—1048)

續　表

《類要》地部州(軍)名	沿　革	《類要》地部州(軍)存續時間段
望衛州汲郡防禦	至道三年升防禦。(《九域志》卷二,第81頁)	至道三年—(997—)
中祁州蒲陰郡團練	景德二年升團練。(《九域志》卷二,第85頁)	景德二年—(1005—)
上冀州信都軍團練	皇朝慶曆八年升武安軍節度。(《輿地廣記》卷一〇,第248頁)	—慶曆八年(—1048)
永定軍	雍熙四年以定州博野縣地置寧邊軍,景德元年改永定,天聖七年改永寧。(《九域志》卷二,第87頁)	景德元年至天聖七年(1004—1029)
永靜軍	周降爲定遠軍,屬滄州,皇朝太平興國六年以軍直隸京師,景德元年改爲永靜。(《輿地廣記》卷一〇,第262頁)	景德元年—(1004—)
信安軍	太平興國六年以霸州淤口寨爲破虜軍,景德三年改信安。(《九域志》卷二,第75頁)	景德三年—(1006—)
廣信軍	太平興國六年以易州遂城縣地置威虜軍,景德元年改廣信。(《九域志》卷二,第88頁)	景德元年—(1004—)
安肅軍	太平興國六年以易州宥戎鎮地置静戎軍,景德元年改安肅。(《九域志》卷二,第87頁)	景德元年—(1004—)
保定軍	太平興國六年以涿州歸信縣新鎮建平戎軍,景德元年改保定。(《九域志》卷二,第76頁)	景德元年—(1004—)
順安軍	淳化三年升爲順安軍。(《九域志》卷二,第89頁)	淳化三年—(992—)
遼州	熙寧七年州廢,屬平定軍,元豐八年復置。(《輿地廣記》卷一九,第547頁)	—熙寧七年;元豐八年—(—1074;1085—)

續　表

《類要》地部州(軍)名	沿　革	《類要》地部州(軍)存續時間段
乾州	熙寧五年廢州。(《九域志》卷一〇,第474頁)	—熙寧五年(—1072)
鎮戎軍	至道元年以原州故平高縣地置軍。(《九域志》卷三,第135頁)	至道元年—(995—)
大通監	太平興國四年以交城縣置大通監……天聖元年改大通爲交城,明道二年復舊。寶元二年以大通監隸〔太原〕府。(《九域志》卷四,第162頁)	太平興國四年至天聖元年;明道二年至寶元二年(979—1023;1033—1039)
漣水軍	熙寧五年廢軍。(《九域志》卷一〇,第475頁)	—熙寧五年(—1072)
真州	乾德二年以揚州永貞縣迎鑾鎮爲建安軍,大中祥符六年升爲州。(《九域志》卷五,第198頁)	大中祥符六年—(1013—)
高郵軍	皇朝開寶四年置高郵軍,熙寧五年廢,元祐元年復置。(《輿地廣記》卷二一,第591頁)	—熙寧五年;元祐元年—(—1072;1086—)
昇州	皇朝開寶八年克復,降爲昇州,天禧二年復升江寧府。(《輿地廣記》卷二四,第685頁)	開寶八年—天禧二年(975—1018)
杭州餘杭郡寧海軍節度	淳化五年改寧海軍。(《九域志》卷五,第207頁)	淳化五年—(994—)
上湖州吳興郡宣德軍節度	周宣德軍節度,皇朝景祐元年改昭慶軍。(《九域志》卷五,第210頁)	—景祐元年(—1034)
江陰軍	南唐置江陰軍,皇朝淳化元年軍廢來屬,三年復置軍,熙寧四年又廢。(《輿地廣記》卷二三,第658頁)	—淳化元年;淳化三年至熙寧四年(—990;992—1071)
復州景陵郡防禦	熙寧六年廢州。(《九域志》卷一〇,第475頁)	—熙寧六年(—1073)

續　表

《類要》地部州(軍)名	沿　革	《類要》地部州(軍)存續時間段
鼎州武陵郡團練	唐武德四年平蕭銑,置朗州……大中祥符五年改曰鼎州。(《輿地廣記》卷二七,第785頁)	大中祥符五年—(1012—)
漢陽軍	熙寧四年軍廢,屬鄂州,元祐元年復置。(《輿地廣記》卷二八,第815頁)	—熙寧四年;元祐元年—(—1071;1086—)
荆門軍	熙寧六年廢,元祐復置。(《輿地廣記》卷二八,第816頁)	—熙寧六年;元祐元年—(—1073;1086—)
戎州	叙州,唐武德元年復曰戎州……皇朝政和四年改名。(《輿地廣記》卷三一,第913頁)	—政和四年(—1114)
渝州	皇朝崇寧元年更名恭州。(《類要》卷八《渝》,第435頁)	—崇寧元年(—1102)
益州	淳化五年復爲益州,嘉祐四年復升爲(成都)府。(《九域志》卷七,第307頁)	淳化五年至嘉祐四年(994—1059)
維州	唐維州,皇朝景祐三年改威州。(《九域志》卷七,第319頁)	—景祐三年(—1036)
陵州	皇朝熙寧五年廢爲陵井監。(《類要》卷八《夔州路·陵》,第448頁)	(—熙寧五年)(—1072)
洋州	皇朝景祐四年改武康軍。(《類要》卷八《利州路·洋》,第456頁)	—景祐四年(—1037)
永康軍	熙寧五年軍廢,元祐初復置。(《輿地廣記》卷三〇,第871頁)	—熙寧五年;元祐初—(—1072;1086—)
三泉縣	唐隸興元府,皇朝乾德五年以縣直隸京師,至道二年建爲大安軍……三年廢軍爲縣。(《九域志》卷八,第362頁)	乾德五年至至道二年;至道三年—(967—996;997—)
集州	熙寧三年廢州。(《九域志》卷一〇,第476頁)	—熙寧三年(—1070)

續 表

《類要》地部 州(軍)名	沿　　革	《類要》地部州(軍) 存續時間段
壁州	熙寧五年廢州。(《九域志》卷一〇,第476頁)	—熙寧五年(—1072)
劍門關(單列,不隸州)	景德三年以劍州劍門縣隸關,以兵馬監押主之,熙寧五年縣復隸劍州。(《九域志》卷八,第363頁)	景德三年至熙寧五年(1006—1072)

注:表中"—"所指時間上限爲《寰宇記》已載録,下限爲北宋末仍存在。

　　從表1《類要》地部所載各州(軍)在太平興國以後至北宋末的沿革變化來看,時間上限最晚的是大中祥符七年才由應天府升等而來的南京,而下限最早的是天禧二年之後便改爲江寧府的昇州。也就是説在大中祥符七年至天禧二年(1014—1018)這個時間段内,上述各州(軍)方才可能同時存在。這是《類要》地部二百五十九個州級行政區的年代斷限,這一時間段完全符合路這一級政區從咸平四年到天禧四年(1001—1020)的年代斷限,更進一步將時間範圍縮小到了四年。

　　那麽《類要》地部的年代斷限問題是不是就此解決了呢? 基於《類要》本身複雜的成書及改編史,我們仍舊不能輕易下此結論。《類要》最大的問題在於,它在南宋的時候經過晏殊五世孫晏袤的增補,在其部分門目標題之下都留下了"五世孫晏袤補闕"的題注,更嚴重的是,在地部文獻没有題注的門類中,出現了《輿地廣記》之類晏殊去世以後才成書的文獻以及沿革,因此廓清哪些内容是晏殊身後所補,是討論《類要》地部年代斷限的另一個必須解決的問題。

　　從以上對路、州沿革的討論可以看到,《類要》地部現存十五路、二百五十九州(軍),並未出現一處與大中祥符七年至天禧二年(1014—1018)這一年代斷限相矛盾的地方,因此可以較有把握地説,《類要》地部在路、州這兩個層級上仍舊反映了晏殊在世之日的原貌,

《類要》地理部分文獻再考索 247

最直接的證據便是表1中在天禧二年之後有過變動的州郡都仍存錄原名，因此晏衮並没有改動過地部文獻的整體結構，特別是表1中渝、陵二州，雖然在沿革的叙述中已經出現了南宋時方才存在的重慶府和隆州，①但是州名仍舊是天禧二年之前的原貌。但是進一步考證每一州下轄各縣的沿革之後，情況似乎就不那麽單純了。

《類要》地部文獻共七卷，除去總叙地理的第三卷，其他六卷對於州郡有着兩種截然不同的書寫方式，一種與《九域志》類似，以某州某郡某某節度/防禦/團練/軍事開頭，這部分約占地部文獻的三分之一（下文以"《九域志》型文獻"指代）；另一種則接近《寰宇記》（下文以"《寰宇記》型文獻"指代），直接記録（或引録《十道志》《寰宇記》《輿地廣記》等文獻）州名沿革，無節度/防禦/團練/軍事之類的表達，這部分約占地部文獻的三分之二，而注明晏衮補闕及出現晏殊身後内容的部分都集中於這一類中。因此，我們有必要將這兩部分分別加以討論。

京西路、河北路、兩浙路、荆湖北路以及江南路中的三州屬於《九域志》型文獻，其内容極少因襲如《寰宇記》等同類地理總志，並且這幾路中相當一部分州的轄縣多與《寰宇記》《九域志》不同，兹將這些在上述二書所框定的時段中（太平興國末至元豐三年）有所變化的縣列表，以確定這部分文獻中各縣的年代斷限（見表2）。需要特別指出的是，今本《類要》地部文獻本身有少量殘佚，②與《寰宇記》《九域志》相較，所載縣如有缺失，很難判斷是傳本本身殘缺還是的確反映當時沿革，這一類姑不在表中論列，好在此類情況僅五六處，並不影響整體結論。

---

① 《類要》卷八，《四庫存目叢書》子部第166册，第435、448頁。渝州改重慶府在淳熙十六年（1189），陵州改隆州在隆興元年（1163），分别見《宋史》卷三六《光宗紀》、卷八九《地理志》五，第76、2215頁，皆在晏衮開禧二年（1206）奏上百卷本《類要》之前。

② 如前文已經指出，廣南東路、廣南西路二路全部佚失，現存諸路中河北路缺真定府和定州，淮南路缺揚州前半。

表2 《類要》地部"《九域志》型"州(軍)下轄各縣的沿革變化

州	縣	沿革	年代斷限
滑州	靈河縣	治平三年省靈河縣爲鎮入白馬。（《九域志》卷一，第32頁）	一治平三年（一1066）
蔡州	朗山縣	大中祥符五年改朗山縣爲確山。（《九域志》卷一，第34頁）	一大中祥符五年（一1012）
唐州	方城縣	慶曆四年省方城縣爲鎮入鄧州南陽縣，元豐元年復爲縣，隸州。（《九域志》卷一，第29頁）	一慶曆四年；元豐元年—（—1044；1078—）
汝州	龍興縣	熙寧四年省龍興縣爲鎮入魯山。（《九域志》卷一，第37頁）	一熙寧四年（一1071）
陳州	南頓縣	熙寧六年省南頓縣爲鎮入商水。（《九域志》卷一，第35頁）	一熙寧六年（一1073）
隨州	光化縣	熙寧元年廢光化縣爲鎮入隨。（《九域志》卷一，第25頁）	一熙寧元年（一1068）
金州	平利縣	熙寧六年省平利縣爲鎮入西城。（《九域志》卷一，第26頁）	一熙寧六年（一1073）
信陽軍	羅山縣	雍熙三年復置羅山縣。（《九域志》卷一，第38頁）	雍熙三年—（986—）
貝州	漳南縣	至和元年省漳南縣爲鎮入歷亭。（《九域志》卷二，第72頁）	一至和元年（一1054）
邢州	堯山縣	（熙寧）六年省堯山縣爲鎮入内丘。（《九域志》卷二，第80頁）	一熙寧六年（一1073）
棣州	饒安縣	（熙寧）五年省饒安縣爲鎮入清池。（《九域志》卷二，第65頁）	一熙寧五年（一1072）
懷州	獲嘉縣	天聖四年以獲嘉縣隸衛州。（《九域志》卷二，第81頁）	一天聖四年（一1026）

續　表

州	縣	沿　革	年代斷限
洺州	曲周縣	熙寧三年省曲周縣爲鎮入雞澤。(《九域志》卷二,第83頁)	—熙寧三年(—1070)
瀛州	樂壽縣	至道三年……深州樂壽縣隸州。(《九域志》卷二,第84頁)	至道三年—(997—)
霸州	永清縣	景祐元年省永清縣入文安。(《九域志》卷二,第70頁)	—景祐元年(—1034)
祁州	鼓城	端拱元年以真定府鼓城縣隸州。(《九域志》卷二,第85頁)	端拱元年—(988—)
冀州	堂陽縣	皇祐四年省堂陽縣爲鎮入南宮。(《九域志》卷二,第66頁)	—皇祐四年(—1052)
趙州	柏鄉縣、贊皇縣	熙寧五年省柏鄉、贊皇二縣爲鎮入高邑。(《九域志》卷二,第86頁)	—熙寧五年(—1072)
德州	安陵縣	景祐二年省安陵縣爲鎮入將陵。(《九域志》卷二,第71頁)	—景祐二年(—1035)
濱州	蒲臺縣	大中祥符五年省蒲臺縣爲鎮入渤海。(《九域志》卷二,第71頁)	—大中祥符五年(—1012)
永静軍	阜城縣	淳化元年以阜城縣隸永静軍。(《九域志》卷二,第66頁)	淳化元年—(990—)
順安軍	高陽縣	至道三年以高陽縣隸順安軍。(《九域志》卷二,第67頁)	至道三年—(997—)
杭州	南新縣	淳化五年以南新場爲昭德縣,六年改昭德縣爲南新。熙寧五年省南新縣爲鎮入新城。(《九域志》卷五,第208頁)	淳化六年至熙寧五年(995—1072)
潤州	延陵縣	熙寧五年省延陵縣爲鎮入丹陽。(《九域志》卷五,第211頁)	—熙寧五年(—1072)

續　表

州	縣	沿　革	年代斷限
台州	仙居縣	景德四年改永安縣爲仙居。（《九域志》卷五,第216頁）	景德四年—（1007—）
處州	松陽縣	咸平二年改白龍縣爲松陽。（《九域志》卷五,第217頁）	咸平二年—（999—）
復州	玉沙縣	至道三年以玉沙縣隸復州。（《九域志》卷六,第266頁）	至道三年—（997—）
鄂州	咸寧縣	景德四年改永安縣爲咸寧。（《九域志》卷六,第267頁）	景德四年—（1007—）
岳州	臨湘縣	至道二年改王朝縣爲臨湘。（《九域志》卷六,第272頁）	至道二年—（996—）
辰州	招諭縣	太平興國七年析麻陽縣地置招諭縣。熙寧七年以麻陽、招諭二縣隸沅州。（《九域志》卷六,第274頁）	太平興國七年至熙寧七年（982—1074）

注：表中"—"所指時間上限爲《寰宇記》已載錄,下限爲《九域志》載錄。

由表2可知,最晚設置的是景德四年方才改名的台州仙居縣和鄂州咸寧縣,而最早省廢或改名的是大中祥符五年便降格爲鎮的濱州蒲臺縣和同年改名的蔡州朗山縣,此四縣《類要》中所記錄的都是景德四年之後和大中祥符五年（1007—1012）之前的稱謂,校諸其他各縣,唯在此時間範圍内,上述各縣之名及所隸州方能同時並存。這也框定了《九域志》型文獻的年代斷限,即景德四年至大中祥符五年。同時,這一部分文獻在各州（軍）下轄縣的出入上表現得非常統一。如表2所述,至道三年玉沙縣由江陵府改隸復州,樂壽縣由深州改隸瀛州,江陵府、深州下的確也不再列有玉沙、樂壽二縣,類似的例子並不在少數,因此這部分所載州（軍）轄縣可能有某種相對單一的地理文獻作爲藍本。

而京東路、陝西路、河東路、江南路(大部)、福建路、荊湖南路、梓州路、夔州路、益州路、利州路這十路都屬於《寰宇記》型文獻,這部分州(軍)所開列的下轄縣接近百分之三十五與《寰宇記》完全一致,陝西路中有十州抄錄了《通典·州郡典》,一州抄錄了《元和郡縣圖志》,因此可以說這部分文獻中超過四成州的下轄縣與此前地志完全一致,而另有接近百分之十的州與《九域志》《輿地廣記》基本相同,因此這些州所轄縣直接抄錄自前後地志的可能性頗大。另有相當一部分州,即使在轄縣與《寰宇記》一致的情況下,在總敘沿革的部分,仍舊引錄了《輿地廣記》的文字或出現了晏殊身後的變化。因此這部分《寰宇記》型文獻全部出於後人增補的可能性很大,但是除了陵州與渝州兩處出現了南宋的變化以外,其他一些比較特殊的縣的年代斷限反映了北宋多個時段的州縣變化。比如京東路兗州的仙源縣,原係曲阜縣,至大中祥符元年方改爲仙源;①淮南路真州六合縣,至道二年來屬;②梓州路梓州的中江縣,至大中祥符五年由玄武縣改名而來。③ 這些都不超過前述《九域志》型文獻的年代斷限,但也出現了一些北宋中期以後的縣名,如河中府有榮河縣,此縣熙寧元年(1068)方隸河中,而同時又有永樂縣,永樂縣在熙寧六年(1073)便被撤廢,④因此河中府的轄縣體現的是其在熙寧元年至熙寧六年(1068—1073)的狀態。這個時間段包括了其他一些縣的設置時間,比如淮南路無爲軍有無爲縣,而此縣熙寧三年方置。當然也有更晚出現的地名,如彭州崇寧縣,乃崇寧中(1102—1106)由永昌改名而來。但除了上文已提及的渝州、陵州,其他並未增入更多南宋之後的沿革,其原因可能是在北宋晚期已有人對《類要》地部文獻進行過增補。不過我們也需要看到,這部分中個別州(軍)僅有典故風俗類條

---

① 《元豐九域志》卷一,第16頁。
② 《元豐九域志》卷五,第191頁。
③ 《元豐九域志》卷七,第321頁。
④ 《元豐九域志》卷三,第106頁。

目,没有地理沿革,也不列轄縣,而晚出文獻往往集中於述及州(軍)沿革,頗疑晏殊最初只打算分州記錄當地風俗典故,而地理沿革即所轄各縣皆出於後來整比,但因故未最終完成,晏衷等人則在各州之下抄録《通典》《寰宇記》《十道志》《輿地廣記》等常見文獻,補足地理沿革與所轄各縣。

綜上所述,《類要》地部中《寰宇記》型文獻雖或存晏殊親筆,但已無法分辨,然而《九域志》型文獻仍保持着原貌,因此如非特別説明,下文所討論的範圍僅限《九域志》型文獻。綜合這部分文獻中縣(景德四年至大中祥符五年)及所有二百五十九州(軍)(大中祥符七年至天禧二年)和十七路(咸平四年至天禧四年)的年代斷限,我們可以將《類要》地志所反映的時間段進一步縮小到景德四年至天禧二年(1007—1018),不過縣所反映的年代更早,其時間段在景德四年至大中祥符五年,而所有這些州(軍)的名目則需至大中祥符七年之後方才齊備,之所以有此矛盾,還需要從這部分可能依據的文獻和晏殊的編纂過程來理解。

《類要》地部所反映的景德末至祥符年間的時間段正是圖經編製極爲密集的時代,先有景德四年知制誥孫僅等受詔修圖經,修撰這部圖經的緣起是"因覽西京圖經,頗多疏漏",於是"令諸道州、府、軍、監選文學官校正圖經,補其闕略來上",之後,在孫僅等的建議下,乾脆"創例重修"。[1] 這些圖經至大中祥符三年修成奏上,總成一千五百六十六卷,[2]而當時十六七歲的晏殊便參與其中。第二年,晏殊又參與編修了記録"所經山川古迹風俗"的《土訓纂録》。[3] 大中祥符六年開始編纂的《十道圖》,晏殊仍舊是重要的參與者,一直到天禧三年全書完成。[4] 可以説從大中祥符元年以後,晏殊就開始了長達近十

---

[1] 《續資治通鑑長編》卷六五,第 1445 頁。
[2] 《續資治通鑑長編》卷七四,第 1697 頁。
[3] 《續資治通鑑長編》卷七四,第 1698—1699 頁。張富祥《麟臺故事校證》卷三下,中華書局,2000 年,第 297 頁。
[4] 《續資治通鑑長編》卷八一,第 1851 頁。《玉海》卷一四作"天禧元年",第 307 頁。

年的方志編纂生涯。而這些地理文獻本身也有着密切的相關性,《續資治通鑑長編》記《十道圖》修撰之緣起曰:

> (大中祥符六年九月)權判吏部流内銓慎從吉言:"格式司用《十道圖》較郡縣上、下、緊、望,以定俸給,法官亦用定刑,而户歲有登耗,未嘗刊修,頗誤程品。請差官取格式司、大理寺、刑部《十道圖》及館閣天下圖經校定新本,付逐司行用。"①

所謂"館閣天下圖經"指的應是此前修定的《祥符圖經》,這批圖經的共同特點是尤其重視古迹、風俗的編寫,而這也是《類要》地部文獻中最主要的内容。《類要》地部文獻縣級行政區的時間下限是大中祥符五年,且如上文已經指出的,各縣之出入若合符節,應有單一的地理文獻作爲依據,那麽晏殊參與編纂,成書於大中祥符三年的《祥符圖經》應當是其最有可能的藍本。可以想象,晏殊從參與編修《祥符圖經》開始,便將其所能接觸到的古迹、典故以州立目,分別抄入,之後似乎又進一步細化到縣。這一工作並非一朝一夕可以完成,我們也有理由相信,至天禧三年《十道圖》成書之時,晏殊根據最新的州(軍)變化統一了州名——其實真正的變動也只有三處,即將應天府改爲南京,並從京東路中剔除,將朗州改爲鼎州,將建安軍改爲真州——這些變化陸續發生在大中祥符五年至七年。因此,《類要》地部文獻的縣級政區反映的可能是大中祥符三年成書的《祥符圖經》的面貌,②而州、路一級政區則反映了天禧《十道圖》的狀況。

---

① 《續資治通鑑長編》卷八一,第 1851 頁。
② 吳凡《〈祥符州縣圖經〉輯佚與研究》認爲《祥符州縣圖經》不分縣立目(華東師範大學碩士學位論文,2014 年,第 23 頁),但從其輯録的《祥符圖經》來看仍涉及各縣之等第、沿革(如第 37 頁所輯"望常熟縣"、第 40 頁"割蘭陵縣爲江陰縣"),因此《祥符圖經》仍記州所轄縣。

二、《類要》地部所反映的北宋前期地理實況與觀念

從上文的分析我們看到，雖然《類要》地部中《寰宇記》型文獻有後人增補的内容，影響了我們對這部分文獻所涉州（軍）下轄縣的認識，但並不妨礙我們依據《九域志》型文獻來整體把握大中祥符年間各級政區的劃分及統轄情況。

《類要》地部文獻所反映的政區年代正是從至道十五路到天禧十八路之間，短暫分爲十七路時的過渡狀態，此時，東西南北四京尚未全部設立，各路的分合仍在摸索中調整，並且這一狀況很快被影響更大的十八路所取代，雖然我們可以從文獻的記載中看到路的分合、州名的改易，但是並没有一部完整的方志留存下來，讓我們看到當時變化中的更多細節，更看不到這一時間段内州縣的劃分以及各州等級的變化，而脱胎於《祥符圖經》和《十道圖》的《類要》地部恰恰彌補了這一遺憾。

首先，它完全打破了《寰宇記》因襲唐代十三道的體例，真正體現了北宋前期全新的路、州劃分模式，也表明《九域志》的體例並非新創，而是直接承襲自此前的地理總志。

我們知道，《寰宇記》雖然體現了北宋在太平興國末年州縣的設置狀況，但是更高層級的政區仍舊采用唐代十三道劃分。然而唐代的政區劃分顯然不能適應宋代的實際情況——在唐代居於關内道之後的河南道因爲北宋定都東京的關係被置於卷首，而路和州的統轄情況則完全没有在《寰宇記》中有所反映，因此頗有削足適履的窘迫感。例如在《寰宇記》中原屬山南東道的鄧、唐、均、房、隨、郢、襄各州及光化軍和山南西道的金州、淮南道的信陽軍是何時成爲《九域志》中京西南路下轄州（軍）的，文獻並無明確記載，但《類要》地部表明，至遲在大中祥符年間，京西路已經包括了這些原屬山南道、淮南道的

州（軍）。胡安國《制國論》曰："昔祖宗宅都於汴，其勢當自內而制外，是故置京西路。而襄州在漢水之南，則以制湖北也，置湖北路；而岳、鄂在荆水之南，則以制湖南與江西也。"① 從現存的地理總志來看，北宋朝廷這一突破山川形便原則的政區劃分方式，最早在《類要》地部文獻中得到了體現。

《九域志》每一州皆以某州某某節度／防禦／團練／軍事開頭，與《寰宇記》體例迥然不同，反映的是北宋以唐五代方鎮體系來標誌各州等級的新制。② 《類要》地部文獻表明，這樣的體例並非《九域志》首創，而是因襲自北宋前期的官修地理文獻。而北宋末成書的《輿地廣記》再次恢復到《寰宇記》的體例，不再記錄各州州格，因此《類要》和《九域志》的這一體例更顯示出其獨特的價值，兩相對讀，更可以考見北宋前後期部分州等級的變化。

同時《類要》地部的東京、西京、南京皆置於地理部分之首卷，不與各路相雜，這表明北宋時代各京有其獨特的地位，其地位與各路齊等不相統屬，一旦某州升格爲京，便不再隸屬某路，可獨立置身於卷首諸京之列，故此應天府在大中祥符七年升格爲南京之後，京東路中便不再有其位置，因此《九域志》甚至《輿地廣記》以四京置於卷首的體例大概率承襲自北宋官修地理文獻。《中國行政區劃通史·宋西夏卷》在分路叙述宋代各個時期政區及其沿革時，除了將東京置於諸路之前以外，其他各京皆隸屬各路，如西京隸屬京西路、南京隸屬京東路、北京隸屬河北路，③ 這些都違背了北宋政區的實際情況。

其次，《類要》地部各路的排列與北宋地理總志及其他文獻所記載的各路次序都有所不同，或許在一定程度上反映了北宋前期對於政區的認識。

---

① 胡寅《斐然集》卷二五《先公行狀》引，岳麓書社，2009 年，第 507 頁。
② 參任歡歡《北宋防禦使與團練使研究》，西北大學碩士學位論文，2015 年，第 50—55 頁。
③ 《中國行政區劃通史·宋西夏卷》，第 160、184、183、204 頁。

北宋地理總志,除了《寰宇記》《九域志》和《輿地廣記》之外,《宋史·地理志》(以下簡稱《宋志》)同樣"據元豐所定,併京畿爲二十四路",①亦可視作總志。除此之外,《續資治通鑑長編》《玉海》等都記錄了北宋不同時代各路的排列。以上文獻除《寰宇記》仍承襲唐代十三道,無法反映宋初各路序次之外,其他所載各路順序如下:

至道三年十五路:"是歲,始定爲十五路:一曰京東路,二曰京西路,三曰河北路,四曰河東路,五曰陝西路,六曰淮南路,七曰江南路,八曰荆湖南路,九曰荆湖北路,十曰兩浙路,十一曰福建路,十二曰西川路,十三曰峽路,十四曰廣南東路,十五曰廣南西路。"②

天聖十八路:"仁宗初,晏殊以十八路州軍三百六十餘所爲圖上之,表曰……天聖八年分江南爲東、西,又增三路爲十八路:一京東、二京西、三河北、四河東、五陝西、六淮南、七江南東、八江南西、九湖南、十湖北、十一兩浙、十二福建、十三益、十四梓、十五利、十六夔、十七廣東、十八廣西。"③

《宋史·地理志》實際排列(不列東西南北等二級分類,下同):三京、京東路、京西路、河北路、河東路、陝西路、兩浙路、淮南路、江南路、荆湖路、福建路、成都府路、潼川府路(原梓州路)、利州路、夔州路、廣南路。④

《九域志》:四京、京東路、京西路、河北路、陝西路、河東路、淮南路、兩浙路、江南路、荆湖路、成都府路、梓州路、利州路、夔州路、福建路、廣南路。

《輿地廣記》:四京、京東路、京西路、河北路、陝西路、河東

---

① 《宋史》卷八五《地理志》一,第 2097 頁。
② 《續資治通鑑長編》卷四二,第 901 頁。
③ 《玉海》卷一四,第 307—308 頁。按,《玉海》所謂"天聖十八路",當爲天禧年間所分,見前注。
④ 《宋史·地理志》總序排列與《元豐九域志》完全一致,而實際排列應另有所據。

路、淮南路、兩浙路、江南路、荆湖路、成都府路、潼川府路(原梓州路)、利州路、夔州路、福建路、廣南路。

從這些不同的路名排列可以看到,北宋前後期,路的次序是不同的。如果忽略掉路的分合,至道十五路和天聖(禧)十八路的排列並無本質區別,《宋志》兩浙路提升了幾個位次到了淮南路之前,其他與至道、天聖(禧)基本一致。《九域志》與《輿地廣記》基本一致,和之前三種排列相比,一是改變了河東路和陝西路的位置,以陝西路居前;二是福建路非常讓人困惑地排到了序列的末尾,居於川峽各路之後。

這樣的序次大體上依據先北後南的原則,至道、天聖(禧)的各路排列,在川峽兩廣之前,大致可以在地圖上畫出逆時針的 S 形,而《宋志》因爲改變了兩浙路的次序,使得陝西路之後一下遠距離跳到今蘇南、浙江所在的兩浙路,然後又北跳至淮南路,破壞了此前各路排列的連續性。而《九域志》《輿地廣記》在北方則對調了陝西路和河東路的位次,打破了原先從東到西的順序,在南方則延續了《宋志》以兩浙路居前的排序,並且將福建路位置移後,使得南方各路的序次更爲斷裂。

而《類要》的排列則顯示了其非常獨特却合理的一面。今本《類要》地部各卷依次是江南路、兩浙路(卷一),福建路、荆湖北路、荆湖南路(卷二),地理之學至三京(卷三),京西路、京東路(卷四),陝西路、河東路、淮南路(卷六),河北路(卷七,佚去路名,且缺二州,但全卷所叙皆河北路州縣),梓州路、夔州路、益州路、利州路(卷八)。在反映晏殊原本面貌的天一閣本中,這幾卷順序分别爲地理之學至三京(卷一六),京西路、京東路(卷一七),陝西路、河東路、淮南路(卷一八),河北路(卷一九),江南路、兩浙路(卷二〇),福建路、荆湖南路、荆湖北路(卷二一),梓州路、夔州路、益州路、利州路(卷二二)。原本中除三京以外,仍以開封所在的京西、京東居各路之首,因而這一排列仍舊保存了北宋時的原貌。這個排列的内在邏輯是：首京畿,次北方,再南方。細化而言,北方以長安所在的陝西路爲首,由西向東展開,南方以淮南路、江南路偏北,故居前,而後南至兩浙路、福建路,而後西折至荆湖南、北路,而後一路西溯,先峽後川,除了河北路排在淮南路後混淆了南北界限,梓州路排在夔州路前造成了排列上的跳蕩之外,其他各路基本都按相鄰原則排列,似乎較上述各種地理總志的序次要合理一些。

這個排列中比較引人注目的是京西路排在了京東路之前,而在其他所有各路的排列中,京東路一向是居前的。這一錯位是否僅僅是晏殊隨意爲之的結果呢？情況似乎並不那麽簡單。《寰宇記》在河南道各州的排列中,緊接着東西兩京的是已經劃歸陝西路的陝、虢二州,之後是許、汝、滑、鄭、陳、蔡、潁,①這些都屬於京西路北部各州,而屬於京東路的各州都排在這些州之後。皇祐五年(1053)"以京東之曹州,京西之陳、許、鄭、滑州爲輔郡,隸畿内,并開封府,合四十二縣,置京畿路轉運使及提點刑獄總之"之時,②除了曹州以外,其他全部都是京西路北部各州。因此有理由認爲在北宋某個時間段内,京西路因爲與東京有着更密切的關係,其地位是高於京東路的。而在京西路内部,排列在前的是孟、鄭、滑、許、蔡等北部各州,隨、均、房等南部各州居後,這與其他文獻先列京西南路各州完全不同,同樣反映了北宋前期的某種觀念。

因此,《類要》地志爲我們提供了北宋前期各路排列的新方式,無論這樣的排列是出於晏殊的個人觀念還是因襲自《祥符圖經》等官修地理文獻,都反映了當時人對於天下各路不同於我們今日所知的一種理解。

最後,比較《寰宇記》和《九域志》可以發現,在縣級層面,《類要》

---

① 《太平寰宇記》目録,第2—3頁。
② 《宋史》卷八五《地理志》一,第2106頁。

地部與二者差異頗大，除了表2所體現的從太平興國末年到元豐年間縣域的廢置情況，每州所轄縣的排列或許也體現了該縣的地位。《類要》地部每州的首縣都是州治所在，而各縣的排列也並非隨意爲之，比如蔡州，地部各縣的排列是：汝陽、上蔡、新蔡、襃信、平輿、遂平、新息、朗山、真陽、西平。這一排列，除了朗山尚未改成確山之外，其他與《九域志》一致，而與《寰宇記》頗爲不同。《九域志》記汝陽、上蔡爲上縣，其餘皆爲中縣，因此各縣的次序也反映了各縣的等級。反觀《類要》地部中各縣的排列，在一定程度上也反映了大中祥符年間各縣地位的變化。

雖然今本《類要》地部文獻僅有三分之一尚存北宋原貌，但是這僅存的部分一定程度上反映了祥符年間所編《圖經》及《十道圖》的面貌，其無論從體例還是州縣的沿革上都填補了《寰宇記》到《九域志》之間的空白，反映了北宋前期各級政區的面貌以及當時人的地理觀念，其價值值得更多關注。

（原刊《唐宋歷史評論》第七輯）

晏殊《類要》所見未收入《全唐文》及其續補諸書之唐人篇章考

今本《類要》中所存唐人篇章，頗有未收入《全唐文》及清人續補諸書者。這些文章雖然僅存殘篇零句，有的文字也不甚可解，但它們絕大多數未見於傳世的其他文獻，涉及唐代研究中的許多方面，爲唐代歷史和文學研究提供了許多新的材料，有着非常重要的價值。陳尚君師《全唐文補編》（下簡稱"補編"）付梓之際，囑筆者將《類要》中這部分內容輯出，收入《全唐文又再補》中，共計81篇（曹憲1篇、盧照鄰1篇、楊炯2篇、朱敬則3篇、狄仁傑2篇、盧藏用1篇、玄宗1篇、張鷟1篇、蘇頲5篇、常衮27篇、德宗2篇、楊炎1篇、韓滉1篇、穆員2篇、憲宗5篇、呂溫1篇、趙宗儒1篇、王衆仲1篇、令狐楚4篇、趙櫓1篇、蕭鄴1篇、柳公綽1篇、柳公權1篇、李愨1篇、蕭寘1篇、李商隱7篇、鄭畋1篇、蘇鶚1篇、羅隱2篇、闕名2篇），另有4篇據《類要》增補（劉允濟1篇、李康成1篇、李吉甫1篇、竇常1篇）。此後，筆者續有增輯，又錄得《類要》中這類唐人文章31篇，以下即將這些篇章錄出，略作考釋，並對已收入《全唐文補編》的一些篇目作一些補訂，以見《類要》中所保存的這部分內容的全貌。

錄文以《四庫全書存目叢書》影印西安文物管理委員會藏本（下簡稱"陝本"）爲底本，參校北大圖書館藏本（下簡稱"北大本"）、中國社科院文學研究所圖書館藏本（下簡稱"社科院本"）錄出，異文擇善而從，不一一出校，所標頁碼爲《四庫全書存目叢書》影陝本頁碼，闕字以□表示，誤字經筆者校正者，以〔〕標出正字，以（）標出原文。又

《類要》體例,以大字爲雋語,小注引文中與雋語一致的部分或標"云云",或標"——",或徑空數字,現一一填入原文,不再保留原書格式,如有特別需要則在考釋中加以説明。原文篇題儘可能保持原狀,原無篇題者或篇題漏略過甚者,據原出處或文意擬題,擬題皆分別注明,並在按語中注出原文。考釋中所引常見文獻概用簡稱,如《隋書·經籍志》簡稱"隋志",《郡齋讀書志》簡稱"郡齋"等。所録詩文大致以作者卒年先後排列,闕名者列於篇末,但有確切時代可考者,列之於前。

劉憲

頌

土事不飾,木功不雕。(卷九《帝省費》引《景龍文館記》子166—479頁上)

按,劉憲,中宗時曾任修文館學士,[1],嘗預景龍文館之遊,[2]故其頌載入此書。

闕名

祭韋湑文

含章挺淑,率禮道和,洽陽生德,元城啓聖。(卷一〇《后德美》引《景龍文館記》子166—514頁上)

---

[1] 《舊唐書》卷一九〇中《文苑傳》中,第5016頁。
[2] 《景龍文館記》多録劉憲唱和詩文,見賈晋華《景龍文館記輯校》,收入《唐代集會總集與詩人群研究》,北京大學出版社,2001年,第181—278頁。

按，此條下有注文曰"湑，后從父兄也"，或爲《文館記》原注。韋湑，韋温弟，《新唐書》卷二○六《韋温傳》曰："湑初兼修文館大學士，時熒惑久留羽林，后惡之，方湑從至温泉，后毒殺之以塞變，厚贈司徒、并州大都督。湑兄弟頗以文詞進，帝方盛選文章侍從，與賦詩相娛樂，湑雖爲學士，常在北軍，無所造作。"①中宗等幸温泉在景龍三年(709)十二月，②韋湑之卒大約亦在其時稍後。

李旦(睿宗)

中宗紀聖頌

常令公卿從臣于殿内酣燕，奏□藝以爲笑樂，儒士郭山惲頌《鹿鳴》而諷焉，既沮其情，衆爲之□□。明晨，山惲被召見，宣制嘉美，賜衣一襲，仍付史官。(卷一八《諷諫》引《景龍文館記》，子166—668頁下)

按，《册府元龜》卷三〇曰："(景雲元年十一月己酉)帝思中宗之德，乃爲《紀聖頌》以揚其徽範，命有司刻之於石。"③

《景龍文館記》十卷，唐武平一撰，《新志》《崇文》《中興書目》《宋志》著録，《直齋》載八卷。《文館記》之成書約在710—741年之間，④此書前七卷記修文館二十四學士與修文館掌故以及歷次文學活動，並録歷次集會唱和詩文，後三卷爲二十九學士之傳記，⑤據賈

---

① 《新唐書》卷二〇六《韋温傳》，第5844頁。
② 見賈晉華《唐代集會總集與詩人群研究》，第240頁。
③ 《册府元龜》卷三〇，第324頁。
④ 陶敏《景龍文館記考》(載《文史》48期，第221—236頁)認爲《舊唐書·經籍志》未收此書，則開元中修《群書四部録》《古今書録》之時書尚未成，故推測書成在開元中後期。賈晉華進一步據《新唐書·武平一傳》載武卒於開元末，斷此書修成時間之上下限(見賈晉華《唐代集會總集與詩人群研究》，第45頁)。
⑤ 《玉海》卷五七："中宗景龍二年，詔修文館置大學士、學士、直學士，凡二十四員，賦詩賡唱，是書咸記録爲七卷；又學士二十九人傳爲三卷。"第1144頁。

晋華考證，《文館記》最晚之記載爲景龍四年（710）五月，①中宗下月即崩逝，但《類要》所引載有睿宗所作《紀聖頌》，時間在景雲元年（710）十一月，則書之記載及於中宗崩後。書佚，賈晉華《景龍文館記輯校》，未録上述三篇，陶敏《景龍文館記》據《通鑑》録郭山惲事，考證引及《類要》，②未審此條原出睿宗所作《中宗紀聖頌》，與《通鑑》所記不同，餘二條未見收録。

蘇頲

送崔尹序

群公又以盛同遊人，〔緋〕（騑）服桓京國，少留之，惜將問之山川，領朝廷而遽往。（卷二四《相逢聚會》，子167—113頁下）

李隆基（玄宗）

賜張説詔制

卿東朝侍讀，每講孝弟敦本飭紀之書者也。（卷一九《總叙東宫官》，子166—708頁下）

侍中牛仙客加兵部尚書，吏部尚書李林甫加兼中書令制

兩掖爲樞，今之宰輔；六卿分掌，所重銓衡。必在兼能，因而並命。（卷一六《門下省》、卷一六《中書省》引《玄宗實録》六十六，子

---

① 見賈晉華《唐代集會總集與詩人群研究》，第45頁。
② 陶敏《景龍文館記》，中華書局，2015年，第58—59頁。

166—633 頁上、子 166—639 頁下）

按，《舊唐書》卷九《玄宗紀》云開元二十七年（739）四月，"侍中牛仙客爲兵部尚書兼侍中；兵部尚書兼中書令李林甫爲吏部尚書，依舊兼中書令"。①

天寶元年制

侍老加版授。（卷二六《民有官秩》，子 167—166 頁上）

義陽公主碑

列宿諸家，銀潢表天女之津。（卷一〇《公主》，子 166—528 頁下）

按，原注"明皇義陽公主碑"，唐有兩義陽公主，一爲德宗女，一爲高宗與蕭淑妃長女，此義陽公主當爲高宗女。

安禄山

奏

比者兩蕃不率，同爲旅拒，後因九姓皆化，更乃結連。
臣遣男領曳落河降户、突厥官健三千騎，并新降突厥二千騎直掩破奚、契丹部落及招討九姓所獲功，臣已奏訖。（卷三六《北狄》引《玄宗實録》九十六，子 167—358 頁下）

---

① 《舊唐書》卷九《玄宗紀》下，第 211 頁。

"突厥官健",社科院本作"突虜官徒"。按,此條下有晏殊自注曰:"按此則〔兩〕(西)蕃爲奚、契丹也,云九姓十二姓,謂突厥也。"安禄山討奚、契丹始於天寶十載(751),至天寶十三載(754)春正月入朝,二月"奏前後討契丹立功將士跳盪等,請超三資,告身仍望好寫",①故該奏可能作於此時。

崔元翰

先君志

道隱于難名,功隱于不識。(卷二六《退士》,子167—144頁下)

李亨(肅宗)

立淑妃爲后册文

自總紳清禁,執瓚彤闈,柔儀冠于六列,惠問光于四海。況經織之始,克保朕躬,允諧壼則。中参鶴鼎,常親主饋之勞;外當熊〔檻〕(盤),〔每〕(海)徇忘軀之節。猷密資于帝幄,鍼管下逮于戎衣。佐定天下,漢后之功高;輔興王業,敢華之德善。令遣某官持節〔齎〕(貴)璽綬褘褕,册命爲王后,〔其〕(某)恭修玄紞,二配呈圖。(卷一〇《總叙后》引《王言會最》,子166—510頁上)

按,此文又見《古今合璧事類備要》前集卷二一引《唐書》,題作"立張貴妃爲后詔",無劃綫字,兩《唐書》無此篇。據《舊唐書》卷五二《后妃傳》下,張氏,肅宗即位册爲淑妃,乾元元年(758)四月册爲

---

① 《舊唐書》卷九《玄宗紀》下,第228頁。

皇后。①

《王言會最》，五卷，唐馬文敏集，《新志》起居注類詔令家、《崇文》總集類著録，《宋志》作《王言會最抄》。《文苑英華》標明出於此書者二十三篇，最早爲《唐王以相國總百揆并九錫詔》，時間在義寧元年(617)十一月，②最晚爲光化元年(898)十一月之《册雅王文》，③則書成當在唐末以後，其收録範圍與唐相終始。《類要》引二十二篇，除此篇外，其他皆收入《文苑英華》及《唐大詔令集》。

元結

自 釋

少習静于商餘之山在魯縣北四十里，天下兵起，逃入猗玗之洞洞在商餘山之西南八十里，始自稱猗玗子，著《猗玗之書》三篇，合爲二卷。將家瀼濱，乃自稱浪士瀼溪在江州西南九十里，言荒浪無拘限。〔著〕(者)《浪説》七篇，合爲一卷。及在官，時人以爲浪者亦漫爲官，□□呼爲漫郎言郎者，爲作尚書郎也。著《漫記》七篇，合爲一卷。及家樊上，漫遂顯焉。樊外任武昌縣五里，鱣子漁家〔住〕(任)樊陰也。樊上鄰家皆是漁者，少長相戲，更曰"聱(五)叟"如曰更老農。漁者釣胎鱣與孤鱗，皆冒大浪，力不能制，則漁者共與釣綸相救，風甚魚大則多没溺之者。有畏憚不去者，則衆共誚之曰"聱叟"也，帶苓郎丁箵《桑經》：竹器而畫船言無意釣漁也，獨聱齖而揮車。齖，五加反。聱齖，言不相當，難與齊，〔固〕(國)堪斥棄也。車，釣車。酒徒得此人，相戲曰："公之漫其以聱乎？公守著作，不似帶苓箵乎？又漫浪于人間，得非聱齖乎？公漫久矣，可曰'漫叟'。"於戲，彼聱叟

---

① 《舊唐書》卷五二《后妃傳》下，第2185頁。
② 據《隋書》卷五《恭帝紀》(第101頁)、《舊唐書》卷一《高祖紀》(第5頁)，李淵加九錫在義寧二年。
③ 《文苑英華》卷四四五《册雅王文》，第2253頁。

不慚帶笭箵,吾又安能〔薄〕(簿)乎著作。以近多漫浪之稱,故說之以自釋。(卷二六《鄉閭高士》,子167—156頁上、下)

按,此篇《全唐文》卷三八一載其文,無劃綫字及注,顯經刪節。《顔魯公集》卷七《元君表墓碑銘》曰:"著《自釋》以見意,其略曰:'少習静于商餘山,著《元子》十卷,兵起,逃難于猗玗洞,著《猗玗子》三篇。將家瀼濱,乃自稱浪士,著《浪說》七篇。及爲郎,時人以浪者亦漫爲官乎,遂見呼爲漫郎,著《漫記》七篇。及家樊上,漁者戲謂之聱叟。'"[1]其與《類要》所引略同,應爲唐時原貌,其注當爲元結自注。

郭子儀

爲男讓授左散騎常侍表(題擬)

塵忝貂冠,猥登鵷署。(卷一六《門下省》引《郭子儀家傳》,子166—633頁上)

按,原文作"公上表讓男授左散騎曰"云云。

爲弟讓太子左庶子表(題擬)

〔況〕(兄)儲宫命職,中〔庶〕(書)爲重。(卷一九《左右庶子》引《郭子儀家傳》,子166—711頁下)

按,原文作"詔以公弟爲左庶子,公上讓表曰"云云。此條又見《翰

---

[1] 《顔魯公文集》卷七《容州都督兼御史中丞本管經略使元君表墓碑銘》,《四部叢刊初編》本。

苑新書》前集卷二九、《古今合璧事類備要》後集卷四六引《郭子儀家傳》。樂史《廣卓異記》卷九"弟男七人同日拜官"條曰："右按《唐書》，郭汾陽弟男七人同日有制拜官。弟幼沖左庶子，子曜太子少保兼判詹事，晞檢校工部尚書判秘書省事，晤兵部郎中，曖左散騎常侍，曙司農少卿，暎太常丞。汾陽有謝表曰：'同日而拜，前古未聞。青紫照庭，冠蓋成里。'"據《舊唐書》卷一二〇《郭子儀傳》附郭曜、郭晞、郭曖傳，郭氏弟男拜官在德宗建中初。上二篇讓官表即與樂史所引謝表作於一時。

《郭子儀家傳》又作《郭公家傳》《郭汾陽家傳》，僚屬陳翃撰。①《新志》《崇文目》載八卷，《郡齋》《宋志》等載十卷，乃兩宋之際取原單行之《行狀》與《忠武公將佐略》附於八卷之後而成。② 書編年紀事，亦載郭子儀表奏。

盧杞

郭子儀碑

刻于文琰。（卷三一《碑》引《郭子儀家傳》，子 167—259 頁下）

按，《全唐文補編》卷五二據《宋會要輯稿·禮》五八之八〇收二句，未及此句。

常袞

節度使制

<u>其勳伐之高，課第之最</u>，亦南仲、方叔、賈琮、信臣之比也。（卷二

---

① 《新唐書》卷五八《藝文志》二，第 1484 頁。
② 《郡齋讀書志》卷九，第 370 頁。

○《方鎮德美》引《常集》,子167—17頁下)

按,《全唐文又再補》已收此篇,因筆者之誤,未輯入劃綫字。

敬括同州刺史制

黄霸以二千石之良,就加侯;賈琮以十三州之最,特降璽書。(卷二○《方鎮恩寵》引常相《詔集》三十四,子167—11頁上下)

按,據《舊唐書》卷一一《代宗紀》,敬括爲同州刺史在大曆二年(767)正月甲子(13日)。

濮州刺史制

雷夏之澤,昆吾之墟,夾河雄鎮,宜得良守。(卷四《京東路·濮》引《常集》,子166—297頁下)

闕　題

導之以德訓,先之以農穡,敬事而信,老安少懷。(卷二○《守政績》引《常集》,子167—24頁上)

加李懷仙押奚、契丹兩蕃使制

碣石窮邊,横制萬里,樓煩雜種,舊號兩蕃。(卷三六《北狄》引常相《制集》三十四,子167—345頁下)

據《舊唐書》卷一一《代宗紀》,李懷仙本史朝義麾下,寶應元年（762）斬史朝義來降，二年閏正月授檢校兵部尚書兼侍中、武威郡王、幽州節度使，大曆三年（768）六月爲麾下兵馬使朱希彩所殺。《舊唐書》卷一九九下《北狄傳》曰："故事，常以范陽節度使爲押奚、契丹兩蕃使。"范陽節度使即幽州節度使。可知李懷仙授幽州節度使之時即加押奚、契丹兩蕃使，則此制當作於寶應二年閏正月。

《新志》載常衮《集》十卷、《詔集》六十卷。《類要》所引皆爲制誥，其中《與吐蕃盟誓文》出《常衮集》卷六〇，知其所引出《詔集》六十卷。《崇文目》載《常衮集》三十卷，《宋志》載常衮《集》十卷、《文集》三十三卷、《詔集》二十卷，則《詔集》入宋後漸漸散失。據《類要》所引，《詔集》包括"制"及"盟誓文"，而盟誓文在卷之末。

鄭絪

得寶記

開元中，有李氏女子嫁賀若氏，既寡，爲尼，名真如，家于鞏縣。天寶元年七月七日，有五色雲自東方而來，雲中有人引手授以一囊，令寶之。及天寶末，真如流寓安宜縣。肅宗元年建子月十八日夜，真如忽見皂衣二人引去東南，奄至一城，樓觀嚴飾，見天帝謂曰："下界喪亂，殺氣腥穢，達于諸天，莫若以神寶壓之。"乃授以第二寶。復謂真如曰："前所授汝小囊，有寶五段，人臣可得見之，今者八寶，唯王者所宜見。"真如具以聞官，建巳月上達。肅宗方疾，視寶，促召代宗，謂曰："汝自楚王爲太子，今上天賜寶于楚，天祚汝也。"因改號寶應元年，升楚州爲上州，縣爲望縣，改安宜縣爲寶應。真如所居之地得寶，河壖高敞，境物潤茂，後爲六合縣尉崔珵所居兩堂之間。西域胡人過，嘗望而瞻禮也。八寶：一曰如意寶珠，二曰紅靺鞨，三曰琅玕珠，四曰玉印，五曰皇后采桑鈎二枚，六曰雷公石二枚。其五寶：一曰玄

黄天符,二曰玉雞,三曰穀璧,四曰王母玉環二枚。(《太平寰宇記》卷一二四,第2464頁)

按,原文前有"楚州刺史鄭輅撰記"一句,《輿地紀勝》卷三九楚州《風俗形勝》曰:"唐肅宗寶應元年(762),楚州安宜縣尼真如恍惚登天,見上帝賜以寶玉十三枚,云中國有災,以此鎮之,因改元寶應,以安宜縣爲寶應縣。後鄭輅爲刺史,撰《得寶記》。"①據改今題。碑曾刻石。②《類要》卷六《淮南路·楚·寶應縣》引二條,僅篇首至"令寶之"及八寶名目(子166—364頁上)。《全唐文補編》卷一二一據《錦繡萬花谷》續集卷九收入,較簡。

李适(德宗)

公主碑

紫禁中參,元辰拜慶。
丹闈紫禁之朝,諸女中參之列。(卷一〇《公主》,子166—528頁下)

按,此篇原題"唐宗公主碑",北大本作"義章公主碑",《全唐文又再補》卷五收入,誤植於憲宗名下。義章公主,德宗愛女,下嫁張茂宗。③《舊唐書》卷一八三《吳湊傳》言文敬太子、義章公主相繼薨殁,文敬太子李謜薨於貞元十五年(799)十月,④而貞元十五年七月十五

---

① 《輿地紀勝》卷三九楚州《風俗形勝》"唐得寶記"條注,第1214頁。
② 《輿地碑記目》卷二楚州《碑記》"唐得寶記"條注,《文淵閣四庫全書》本,第682册,第538頁。
③ 《舊唐書》卷一四一《張茂宗傳》,第3860—3861頁。
④ 《舊唐書》卷一五〇《德宗諸子傳》,第4045頁。

日追册義章公主爲鄭國莊穆公主,①則義章大抵卒於貞元十五年七月前不久,碑可能作於此時。

高郢

德宗哀策文

太上皇痛纏嬛疚,孝極迨攀。(卷九《帝追孝》,子166—480頁上)

按,原文未題撰人。《德宗哀册文》,《唐會要》卷一稱許孟容所撰,《舊唐書》卷一六七《趙宗儒傳》稱趙所撰,《順宗實録》卷一稱中書侍郎高郢所撰。據《順宗實録》卷一,許孟容所撰爲《德宗誄文》,②而據《唐會要》卷一及《文苑英華》卷八三六,趙宗儒所撰爲《順宗哀册文》,則此文作者當以《順宗實録》所載爲是。《全唐文又再補》卷五因筆者誤考,歸於趙宗儒名下。

王播

太后册文

左右先帝,服勞宮邸,稽圖史以勝範,飾簠俞而勤己。秉禮外約,含章内融,履《國風》之《關雎》,體玄元之物母。
厚德載物,正位承天。(卷一〇《后德美》引《敬宗實録》,子166—513頁下)
慈妣賴久侍濯龍,知于稼穡;夙聞黄老,敦于清静。(卷一〇《母

---

① 《唐會要》卷一九,第448頁。
② 《韓昌黎文集校注》外集下卷,上海古籍出版社,1986年,第696頁。

后》引《敬宗實録》,子166—505頁下)

繕修物采,篆籀金玉,侔《大雅·生人》之什,采羲皇文母之義。率土群卿,洎宗臣懿戚,齊心屏氣,謹上尊號。(卷九《總叙尊號》引《敬宗實録》,子166—497頁上)

按,太后,指穆宗恭僖皇后王氏。王氏爲敬宗母,穆宗崩,敬宗即位,册爲皇太后,時間在長慶四年(824)二月己亥(19日)。

《敬宗實録》,《新志》《崇文目》《郡齋》《直齋》皆載十卷,陳商、鄭亞撰,《郡齋》卷二上云:"起長慶四年甲辰即位,止寶曆二年丁未,凡三歲。武宗會昌中詔史官陳商、鄭亞同修,(李)讓夷監修。"①

楊嗣復

太皇太后册文

述遵孝道,豐屬號旻,禮終易月。(卷九《帝追孝》引《敬宗實録》中,子166—480頁上)

按,太皇太后,指郭子儀孫女,憲宗懿安皇后郭氏。郭氏爲穆宗母,穆宗崩,敬宗即位,册爲太皇太后,時間在長慶四年二月己亥。

李愨

奏

禮院雖係太常寺,從來博士自尚,無關白者,所以令狐奏曰:"博

---

① 《郡齋讀書志》卷六,第222頁。

士,秦官也,漢氏龍興,因而不改。叔孫通興起帝典于枹鼓之中,自此以還,鴻生碩儒,若賈誼、董仲舒、公孫弘之徒,希不以此進。元帝詔丞相、御史,明于古今,通達國體,故爲博士,舉可充位者,使卓然可觀。"今行能在臣右者,知其班末而禄寡,莫不以博士爲愧,臣獨以爲榮,詳曲臺之儀法,考大僚之功行,太常三卿始莅事,博士無參集之禮。(卷一九《太常博士》引《唐年補録》十九,子166—692頁下—693頁上)

按,此段原文如下:"《唐年補録》十九云:大中九年,太常卿高銖決罰禮院,禮生博士李慤引故事見執政,以'禮院雖係太常寺……'丞相以銖夙德,唯唯而已。"事又見《東觀奏記》卷下、《唐會要》卷六五,奏文見《古今事文類聚新集》卷二六。《全唐文又再補》卷五收入此篇,因筆者之誤,未録"博士"以前文字。

《唐年補録》,六十五卷,五代賈緯撰,見新舊《五代史》賈緯本傳,《崇文目》《直齋》著録。《五代會要》卷一八:"起居郎賈緯奏曰:伏以唐高祖至代宗已有紀傳,德宗至文宗亦存實録,武宗至濟陰廢帝凡六代,唯有《武宗實録》一卷,餘皆缺略。臣今搜訪遺文及耆舊傳説,編成六十五卷,目爲《唐朝補遺録》。"即《唐年補録》。《通鑑考異》多引之。此事最早可能即出《唐年補録》。

蕭鄴

廣成先生劉玄靖碑

武宗乃羽詔先生,創崇玄觀,鑄印置吏。(卷五《總叙道士》,子166—316頁上)

按,碑盧弘宣書,大中五年(851)立。①《全唐文又再補》卷五已收入,南宋吳箕《常談》曰:"衡嶽有廣成先生碑,先生方士也,大中五年,蕭鄴撰,云:'武宗朝,擅權者欲以神仙絆睿思,亟言天下術士可致,不死藥可求。乃命召先生,除銀青光禄大夫,崇玄館大學士,加紫綬,號曰廣成先生,創崇玄館,鑄印置吏。'"據此可補《類要》所引。

闕名

除兵部郎中制(題擬)

擢授五兵之郎,司武之屬,重于文〔昌〕(書)。(卷一五《兵部郎中》引《元和制誥》,子166—629頁上)

按,此篇又見《記纂淵海》卷二八。

膳部員外兼侍御史知雜事

御史之首,有以副綜綱目,關决衆士,率其等輩,條察非度,使中外嚮仰,無有不則。歷稽前服,爾實宜之,兼榮省署,其選惟重。(卷一六《知雜御史》引《元和制》,子166—649頁上)

除刺史制

適其全器,俾領瑞符。

---

① 《寶刻類編》卷五,《石刻史料新編》第1輯第24冊,新文豐出版公司,1982年,第18475頁。

解綬遐藩。(卷二〇《郡守總事》引《元和制誥》,子167—175頁上)

按,原文"解綬遐藩"下有晏殊自注曰:"謂前任節度營田副使"。

〔除〕刺史制

振業遺黎,訓我之事。(卷三三《能政中》引《元和制詔·刺史制》六,子167—299頁下)

除刺史制(題擬)

延壽之志必勵善,何武之遺愛在人。(卷二〇《守政績》引《元和制誥》,子166—24頁上)

按,此條本無題,以其出《守政績》門,補今題。

除太子賓客大都督府司馬〔制〕

猶藉護儲之貴,是兼半刺之榮。(卷一九《太子賓客》引《元和制誥》,子166—713頁上)

謝司農表

九列緹扇朱輪,參差交映,藻衣花綬,煜爚生光。忝棘司之重任,應轂署之榮班。(卷一九《總叙九卿》,子166—692頁上)

謝授著作表

自鳳凰之司,入麒麟之署。(卷一六《秘書省》,子166—650頁下)

按,"入麒麟之署"下原文有晏殊自注曰:"鳳凰司必是中書拾遺也。"

奏官吏狀

諸州佐官,或從武職,或是行綱,在于吏途,少有詳練。(卷三三《外任下》引《類表》二十八,子167—296頁下)

雲臺觀碑

調露載,吴天觀主尸文操佩神虎之符,高宗見之日升雲龍之閣。(卷五《總叙道士》,子166—316頁上)

闕　題

元子能官,季男善賦。(卷三三《能政下》引《遺風碑集》,子167—301頁下)

《類要》所收唐人篇章看似斷章殘簡,但仍爲我們提供了相當多的有效信息,如武宗朝著名道士劉玄靖,其去世後,當時名臣如蕭鄴、盧弘宣等爲其撰寫了傳、碑、石室銘、内傳等,[①]這些碑傳皆已亡

---

① 有關劉玄靖事迹參雷聞《山林與宫廷之間:中晚唐道教史上的劉玄靖》,刊《歷史研究》2013年第6期。

佚，其碑雖在《常談》中有所摘錄，但據《類要》所摘錄的"創崇玄觀，鑄印置吏"，可知當時劉玄靖在武宗時已有開府理事之實權，爲我們理解武宗內廷道教的權勢提供了直接的綫索。又如元結《自釋》，《類要》提供了較今本更爲詳細的文本。凡此種種，皆表明唐人文章縱隻言片語，然存有歷史之細節，自有其意義。

（原刊《中國典籍與文化論叢》第九輯，收入本書時篇頭及結語有改動）

《文苑英華》詔制部分
材料來源考略

　　《文苑英華》是宋初所編撰的"四大書"之一,它收錄了上起魏晉、下迄五代二千餘位作家的各體詩文二萬餘篇,其重要性毋庸贅言,因此學者或從版本,或依文體,從各方面對此書作了相當多的研究,其中以凌朝棟《文苑英華研究》對此書的編纂、版本、體例、性質及其對文學的影響作了較爲全面的梳理和展示,① 但是似乎很少有研究關注到《文苑英華》中各類文體所依據的材料,而釐清《文苑英華》二萬餘篇詩文的來源關係到其書本身的編撰情況,也關係到宋初集部文獻的保存與流傳情況,甚至可以從中勾稽出大批早已亡佚的文獻典籍,無疑有助於我們更清晰地認識《文苑英華》本身的價值以及北宋初年中秘藏書的構成。具體到詔制部分,作爲曾經行用於社會的官文書,詔制在中央的檔案系統會有用途不一的錄副,而起居注、實錄等國史也會將重要詔制編入其中,另一方面,詔制同樣也會收入作者個人文集之中,或者被各類詔制集所收錄,因此詔制的來源實際上有公私兩個途徑,而這兩個途徑文字的差異是比較大的,其所代表的意義亦有所不同。

　　《文苑英華》中的詔制部分篇幅達到九十三卷(卷三八〇至四七二),篇章近一千七百篇,其中除去三十九篇唐以前文章外,其餘皆爲唐代詔制。詔制的數量在當時的唐代是非常巨大的,《新唐書·藝文

---

① 凌朝棟《文苑英華研究》,上海古籍出版社,2005年。

志》《崇文總目》等書志中不但著錄有唐代詔制的總集,別集中還有不少唐人的制誥集。但是今天我們要瞭解完整的唐代詔制,所能夠依據的僅僅是宋綬父子編撰的《唐大詔令集》,而它的成書較《文苑英華》晚了整整三十年,所收篇章的數量與《英華》大致相當。更重要的是,《英華》"中書制誥"一類中存錄的千餘篇唐代除官制,《唐大詔令集》幾乎沒有涉及。那麼,這部分體量巨大的文獻究竟是來源於北宋初年所保存的唐代檔案,還是國史、實錄,亦或是個人文集,其實對於我們了解這些文獻在北宋的留存情況以及《文苑英華》的編纂情況有着非常重要的意義。故而筆者希望通過對這部分內容的研究,考索出其中唐代詔制部分的材料來源,使《文苑英華》中這一部分獨特而珍貴的材料得到更充分的認識與利用。

來源之一:唐五代所編唐代詔制集

《文苑英華》詔制部分根據文章性質的不同分爲"中書制誥"與"翰林制詔"兩大類。在卷四二〇至四七二的"翰林制詔"中,大部分文章的篇題下都題有"編制""內制"等字樣,這些指的都是唐五代所編撰的詔制總集,因此我們可以説,"翰林制詔"部分的材料最直接的來源便是唐以及五代所編撰的唐代詔制總集。

所標明的詔制集共七種,涵蓋了這一部分五十三卷中百分之三十以上的文章。唐五代詔制集的時代早於《唐大詔令集》,是保存唐代詔制的原始材料之一,但是它們今天已全部亡佚,因此《文苑英華》中保存下來的這七種詔制集對我們認識這一類文獻無疑有着重要作用。但是長久以來這些文獻並沒有得到應有的重視,以致在今天的研究中仍不能給予它們一個明確的表述。因此下文筆者即依據《英華》所保存者,結合史志以及其他文獻,對其內容進行考索。

《王言會最》五卷,唐馬文敏集,見《新志》史部起居注類詔令家、

《崇文目》集部總集類。《宋志》集部總集類題"王言會最抄",《通志略》八載十卷。《文苑英華》標明出於此書者二十三篇,另據晏殊《類要》所引,又可考出十五篇,其中《英華》載全文者有十篇,另五篇《大詔令集》載全文,故全書今可考知者三十八篇,其中存有全文者三十七篇,一篇不見於傳世文獻。三十八篇中最早爲義寧二年(618)的《唐王以相國總百揆并九錫詔》(《英華》卷四四七),①最晚是光化元年(898)的《冊雅王文》(《英華》卷四四五),②知其所收範圍大致與有唐一代相終始。今所存者皆冊文一類,内容包括 1. 皇帝繼位冊文;2. 冊后文;3. 冊太子文(詔);4. 冊諸王文。這些僅僅是"王言"之中的一小部分,其原書内容當不止於此,而《文苑英華》與《類要》所取大致相同,或史志著録五卷僅其中之一部分,故《宋志》題作"王言會最抄"。《類要》卷一一《諸王總叙》引此書《嗣虢王爲汴王制》,標出蘇頲之名,故其書當有部分篇章標明作者姓名。

《唐舊制編録》六卷,費氏(《宋志》作"費乙")集,見《新志》史部起居注類詔令家、《崇文目》集部總集類、《通志略》八、《宋志》集部總集類。《英華》標作"編制",共五十四篇,包括赦文、德音、批答,最早爲武德二年(619)《貸逃背征役德音》(卷四四〇),最晚爲咸通八年(867)《疏理囚徒量移左降官等德音》(卷四四一),知其所收範圍大致與有唐一代相終始。

《玉堂遺範》三十卷,後梁李琪集,見《崇文目》集部總集類、《通志略》八、《宋志》集部總集類。《通志略》注曰:"梁李琪纂唐以來禁林書詔。"《英華》標明出於此書者五十四篇,包括赦文、德音、冊文、制(命相、授節度),最早爲貞元二十一年(805)五月的《授范希朝神策軍節度使制》(卷五五二),③最晚爲咸通四年(863)《楊收加恩制》

---

① 據《隋書》卷五《恭帝紀》、《舊唐書》卷一《高祖紀》,李淵加九錫在義寧二年。
② 見該制,下如無特別説明即據制詔本文。
③ 據《舊唐書》卷一四《順宗紀》,范希朝爲神策軍節度使在順宗即位之初之貞元二十一年五月,第 407 頁。

（卷四四九），知其所收大抵皆唐後期詔制。

《太平内制》五卷，編者不詳，見《新志》史部起居注類詔令家、《通志略》八、《遂初堂書目》、《宋志》集部總集類，《中興書目》載三卷。①《玉海》卷六四稱其收睿宗、玄宗時詔册。《英華》標明出此書者十六篇，皆是玄宗一朝命相與授節度制。另二十四篇題作"内制"，其中十七篇爲睿、玄時代詔制，包括赦書、德音、册文、敕文，或亦出於此書，姑存之以俟考。

《内制》，編者不詳，史志不著錄，《英華》標明出"内制"者二十四篇，内容分别爲赦書、德音、册文、敕文及批答，最早爲神龍元年（705）《誅張易之等赦文》（卷四三一），②最晚爲會昌元年（841）《彗星見避正殿德音》（卷四四一），而以玄宗時代詔制爲最多。

《制集》，編者不詳，疑爲《宋志》所録《唐制誥集》十卷。③《英華》標明出於此書者二十一篇，包括册文與詔敕，最早爲永徽二年（651）閏九月《詳定刑名制》（卷四六四），最晚爲元和中《封永昌公主制》（卷四四六），④而以開元以前詔敕爲多。

《類制》，編者不詳，史志不著録。《英華》録二篇，一爲開元初《勸農制》（卷四六二），⑤一爲元和十五年（820）《授蕭俛門下侍郎平章制》（卷四五〇）。⑥

----

① 《玉海》卷六四引，第1268頁上。
② 據《舊唐書》卷七《中宗紀》，誅張易之並赦天下在神龍元年正月，第135頁。
③ 凌朝棟《〈文苑英華〉研究》據《新志》認爲《英華》所用《制集》係《元和制集》或蘇弁所編《制集》之一（第112頁）。實際上《元和制集》係憲宗一朝制誥之彙編，晏殊《類要》多有引用，與《英華》中多爲開元以前之詔敕者不同。而蘇弁所編實係楊炎《制集》，與此不合。另外《崇文總目》載《制集》三卷，然《通志略》八注稱其爲唐末五代拜官制，與此亦不合，故惟《宋志》所録《唐制誥集》與此相近。
④ 據《新唐書》卷八三《公主傳》，憲宗女普寧公主改封永昌在元和中，第3667頁。
⑤ 該制有"户部侍郎馬懷素"及"河南道少府監源乾曜"，考《舊唐書》卷一〇二《馬懷素傳》及卷九八《源乾曜傳》，馬爲户部侍郎在開元初，源任河南道少府監大抵亦此時。
⑥ 據《舊唐書》卷一七二《蕭俛傳》，其平章事在穆宗即位之月，即元和十五年正月，第4477頁。

來源之二：唐人文集

除了詔令集以外，《文苑英華》詔制部分的另一個材料來源是唐人的文集。

事實上《文苑英華》全書都大量使用了當時留存的文集。《宋會要》《中興書目》皆稱李昉等人"閲前代文集，撮其精要，以類分爲千卷"。① 周必大稱"修書官於宗元、居易、權德輿、李商隱、顧雲、羅隱輩或全卷收入"。② 唐人文集，例收詔敕，因此文集本身便是其可能的來源之一。

《文苑英華》原注在相當一部分文字下皆注有"集作某"字樣，這使人懷疑其出於本集的可能性，但是早在20世紀40年代，岑仲勉先生即指出，周必大校勘所用的唐人文集係南宋當時的文本，與《英華》編撰當時已有了很大差異，故而會有本集與《英華》相出入的情形。③ 與《英華》其他部分一樣，這一部分大多數的篇章題下都標有作者姓名，九十三卷之中涉及的唐代作家共六十人，分別爲蘇頲（199篇）、白居易（178篇）、常袞（154篇）、孫逖（149篇）、錢珝（86篇）、元稹（67篇）、賈至（67篇）、薛廷珪（66篇）、崔嘏（55篇）、李嶠（43篇）、杜牧（39篇）、張九齡（38篇）、陸贄（30篇）、李磎（21篇）、沈詢（21篇）、④封敖（20篇）、劉崇望（19篇）、劉禹錫（14篇）、李虞仲（13篇）、李德裕（13篇）、陸宸（9篇）、蔣伸（8篇）、韓儀（7篇）、張玄晏（7篇）、岑文本（6篇）、上官儀（6篇）、韓休（5篇）、鄭璘（5篇）、獨孤

---

① 《文苑英華》事始引《中興書目》，第8頁。
② 《文苑英華》事始載周必大上表，第9頁。
③ 《從〈文苑英華〉中書、翰林制詔兩門所收白氏文論〈白集〉》，收入《岑仲勉史學論文集》，第242—253頁。
④ 其中十六篇作"沈珣"，沈珣之名，唐代文獻中僅見於《唐語林》卷一，周勛初已證其爲"詢"之誤（《唐語林校證》卷一，第85頁），沈詢，宣宗朝翰林學士，見丁居晦《重修承旨學士院壁記》（收入《翰苑群書》卷六）。

霖（4篇）、鄭畋（4篇）、盧說（4篇）、楊鉅（4篇）、①徐安貞（3篇）、吳融（3篇）、王丘（2篇）、崔璵（2篇）、許敬宗（2篇）、李納（2篇）、崔遠（2篇）、蔣防（2篇）、宋之問（1篇）、魏知古（1篇）、張說（1篇）、崔瑤（1篇）、楊紹復（1篇）、鄭處晦（1篇）、李逈秀（1篇）、王敬從（2篇）、②鄭少微（1篇）、崔群（1篇）、崔珝（2篇）、杜元穎（1篇）、苑咸（1篇）、李紳（1篇）、令狐楚（1篇）、崔琮（1篇）、裴廷裕（1篇）、魏泗（1篇）、樂朋龜（1篇）、崔涓（1篇）。

我們知道，唐代官文書本身以及實錄所載錄的詔敕是不出現作者的姓名的，如果從這個角度而言，這些有主名的詔敕便不可能從官方檔案、國史的渠道進入《英華》中。而上述作者中有三十四家在唐宋文獻中有文集可考，三十四家中十九人著錄有詩文兼收的綜合性文集，他們的各類詩文遍布《英華》各個門類，因此這些有主名的詔敕大概率從其個人文集中抄錄而來。以下筆者即對宋初所流傳的這類作家的文集略作查考，並結合《英華》其他門類收入其詩文的情況，以見《英華》對這些文集之利用情況，文集排列略依作者之卒年（下同）。

1.《岑文本集》六十卷，見《舊唐書》卷一七〇本傳及兩《唐志》。《英華》詩、策、表、疏、議等門類收其詩文數篇。

2.《上官儀集》三十卷，見兩《唐志》。《英華》詩、策、表等門類收其詩文數篇。

3.《許敬宗集》八十卷，見《舊唐書》卷八二本傳、《新志》，《舊志》載六十卷。《英華》賦、詩、表、啓、議、碑等門類收其詩文。

---

① 其中兩篇作"楊矩"，按，據《新唐書》卷五八《藝文志》二"翰林學士院舊規"注文，楊鉅，楊收子，昭宗朝翰林學士。而楊矩乃中宗朝將軍（見《舊唐書》卷七《中宗紀》）。《英華》所收題作楊鉅者皆爲趙匡凝而作，趙爲唐末諸節度之一（見《舊唐書》卷二〇《昭宗紀》），故必爲楊鉅所作，而非楊矩。

② 其中《授李彭年等中書舍人制》題"王從敬"，誤。文獻未見王從敬其人。據《長安志》卷九注，王敬從，開元中爲中書舍人。據《册府元龜》卷一六二，李彭年開元二十八年（740）官職爲中書舍人，則制在此前，當爲王敬從所撰。

4.《宋之問集》十卷,見《舊唐書》卷一九〇本傳、兩《唐志》、《崇文目》。《英華》多數門類皆收其詩文。

5.《李嶠集》五十卷,見《舊唐書》卷九四本傳、《新志》,《舊志》載三十卷。《英華》大多數門類收其詩文。

6.《蘇頲集》三十卷,見《新志》。集原四十六卷,韓休作序,館閣諸臣所用當爲《新志》著錄之本。《英華》大多數門類收入其詩文。

7.《張説集》三十卷,見《舊唐書》卷九七本傳、兩《唐志》。《英華》大多數門類收其詩文。

8.《張九齡集》二十卷,見《舊唐書》卷九九本傳及《新志》《崇文目》。《英華》大多數門類收其詩文。另詔制部分所收魏知古一篇,校注稱見《張九齡集》中,故亦當本於張集。

9.《孫逖集》二十卷,見《新志》。《英華》大多數門類收其詩文。

10.《苑咸集》一卷,見《新志》《崇文目》。《英華》詩、表、狀等門類收其詩文數篇。

11.《賈至集》,《新志》載二十卷,又蘇弁編《别集》十五卷,《崇文目》載十卷。李淑家有蘇弁所編二十卷,常仲儒序,包括制誥、墓銘、序、碑等。① 又其《邯鄲書目》云:"《至集》有三本,又有十卷者,有序。"② 則宋初賈至文集版本較多,各本之間内容亦難以確定,故《英華》制誥部分究竟來源於何本,亦不能遽下定論。《英華》多數門類收其詩文,當與制誥同出上述三本中某一種。

12.《劉禹錫集》四十卷,見《新志》。據《舊唐書》卷一六〇本傳,劉禹錫一生未有機會草詔,《英華》所收制誥皆其擬作。《英華》大多數門類收其詩文。

13.《蔣防集》一卷,見《宋志》,《遂初堂書目》亦載,不著卷數。《宋志》又載其《賦集》一卷。《英華》賦、詩、議、碑等門類收其詩文數

---

① 《郡齋讀書志》卷一七,第852頁。
② 《直齋書録解題》卷一六,第471頁。

篇,而以賦最多,或出於《賦集》,而其他出於此集。

14. 白居易《白氏長慶集》七十五卷,見《新志》。據《舊唐書》本傳,元稹所序之《長慶集》僅五十卷,七十五卷爲其全部文集。《英華》大多數門類收其詩文。

15. 李德裕《會昌一品集》二十卷,見《新志》《崇文目》。集收"武宗一朝册命、典誥、奏議、碑贊、軍機、羽檄",①《新志》又載其《姑臧集》五卷、《窮愁志》三卷(上二種《崇文目》同)、《雜賦》二卷,其中《姑臧集》的前四卷爲制誥,②當爲會昌以前所作。考《英華》收李德裕詔制文字十三篇,皆作於會昌年間,③知出於《會昌一品集》。《英華》賦、詩、狀、論等門類收其詩文,有出於此集外者,當取材於《新志》所載其他幾種文集。

16. 令狐楚《漆奩集》一百三十卷,見《新志》。《新志》又載其《梁苑文類》三卷(《崇文目》同)、《表奏集》十卷(《崇文目》二十卷)。《文類》,《通志略》八歸入總集,題"令狐楚集",《崇文目》雖在別集類中,但與《龍筋鳳髓》及《百道判》等歸於一處,其性質雖不能確定,但可以肯定非制誥集。《英華》大部分門類收其詩文,表、奏等當出《表奏集》,而其他當出於《漆奩集》等。

17. 杜牧《樊川集》二十卷,見《新志》《崇文目》。《英華》大多數門類收其詩文。

18. 錢珝《舟中録》二十卷,見《唐志》,《崇文目》僅二卷,蓋誤。《英華》卷七〇七載錢珝《自序》一篇曰:"乙卯歲冬十一月,余以尚書郎得掌誥命,庚申歲夏六月,以舍人獲譴佐撫州……秋八月自襄陽浮而下,舟行無役,因解束書,視所爲辭稿,剪剪冗碎可存者,得五百四十篇,丞相表奏百篇,區別編聯爲二十卷。"④知其所録爲乾寧二年

---

① 鄭亞《會昌一品集序》,見傅璇琮、周建國《李德裕文集校箋》,河北教育出版社,2000年,第5頁。
② 《郡齋讀書志》卷一八,第912頁。
③ 參《李德裕文集校箋》附《李德裕詩文編年目録》,第810—838頁。
④ 《文苑英華》卷七〇七,第3648頁。

（895）至光化三年（900）之制詔。又《舟中録序》一篇，當與制誥同出於此集。

19.《張玄晏集》二卷，見《新志》。《英華》另收其啓三篇。

除了以上所列諸家綜合性文集以外，《英華》詔制部分另一個重要的材料來源應是唐人別集中比較特別的制誥集。因爲與一般篇章有所不同，唐人往往將制誥另編一集，即使是編有綜合性文集的名臣，也會另外編有制誥集。三十四人中剩下的十五位作者的制誥便可能來源於這些專門的制誥集。因爲《英華》僅僅在詔制部分收入了這些作者的大量篇章，而在其他部分却極少有他們的作品，這表明《英華》的編者可能僅得到了其制誥集，而在其他部分則没有相應的文集可以利用，因此造成了這種不平衡。以下筆者即逐一分析《英華》可以利用到的這類作者的制誥集，以見《英華》制誥部分材料的又一個來源：

1. 常衮《詔集》六十卷，見《新志》。《新志》另有集十卷，應是制詔以外文字。《英華》在其他門類中收有常衮文章，但數量之和尚不及詔制一類，當出於十卷本《文集》，而詔制部分則出於六十卷本《詔集》。

2. 陸贄《翰苑集》十卷，見《新志》《崇文目》；《制集》二卷，見《崇文目》。權德輿爲陸贄文集所作《序》稱"制誥集一十卷"[1]，即指《翰苑集》而言。而《崇文目》所載制集未知與《翰苑集》之關係。《英華》詔制部分當皆出此二書。據權《序》，陸贄尚有《中書奏議》七卷，詩、文、賦、集、表、狀爲別集十五卷，《英華》未載其表奏，僅收其詩賦數篇，往往與他人同題，而表奏等皆未收，疑未用陸贄其他文集。

3. 元稹《長慶小集》十卷，見《新志》《崇文目》；李紳編《元稹制集》二卷，[2]見《崇文目》。按《崇文目》中，《小集》與《元稹制集》與諸

---

[1] 《唐文粹》卷九一，《四部叢刊初編》本。
[2] 《通志·藝文略》八，《通志二十略》，第1789頁。

家制誥集排列一處，又晏殊《類要》卷一六《散騎常侍》引《長慶小集》卷二一條，爲《授裴向左散騎常侍制》，則《小集》或爲制誥之彙編。洪适《元氏長慶集》跋曰："三館所藏，獨有《小集》，其文蓋已雜之六十卷中矣（指閩、蜀刻六十卷本《長慶集》）。"中華書局據影宋抄本排印之《元稹集》，其制誥爲第四十至五十卷，共十一卷，且列於狀與序之間，頗爲不倫，①疑此十一卷正爲《長慶小集》之内容。故《英華》制誥部分很可能來源於《長慶小集》與李紳所編《元稹制集》。而《新志》所載《元氏長慶集》一百卷，或是《英華》其他門類所收元稹詩文之來源。

4. 杜元穎《五題》一卷，見《新志》《崇文目》。蘇易簡《續翰林志》上曰："後唐長興元年二月翰林學士劉昫奏：'臣伏見本院舊例，學士入院，除中書舍人即不試，其餘官資皆須先試麻制、答蕃書、批答各一道，詩、賦各一首，號曰五題。'"②"五題"之名蓋指此。據《舊唐書》卷一六三本傳，杜元和中以左拾遺右補闕召入翰林充學士，必試"五題"，此書當係初爲翰林學士時所試制誥。《英華》收其詩文四篇，詩見卷一八六《省試》七，對策一篇，見卷四九一，爲建中元年（780）策問試中所對，又卷七九七《翰林院使壁記》一篇，三者當另有所本，制誥一篇，當本於此集。

5. 李虞仲《制集》四卷，見《新志》《崇文目》。《英華》其他部分僅收其詩一首，在卷一八一《省試》二中，別有所本，制誥當本於此集。

6. 崔嘏《制誥集》十卷，見《新志》《崇文目》。《英華》僅詔制部分收其文，當本於此集。

7. 封敖《翰稿》八卷，見《新志》《崇文目》，《通志略》八歸於制誥類，可知其書性質。《英華》其他部分僅收其詩一首，在卷一八一《省試》二中，別有所本，制誥當本於此集。

---

① 《元稹集》中其他文章之排列順序爲賦、策、奏、表、狀、序、記、碑銘、行狀、碑銘、祭文。除在碑銘之中夾有一篇行狀外，這些排列與《英華》一致，惟有制誥一類與其不合。
② 《翰苑群書》卷八，《文淵閣四庫全書》本，第 595 册，第 377 頁上。

8. 獨孤霖《玉堂集》二十卷,見《新志》《崇文目》,《通志略》八歸於制誥類,可知其書性質。《英華》僅詔制部分收其文,當本於此集。

9. 鄭畋《玉堂集》五卷,見《新志》《崇文目》。《新志》又載其《鳳池稿草》三十卷、《續鳳池稿草》三十卷。三書《通志略》八皆歸於制誥類。據《舊唐書》卷一八七本傳,鄭畋曾於咸通九年(868)任翰林學士,《玉堂集》當收其此時詔册,後又遷中書舍人,《鳳池稿草》及其續編當是爲中書舍人時所作。《英華》收其詔敕二篇,皆在"翰林制詔"中,收入"節鎮"與"命將"門,皆所謂"白麻内制",①翰林學士所撰,故當出於《翰苑集》。《英華》其他部分僅收其詩一首,在卷一八七《省試》八中,別有所本。

10. 樂朋龜《綸閣集》十卷,見《新志》《崇文目》。《通志略》八歸於制誥類。《新志》又載其《德門集》五卷,《賦》一卷,未知性質,當非詔制部分所取。《英華》另收其哀册一篇,校注稱《唐會要》題孔緯,當別有所本。

11. 李磎《制集》四卷,見《新志》《崇文目》。二書另載其《表疏》二卷,非制誥部分所取材。又司空圖嘗著《李磎行狀》,稱其著作有《百家著諸心要文集》三十卷、《品流志》五卷、《易之心要》三卷、《注論語》一部、《明無爲》上下二篇、《義説》一篇,皆毁於黃巢之亂,不傳。②《英華》其他部分收其傳、記各一篇,別有所本,制誥本於此集。

12. 吴融《制誥》一卷,見《新志》《崇文目》。《新志》又載其《詩集》四卷,《英華》另載其《禪月集序》一篇,當出自《禪月集》,又賦一篇,當別有所本,詔制則本於《制誥》。

13. 劉崇望《中和制集》十卷,見《新志》《崇文目》。《英華》中僅制詔部分收其文,當出於此集。

14. 《陸扆集》七卷,見《新志》《崇文目》,《宋志》題"禁林集"。

---

① 參李肇《翰林志》,收入《翰苑群書》卷一。
② 見《北夢瑣言》卷六,上海古籍出版社,1981年,第49頁。

"禁林"指翰林院,據《舊唐書》卷一七九本傳,陸扆曾任翰林學士與中書舍人,此集或即其制誥集。《英華》其他部分僅收其詩一首,在卷一八五《省試》六中,別有所本,制誥當本於此集。

15. 薛廷珪《鳳閣詞書》十卷,見《舊五代史》卷六八本傳及《宋志》。《崇文目》載其集一卷,而不著此書,然其書尚見於《宋志》,知入宋後尚可見。《英華》中僅制詔部分收其文,當本於此集。

另外,沈詢、蔣伸、韓儀、韓休、盧說、楊鉅、徐安貞、王丘、王敬從、楊紹復、李納、李迥秀、鄭少微、鄭璘、鄭處晦、裴廷裕、魏泗、崔琮、崔群、崔輿、崔遠、崔瑤、崔珝、崔涓二十四人之文集,文獻未見著錄,而《新志》《崇文目》雖載李紳《批答》一卷,但《英華》所收爲制文,故非其所取材,因此詔制部分所收此二十四位作者篇章之來源皆不可確考。然《英華》收沈詢制誥達二十一篇,或其編有制誥集而未見著錄,而韓休、徐安貞、王丘、鄭少微等在《英華》其他部分也收有詩文,部分可能出於本集,或其當時亦曾編有文集而未經著錄。

通過以上對《英華》制誥部分涉及的詔令總集以及唐代作家文集的查考,我們可以大致瞭解這一部分所依據的原始文獻。可以看到,除了蘇頲、李嶠、孫逖等少數幾家以外,《英華》對唐代後期文集的利用遠遠超過了前期,這可能與館臣當時所掌握的材料有關。《英華》這一部分中還遺落了一些重要作者的篇章,最典型的便是權德輿與楊炎。權、楊二人皆爲一代名相,曾掌制誥之任,楊炎尤善德音,與常袞齊名,故"自開元已來言詔制之美者時稱常、楊"。① 《英華》在其他部分都收入了兩人的不少篇章,獨獨在這一部分中竟沒有他們任何一篇制誥。這同樣也反映出《英華》編撰當時所掌握的材料。權德輿有《文集》五十卷,楊嗣復爲序,另《制集》五十卷,托於楊憑,故文集

---

① 《舊唐書》卷一一八《楊炎傳》,第3419頁。

中未收。① 這兩種文集皆著錄於《新志》，而館臣很可能僅僅得到《文集》而未見其《制集》，以致五十卷的《制集》悉數失收。故周必大所謂《權德輿集》全卷收入者，亦僅僅指其《文集》而言，或周氏當時已不能見其《制集》。再如楊炎，《新志》著錄有楊炎《文集》十卷，又蘇弁所編《制集》十卷，與權德輿一樣，館臣可能同樣沒有得到楊炎的《制集》，以致在詔制部分中收入與之齊名的常袞的大量制誥，却遺落了楊炎所有文章。這兩種制集在數十年後晏殊所編撰的《類要》中皆有引用，可知其書在入宋以後尚可見到，而《英華》編撰之時未曾取材。如果考察一下《新唐書・藝文志》與《崇文總目》便可以發現，除了權、楊二人以外，相當一部分制誥集或收有制誥的文集並沒有爲《英華》所采用，致使今天無法看到更多的唐代制誥，這一點實在是非常可惜的。但是《文苑英華》編撰於大亂初定之時，在"諸名士文集世尤罕見"的條件下尚且利用了相當數量的文集，②保存了大量的唐人篇章，後世"考唐文者惟賴此書"，③其價值是不可否認的。考察《文苑英華》材料的來源，可以使我們更清楚地瞭解這部重要的典籍對唐人文集的保存與利用情況，是以筆者就其中制詔部分略考其可能之材料來源，希望其文獻價值能得到更多的認識。

（原刊《北方論叢》2005 年第 6 期，收入本書時篇首部分作了較大改動）

---

① 見《文苑英華》卷七〇七楊嗣復《權公集序》，第 3646 頁。
② 《文苑英華》事始載周必大上表，第 9 頁。
③ 《四庫全書總目》卷一八六，第 1691 頁。

後　記

這部小書收録了我近十餘年來文獻學方向的論文，有的年代久遠，而今讀來，不免汗出如漿，故書初名"不經集"。一則以性本愚鈍，不敢覷三代兩漢之書，故書中所涉不及經部；一則以所収皆爲考證文章，尋幽探賾，或求之過深，不敢自信，故名之曰"不經"。書稿初呈陳尚君師作序，師不許其名，而易以"麗則"。麗則雅正，實不敢當，故以石室金匱，書册所鍾，考證索隱，雅曰探賾，因以"金匱探賾"爲名，記其原委如此。

所收論文大抵以所考文獻之四部分類爲序。第一部分包括《從兩〈五代史〉、〈舊唐書〉的修訂説新時代的古籍整理》《文本的再生長——重審〈舊五代史〉静嘉堂藏本》《〈新五代史〉宋元本溯源》三篇文章，這是我自2008年開始參與兩《五代史》和《舊唐書》修訂的副産品。第一篇原是2017年秋我在北京大學和中國社科院演講的講稿，大抵總結了十年《二十四史》修訂生涯中的一點心得。兩篇有關兩《五代史》版本的文章，一醞釀於2015年兩《五代史》最終定稿之時集中利用邵本時的一些認識，另一篇則要追溯到2009、2010年赴京調查修訂所需善本之時，有緣於國圖、北大圖書館等處校録《新五代史》宋元善本。當時對邵本最直觀的感受是：即使是四庫館中書手所録文本，魯魚亥豕，亦令人瞠目。而初校《新五代史》諸本，即驚覺自百衲本收録南宋慶元本系統的版本之後，慶元本迅速取代了明清以來元代宗文本系統的主流地位，所謂通行本對版本多樣性的遮蔽是極爲驚人的。

第二部分包括《〈順宗實錄〉詳本再審視——兼論唐實錄的輯佚》《唐職員令復原與研究——以北宋前期文獻中新見佚文爲中心》《〈兩京新記〉新見佚文輯考——兼論〈兩京新記〉復原的可能性》三篇文章。有關《順宗實錄》的研究則是探究《舊唐書》中晚唐列傳史源時的偶然之作，與此相關的《舊唐書》史源研究擬在將來另成專著，本次未納入集中。有關唐令與《兩京新記》的兩篇，基本材料來源於《類要》中所存佚文。此三篇雖寫作時間相差近十年，但對於輯佚的認識與思路則是一以貫之的，即利用古代文獻同類承襲的特點，以散片佚文作錨點，在傳世文獻中找到結構性承襲已佚目標文獻的部分，從而相對完整地輯錄出目標文獻。猶記學生時代陳尚君師介紹鄭樵《通志·校讎略》中"書有名亡實不亡"篇以及日本和中國學者利用日本令文和《天聖令》整體復原唐令之方法，因而頓悟到電子檢索時代的輯佚遠不是搜羅斷簡殘篇可以概括，在清理史源和編纂方式的前提下，整體復原古佚書也許是可行的。這部分的三篇文章即希望將此方法運用於唐令以外的典籍，從而嘗試整體復原更多古佚文獻。

第三部分包括《〈雲溪友議〉十二卷本考述——以復旦大學圖書館所藏兩部鈔本爲中心》《〈蒙求〉作者新考》《日本漢文古類書〈秘府略〉文獻價值研究》《〈太平御覽〉引"唐書"再檢討》四篇文章。做《雲溪友議》整理，是陳尚君師在我入職之初給與的提議。此後的兩年多時間里，我時時往來於上海圖書館和學校之間，調查版本、校錄文字，原擬對《雲溪友議》兩個系統的諸多古本作系統梳理，但最後僅完成了對復旦大學圖書館所藏的兩個重要版本的介紹。不過，有關《雲溪友議》版本的重要問題在其中皆已有所表達，有不盡者別見拙著《雲溪友議校箋》前言。後三篇寫作時間較早，皆是日常偶有所得而成文。《秘府略》原係陳尚君師給定的碩士論文題目，當日逐條校錄之時即震撼於吉石盦本從旁校語之勇於以習見書改原文，遂悟古書之不可輕改。此文在收入本書時重做了附表，以見《太平御覽》對《修文殿御覽》之承襲、刪略與添改。

最後一部分包括《晏殊〈類要〉文本及其學術價值考述》《〈類要〉地理部分文獻再考索》《晏殊〈類要〉所見未收入〈全唐文〉及其續補諸書之唐人篇章考》《〈文苑英華〉詔制部分材料來源考略》四篇文章，前三篇是基於博士論文而做的研究。其中《類要》地理部分的研究寫作時間較近，在梳理全部地理部分條目後可以發現傳世文獻中整體保存下來的佚書、檔案遠超我們想象。《文苑英華》一篇原是學生時代的習作，本不欲存少作，但自覺結論尚可成立，故存此以供批評。

自 2000 年跟隨陳尚君師學習，於今二十三年，陳師教我以學，授我以業，能時時從旁親炙陳師教誨，實爲我之大幸。本書中多數文章或直接是陳師指示的研究方向，或因陳師只言片語而深受啓發，可以說没有陳師二十多年來的教導，就不會有這部小小的論文集。在這裏向陳尚君師致以最深摯的感謝。同時也感謝楊明、駱玉明、查屏球、陳引馳、朱剛等各位老師從我學生時代即給與的鼓勵和關心。

另外，藉此機會感謝徐俊老師和他牽頭組織的《二十四史》修訂項目，能讓我有機會以一個剛留校的青年教師身份參與其中，十多年的修訂工作對我的人生和學術生涯都有着極爲重要的意義。那時的我剛參與項目不久，深陷在迷茫與自我懷疑中，徐俊老師不經意間的鼓勵讓我深深感激。

感謝陸揚、鄧小南、榮新江、渠敬東、朱天飈等老師的照拂，使我有機會先後在浙大高研院、北大文研院讀書訪學，讓我得以暫時告別繁雜的日常生活，獲得一段寧静的讀書寫作時光。

感謝余欣老師和他發起組織的中古中國共同研究班的各位同仁，本書的相當一部分文章都是緣起於從 2009 年開始的研究班每兩周一次的內部討論，不在研究班開天窗是疏懶的我寫出論文的最大推動力之一，而研究班同仁們認真坦誠的批評也最終促進了這些文章的完善。

感謝仇鹿鳴、李猛、夏婧、王慶衛、陳曉偉、郭永秉、孫青、温海清、黄曉峰、楊焄、石祥、郭時羽、羅婧、李碧妍、任思藴等各位好友,他們或在學術上與我切磋砥礪,匡正我的疏失,或不時將死宅的我拉出家門聊天聚會,行萬里路。没有他們,我的學術之路恐怕就太寂寞了。其餘海内外各位同仁學友所給與的關心與幫助亦在此一併致謝。

感謝我的學生聞惟、楊逸宸幫我通讀全文並核對材料,以及上海古籍出版社的張衛香女史爲編校本書付出的心力,没有他們,這部論文集恐怕會多不少疏失。

最後感謝我最親愛的家人,作爲女性學者,如果没有他們始終如一的支持和分擔,恐怕我也無法安心坐在書桌前去思考千餘年前遠離現實生活的種種。尤其感謝林清揚小朋友,他的笑容足以治愈一切。

癸卯仲夏於滬上寓所

圖書在版編目(CIP)數據

金匱探賾：唐宋文獻叢考／唐雯著．—上海：上海古籍出版社，2023.8（2024.6重印）
（復旦大學古代文學研究書系）
ISBN 978-7-5732-0748-7

Ⅰ.①金… Ⅱ.①唐… Ⅲ.①古籍—研究—中國—唐代②古籍—研究—中國—宋代 Ⅳ.①G256.1

中國國家版本館 CIP 數據核字（2023）第 124500 號

復旦大學古代文學研究書系
金匱探賾
——唐宋文獻叢考
唐　雯　著
上海古籍出版社出版發行
（上海市閔行區號景路159弄1-5號A座5F　郵政編碼201101）
（1）網址：www.guji.com.cn
（2）E-mail：guji1@guji.com.cn
（3）易文網網址：www.ewen.co
蘇州市越洋印刷有限公司印刷
開本635×965　1/16　印張19.25　插頁5　字數300,000
2023年8月第1版　2024年6月第2次印刷
印數：1,301—1,900
ISBN 978-7-5732-0748-7
Ⅰ·3737　定價：96.00元
如有質量問題，請與承印公司聯繫